新闻学与传播学“十三五”规划教材·基础课程系列
13th Five Year Plan University Textbook
河南省委宣传部与郑州大学共建新闻与传播学院系列成果

新媒体概论

INTRODUCTION TO NEW MEDIA

王茜 编著

中国传媒大学出版社
·北 京·

目 录

第一章　新媒体研究的对象和基本问题

▶**章节大纲：**

1.新媒体是一个历史的、相对的、流动的概念，其含义要视特定历史时期的阶段性传播科技而定。

2.自1994年中国正式接入互联网以来，新媒体在中国大体经历了三个发展阶段。

3.本书的主题是经典新闻传播学理论在新媒体环境下的嬗变与发展。

▶**章节内容：**

任何一门学科都必须有自己的研究对象和基本问题，新媒体也是如此。新媒体研究是一门什么学问？它研究的对象和考察的基本问题是什么？它与传播学有何区别及联系？学习新媒体有什么意义？本章所要解决的，正是这些问题。

第一节　新媒体的定义与发展过程

一、什么是新媒体

据考证，新媒体(new media)这个词的出现，与加拿大媒介理论家马歇尔·麦克卢汉(Marshall McLuhan)有关。在1953年发表的论文《后期的伊尼斯》中讨论传播科技的资讯采集量和全球性传播范式时，麦克卢汉使用了“新媒体”一词。[①] 1967年，

① MCLUHAN M.The Later Innis[J].Queen's Quarterly,1953,60(3):385-94.

美国哥伦比亚广播电视网(CBS)技术研究所所长彼得·戈德马克(Peter Goldmark)也使用了新媒体这一概念。此后,新媒体一词逐渐流行起来。根据学者对资料库关键词的检索,在1972年至1990年之间,新媒体一词若隐若现;但在20世纪90年代初期,其出现频率急剧上升,到了2000年,新媒体的出现频率达到了高峰,每天出现1,000次,之后新媒体出现频率开始有所下降。[①]

无论是麦克卢汉谈论的电子媒介,还是戈德马克谈论的有线电视技术,都和我们今天所谈论的新媒体——例如网络媒体、社交媒体、数字媒体——大相径庭。因此,媒体的新或旧是一个相对概念,是特定历史阶段发展出来的产物。例如,在苏格拉底所处的时代,文字相较于口语便是新的媒介形式。柏拉图在《斐德罗篇》中记录了苏格拉底对书写这一"新形式"的抗拒。苏格拉底认为,书写将造成"学习者灵魂的健忘,因为他们不再运用记忆力;他们将依靠外部的书面字词,自己不再记忆"。他还担忧依靠书写的人会"听闻很多事情却毫不受益,他们会看起来无所不知,其实却一无所知"。苏格拉底对文字的排斥,非常类似于当今人们对互联网影响思考和记忆方式的隐忧。[②]

因此,新媒体是一个历史的、相对的、流动的概念,其含义要视特定历史时期的阶段性传播科技而定,不同时期的新媒体其内涵不同。当我们讨论当前发展阶段的新媒体时,就不得不考虑数字技术、移动互联网、大数据、物联网、人工智能等新技术的渗透和影响。

有学者指出,如果每当有新的传播科技出现就称其为新媒体的话,会引起概念混乱。与此同时,旧媒体的概念使用也会不准确,因为新媒体的兴起并不意味着传统媒体就要退出历史舞台。[③] 在美国,旧媒体常常被称为"传承媒体"(legacy media),意思是如报纸、电子媒体等旧媒体并不会消失(正如虽然文字由先人所发明,但是写字的媒体技术在不断更新,而文字也会相传于后代),而是经过数字和网络化之后,被重新整合到更为广泛的媒体平台上。[④] 也有学者提出"再生型媒体"(renewable media)的概念,以避免凡出现的媒体技术必被称为新媒体的谬误,突出强调了不同传播媒介的更新与包容。[⑤]

---

① PETERS B.And lead us not into thinking the new is new:A bibliographic case for new media history[J].New Media & Society,2009,11(1-2):13-30.

② 卡尔.浅薄:你是互联网的奴隶还是主宰者[M].北京:中信出版社,2015.

③ 魏然.新媒体研究的困境与未来发展方向[J].传播与社会学刊,2015(31):221-240.

④ DUTTON W H.The Oxford edit of internet studies[M].Oxford:Oxford University Press,2013.

⑤ PETERS B.And lead us not into thinking the new is new:A bibliographic case for new media history[J].New Media & Society,2009,11(1-2):13-30.

目前能够形成的基本共识是:“新媒体”主要指基于数字技术、网络技术及其他现代信息技术或通信技术的具有高度互动性的媒介形态,包括网络媒体、手机媒体、这两者融合形成的移动互联网,以及其他数字媒体形式。[①] 新媒体的基本特征是数字化(digital)、网络(network)和互动性(interactivity),且配有多种多样的终端(如手机、电脑、可穿戴设备)。《连线》杂志对新媒体的定义——新媒体是所有人面向所有人进行的传播(communications for all,by all)——就概括了上述特征。

二、新媒体在中国的发展过程

1994 年,中国正式接入互联网,由此迎来了互联网时代。1995 年 1 月,《神州学人》创办神州学人网站,成为中国首家新闻媒体网站;10 月,《中国贸易报》走上国际互联网,这是中国第一家上网的报纸;12 月,《中国日报》网站开通,在中国开全国性日报办网站之先河。之后 3 年,随着互联网在中国日益普及,网络媒体数量激增。1997 年 1 月,人民网上线,中国的主流媒体开始进入互联网。随后,包括新华网、中央电视台网站、光明日报网站等在内的八大国家新闻网站相继建成,地方媒体也陆续入网,网络媒体发展在全国呈蔓延之势。

在中国媒体纷纷上网的同时,一批商业网站也开始加入网络信息传播的行列,其中最有代表性的是四大门户网站(腾讯、搜狐、新浪、网易),它们给网络信息传播带来了新气象,也在很大程度上影响着中国网络媒体的格局。例如,2003 年 2 月 1 日 22 时 19 分,美国哥伦比亚号航天飞机失事不久,新浪网便第一时间通过手机短信将该新闻发送给了数十万手机短信新闻订阅户(见图 1-1)[②],通过手机进行的短信传播开始应用于对重大突发事件的报道中。2003 年 9 月 1 日,《扬子晚报(手机版)》在江苏移动和江苏联通两个平台上同时发布,这是中国手机报的发端,也意味着中国的传统媒体正式进入手机平台。

中国接入互联网的第二个 10 年,强调用户创造内容的 Web2.0 开始成为网络传播研究的热点,这与博客、播客、维基、RSS、SNS 等的兴起联系密切。以博客为例,2002 年 7 月,方兴东、王俊秀正式命名 blog 的中文为“博客”;8 月,二人开通了博客中国(blogchina.com)网站,开始了博客在中国的全面启蒙和推动。2005 年,新浪和搜狐两大门户网站先后推出博客服务,促进了博客的商业化发展。中国互联网络信息中心(China Internet Network Information Center,简称 CNNIC)于 2007 年 7 月发表的数

① 彭兰.新媒体导论[M].北京:高等教育出版社,2016:2.

② 新浪.美国哥伦比亚号航天飞机坠毁[EB/OL].(2003-2)[2018-8-24].http://news.sina.com.cn/z/Columbia/.

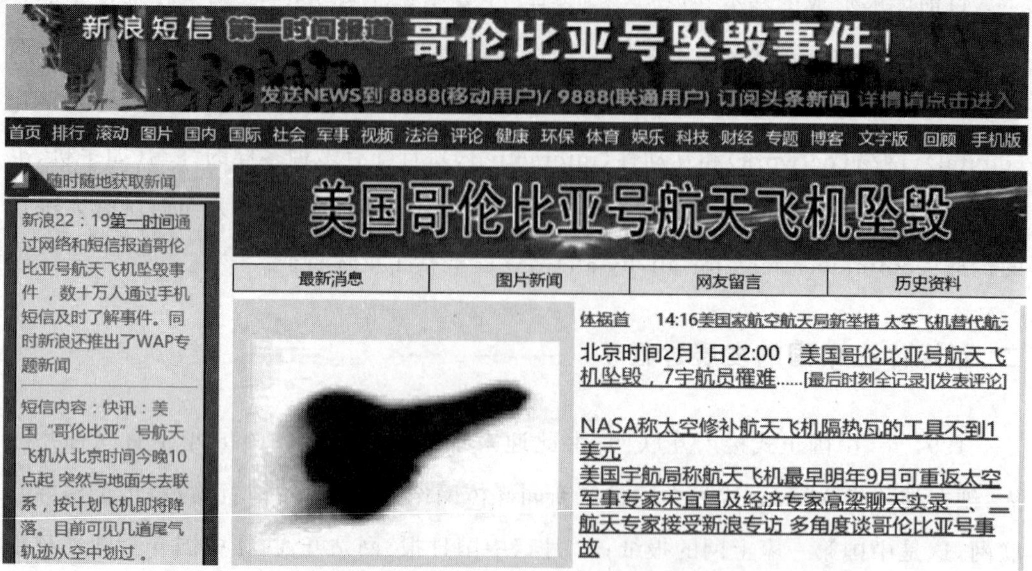

图 1-1　新浪网报道哥伦比亚号坠毁事件

据显示，中国网民中写博客的比例为 19.1%，人数约为 3,094 万。美国《时代》周刊评选出的 2006 年的年度人物是“你”——互联网上内容的所有使用者和创造者。

2007 年，iPhone 一代发布，智能手机开始普及，移动互联网迅速兴起；2009 年 1 月，工业和信息化部向中国移动、中国电信和中国联通发放了 3G(第三代移动通信技术)牌照，App(客户端)开始成为手机媒体的主要传播形式；2013 年 12 月，三大运营商获批 4G 牌照，网络速率大大提升，移动互联网用户增长态势强劲。根据 CNNIC 发布的《第 34 次中国互联网络发展状况统计报告》，2014 年 6 月，中国手机上网比例首

图 1-2　中国手机网民规模及其占网民比例

次超过传统 PC 端的上网比例，手机网民规模超过八成，[①]这标志着移动互联网时代在中国的全面到来。

综上所述，我们可以将新媒体在中国的发展概括为三个阶段：[②]

1994 年—2003 年，这 10 年是 Web1.0 时代。我们身处的是以信息总量剧增、全球信息互联、信息综合提供、网络数据检索为主要特征的网络泛传播时代，感受的是人与信息之间的连接。这一时代主要的信息提供模式仍然是以机构为主体的公共传播，信息总量急剧增长，信息获取更及时、全面、精准和便利，大型门户网站和网络搜索引擎在满足我们综合性信息需求的同时，也帮助我们在整个互联网的信息海洋中导航、检索、诠释和分析信息。每个人与世界范围内的信息联系起来，人类极大地扩张了自己的观察视野。

自 2004 年以来，中国网络媒体进入 Web2.0 时代。我们身处的是以媒介形态多元、个体传播强化、网际协作普及为主要特征，并形成了网络社会的时代。在这个时代，我们感受的是人与人之间的连接。这一时代，信息的提供模式从形态上看是以视频信息为主的多元媒体形态的融合，从信息传播的渠道上看是以移动网络为主的宽带网络的应用，从信息传播目标上看是以满足人的多元社会需求而进行的个体之间、个体与群体之间、群体与群体之间的信息交流，从网络信息结构的演进功能上看是网络社会结构的形成。Web2.0 时代，我们感受的是人与人之间信息交流在时空方面的突破，个人信息传播能量的扩张，个人与群体之间通过网络建立起各种关联，网络社会的属性清晰显现，网络世界与人类社会之间的能量交互变得更为顺畅、直接和强大。

随着物联网、云计算、人工智能等技术的发展，我们开始进入 Web3.0 时代，迎来的是物质世界与人类社会全方位的信息交互，实现了人与物之间的连接。中国信息通信研究院发布的《5G 经济社会影响白皮书》指出，第五代移动通信技术（5G）将提供至少 10 倍于 4G 的峰值速率、毫秒级的传输时延和千亿级的连接能力，开启万物广泛互联、人机深度交互的新时代。[③] 这个时代将生成一个物质世界与人类社会全方位连接的信息交互网络，我们将体验到由此生成的超大尺度、无限扩张、层级丰富、和谐运行的复杂网络系统，呈现在我们面前的将是现实世界与数字世界聚融的全新文明景观。互联网平台所承载的信息采集技术、信息导航技术、信息整合技术、信息诠释技术将把

---

① 中国互联网络信息中心.第 34 次中国互联网络发展状况统计报告[EB/OL].(2014-7)[2018-5-3].http://www.cnnic.net.cn/hlwfzyj/hlwxzbg/hlwtjbg/201407/P020140721507223212132.pdf.

② 闵大洪.中国网络媒体 20 年(1994—2014)[M].北京：电子工业出版社，2016.

③ 中国信息通信研究院.5G 经济社会影响白皮书[EB/OL].(2017-6)[2018-5-3].http://www.caict.ac.cn/kxyj/qwfb/bps/201804/P020170711295172767080.pdf.

每个社会成员与人类的数字世界连接起来，从而推进个体生命的能量与整个人类文明能量之间的沟通与交互。

Web3.0、Web2.0 与 Web1.0 之间并不是相互取代的关系，这三者的结合，带来了“内容网络”“关系网络”“服务网络”的融合及交互。

第二节 新媒体研究的基本问题

一、新媒体研究的兴起

新媒体的兴起，带动了新媒体研究。1999 年，第一份以发布新媒体为宗旨的期刊《新媒体与社会》(*New media & society*)创刊，这是一个具有标志性的发展。学者罗杰·西尔弗斯通 (Roger Silverstone)在创刊词中对“新媒体”中的“新”字做了详细的阐述：“近些年来涌现出的技术，尤其是数字技术，是全新的。它们创造新的事物，给予我们新的力量，为人类带来新的影响。它们转变思想也变革制度。它们解放，它们也压迫。”①

一系列致力于互联网和新媒体研究的刊物如雨后春笋般涌现。与此同时，新媒体的兴起也使主流的新闻与传播研究期刊更名。美国南卡罗来纳大学的学者魏然对海外主流的新媒体研究学术期刊做了梳理(见下表)②。

表 1-1 新媒体研究学术期刊

新创期刊	创刊年份	国家
《新媒体与社会》(*New media & society*)	1999	美国
《信息社会》(*The information society*)	1981	美国
《计算机辅助传播学刊》(*Journal of computer-mediated communication*)	1995	美国
《互动广告学刊》(*Journal of interactive advertising*)	2000	美国
《电视与新媒体》(*TV & new media*)	2000	美国
《媒介融合》(*Convergence*)	1995	英国
《互联网研究》(*Internet research*)	1991	美国

---

① SILVERSTONE R.What's new about new media[J].New Media & Society,1999,1(1):10-12.

② 魏然.新媒体研究的困境与未来发展方向[J].传播与社会学刊,2015(31):221-240.

续表

新创期刊	创刊年份	国家
《赛博空间心理、行为和社交网络》(*Cyber psychology, behavior & social networking*)	1998	美国
《互联网科学国际学刊》(*International journal of internet science*)	2006	西班牙/荷兰
《移动媒体与传播》(*Mobile media & communication*)	2013	德国
《互联网伦理研究国际学刊》(*International journal of internet research ethics*)	2009	美国
《新媒体与文化学刊》(*Journal of new media and culture*)	2002	美国
《信息科技与国际发展》(*Information technologies & international development*)	2003	美国
更名的期刊	创刊年份	国家
《广播与电子媒体学刊》(*Journal of broadcasting & electronic media*)，前身为《广播学刊》(*Journal of broadcasting*)	1957	美国
《电子新闻》(*Electronic news*)，前身为《广播新闻》(*Radio TV journalism*)	2007	美国
《杂志及新媒体研究学刊》(*Journal of magazine and new media research*)，前身为《杂志研究学刊》(*Journal of magazine research*)	1999	美国

新媒体的使用及其产生的影响需要被放置在整个社会发展的大背景之下进行审视。表 1-2 比较了工业化社会和后工业化社会的差异，以及传媒在两个社会中承担的不同功能。① 作为一门新兴的学科，新媒体研究植根于传统媒体时代的传播学，但又超越了传统的传播学，将当代前沿学科的电脑科学、资讯理论和控制论等引入对传播科技的研究和应用上。这对于认识和理解新媒体，不仅有着丰富的实践意义，更是认识人类社会从工业化社会向信息化社会演变的关键。

表 1-2　西方社会学理论和传播学对传统媒体与新媒体的理论建构

理论体系/社会形态	工业化社会	后工业化社会
社会发展阶段	大众社会	信息社会
理论大师	韦伯、帕森斯、米德	贝尔、杜立克、鲍曼
社会特征	社会如同机器，千人一面，大众集体	有个性的人，液体性，网状连接
媒体的核心理论建构	大众媒体	分众、小众、流体型媒体
媒体特征	模拟型、稀少、垄断化	数字化、丰富、开放性
传播特征	由点到面，自上而下，指令型	点对点，横向，参与型
传播内容的制作者	属于建制内的专业记者、编辑	人人皆可做记者、传媒人
代表性媒体	广播、电视	互联网、手机
媒体的主要社会功能	报道、告知、娱乐、文化传承、社会整合	知情、参与、娱乐、创业、文化创新

① 魏然，周树华，罗文辉.媒介效果与社会变迁[M].北京：中国人民大学出版社，2016:266-267.

二、本书的章节安排

当今世界，媒体形态和传播环境日新月异，各种新媒体层出不穷，引起了社会、政治、经济、文化、伦理等各个领域的深刻变革。学者杨保军指出，新媒体的出现，不仅在一定程度上改变了传统媒介的生态结构和传统新闻业的结构，同时也在很大程度上使新闻生产、传播、收受方式等产生不小变化，更是从深层次上改变了新闻领域的一些传统观念，使人们不得不对以往的新闻理念（诸如新闻、新闻价值、新闻伦理道德、新闻控制等）进行全面、系统的思考和梳理。①

新媒体技术的快速发展，打破了既有的传播秩序与格局，以往基于大众传播的传播学理论逐渐不适用于研究新的传播现象。尽管既有理论和研究范式受到了很大冲击，但随着新的研究成果的注入，其也开始焕发出新的活力、解释力和生命力。本书的章节安排遵循这样一条主线，即关注经典新闻传播学理论在新媒体环境下的嬗变与发展。

根据美国政治学家哈罗德·拉斯韦尔（Harold Lasswell）在《传播在社会中的结构与功能》一文中所提出的经典"5W"模式，本书的第二章至第六章分别对应"谁"（who），"说了什么"（says what），"通过什么渠道"（in which channel），"对谁说"（to whom）和"产生了什么效果"（with what effect）来介绍有关传播者、新闻生产、传播渠道、受众研究和效果研究这五大领域在新媒体环境下的新发展。第七章将介绍新媒体传播的伦理规范，尤其是大数据时代涌现出的关于监视、隐私等相关问题。除了考察新媒体传播的内部运作机制之外，本书还分别在第八章和第九章讨论了新媒体的政治影响和文化影响。

好的教育不是将水灌满，而是把火点燃。通过对本书的学习，希望读者能够掌握有关新媒体的经典理论和关键概念，并独立思考以下问题：记者和编辑在未来会被机器和算法取代吗？在虚拟现实技术驱动下的沉浸式新闻能够更加激起受众的同情心吗？个性化新闻推送，加之用户的选择性接触，是否会造成信息孤岛？微信用户设置（或不设置）微信朋友圈分组可见的原因是什么？大众媒体在新闻报道中可以任意引用新闻当事人在社交平台上公开发布的内容吗？

美国作家马克·吐温（Mark Twain）曾说，"谎言跨越半个地球的时候，真相还在穿鞋"，如何提高甄别谎言的能力成为信息大爆炸时代下人们亟须培养的技能。有关上述问题的讨论分布在本书的各个章节中，希望读者按照本小节所提供的主线，将散落在各处的"珍珠"串成一条新媒体知识的"项链"。

① 杨保军.新闻观念论[M].上海：复旦大学出版社，2014.

本章小结：

1.新媒体的基本特征是数字化，网络和互动性。

2.新媒体在中国大体经历了 Web1.0（人与信息的连接）、Web2.0（人与人的连接）和 Web3.0（人与物的连接）这三个发展阶段。

3.理解新媒体，是认识人类社会从工业化社会向信息化社会演变的关键。

关键术语：

1.新媒体：基于数字技术、网络技术及其他现代信息技术或通信技术的具有高度互动性的媒介形态，包括网络媒体、手机媒体和这两者融合形成的移动互联网，以及其他数字媒体形式。

思考与研讨题：

1.什么是新媒体？它的基本特征是什么？

2.为什么学者建议使用“传承媒体”或“再生型媒体”来取代“新媒体”这一表述？

3.Web1.0、Web2.0 和 Web3.0 时代各自具有什么特征？

延伸阅读：

书籍：

1.彭兰.新媒体导论[M].北京：高等教育出版社，2016.

2.闵大洪.中国网络媒体 20 年（1994—2014）[M].北京：电子工业出版社，2016.

3.卡尔.浅薄：你是互联网的奴隶还是主宰者[M].北京：中信出版社，2015.

论文：

1.PETERS B.And lead us not into thinking the new is new：a bibliographic case for new media history[J].New Media & Society，2009，11.

2.彭兰.“连接”的演进：互联网进化的基本逻辑[J].国际新闻界，2013，35（12）.

3.魏然.新媒体研究的困境与未来发展方向[J].传播与社会学刊，2015（31）.

4.韦路，丁方舟.论新媒体时代的传播研究转型[J].浙江大学学报：人文社会科学版，2013，43（4）.

第二章　新媒体时代的传播者

▶章节大纲

1.诞生于大众媒介时代的“把关人”理论在新媒体时代有了新的发展和嬗变。

2.大众媒介“把关”的标准发展为新闻价值十五要素说。

3.“策展流”模式的提出背景、核心观点和理论意义。

4.策展的四个主体采用了不同的信息筛选方式和加工标准。

▶章节内容：

本章讨论“5W”要素中的“谁”(who)，即传播者。自 1950 年怀特将“把关”的概念引进新闻传播领域后，“把关人”理论逐渐成为有关传播控制的经典理论之一。本章的主要内容是梳理“把关人”理论在新媒体环境下的发展和嬗变，并介绍学界提出的新的学术研究成果。

第一节介绍了数字时代影响“把关”的三个变化：从信息相对稀缺到信息超载；平台媒体的兴起；用户信息消费习惯的改变。面对以上变化，新闻从业人员需要超越“把关人”的隐喻，承担起“聚合者”“释义者”等多种角色的责任。

第二节介绍了一个新的理论模型——“策展流”。该模型描述了数字化背景下多主体并存、中心化和去中心化把关模式相互交织的动态信息流动图景。本节会分别介绍由四个主体(包括记者/编辑、个人、策略者和算法)所进行的信息策展活动，以及其所采用的不同的信息筛选与加工标准。

第一节　“把关人”理论在数字时代的发展与嬗变

一、大众媒介时代的“把关人”理论

“把关人”(gatekeeper)理论，又称“守门人”理论，是研究大众传媒新闻选择的经典理论之一。1950 年，传播学者大卫·曼宁·怀特(David Manning White)首次将“把关”的概念引进新闻传播研究领域。但如今，诞生于大众媒介时代的“把关人”理论已无法很好地解释日新月异的传播现象了，因此其需要被放置在数字时代背景下进行重新检验。

首先，我们简要回顾“把关人”理论的起源、提出背景以及基本观点；其次，介绍数字时代影响“把关人”理论的三个变化，即从信息相对稀缺到信息过剩，平台媒体的兴起，以及用户信息消费习惯的改变。

(一)“把关人”理论的起源和背景

郭庆光在《传播学教程》中对“把关人”理论的起源与发展进行了详细的梳理。据他介绍，“把关人”这个概念，最早是由美国社会心理学家、传播学奠基人之一的库尔特·卢因(Kurt Lewin)提出的。第二次世界大战期间，美国为节约开支，开展了一场号召人们食用牛下水的大规模宣传活动，卢因在对这场宣传活动进行研究时发现，除非家庭主妇们接受了宣传，把牛下水买回家中并做成菜肴摆上餐桌，不然她们的丈夫或孩子是很难有机会接触并接受这种食物的。在这个过程中，家庭主妇实际上发挥着一种“把关人”的角色。1947 年，卢因在《群体生活的渠道》一书中论述了这个问题，认为在群体传播过程中存在着一些“把关人”，只有符合群体规范或“把关人”价值标准的信息内容才能进入传播的渠道。[①]

1950 年，传播学者怀特将“把关”这一概念引进新闻传播研究领域，明确提出了新闻筛选过程的“把关”(gate-keeping)模式。怀特对美国一家小报的一位电讯编辑的工作进行了为期一周的个案调查，发现该报编辑一周内共接收了 11,910 条电讯稿，但只选用了 1,297 条，采纳率不足 11%。他继而指出，社会上存在着大量的新闻素材，大

---

① 郭庆光.传播学教程[M].北京：中国人民大学出版社，2011：131.

众媒体的新闻报道不可能做到“有闻必录”，而是一个选择的过程。[①] 在这个过程中，传媒组织形成了一道“关口”(gate)，通过这道“关口”传达给受众的新闻只是众多新闻素材中的一小部分。

“把关”过程不仅包括选择(selection)，还包括对新闻素材的编码(encoding)。例如，美国著名的新闻工作者、政论家沃尔特·李普曼(Walter Lippmann)曾谈到报纸编辑部的工作：“到达报社编辑部的当日新闻是事实、宣传、谣言、怀疑、线索、希望和恐惧的混合体，其杂乱无章的程度令人难以置信。”学者亚伯拉罕·巴斯(Abraham Bass)概括了“把关人”的两个角色：一是“新闻收集者”(news gatherers)，负责发现、筛选和整理新闻条目；二是“新闻加工者”(news processors)，负责将新闻条目加工成可以发布出去的成品。[②] 这两个角色可以由一个人担任，但这种区分仍然是必要的，因为它展示了“把关”过程的复杂性。

(二)大众传媒的“把关”标准

陆定一把新闻定义为“对新近发生的事实的报道”。大千世界每天涌现出的“新近发生的事实”不计其数，大众媒体是如何对此进行取舍的呢？哪些新闻能够优先通过“关口”进入读者视野？取舍的标准又是什么？以上问题是新闻价值研究的核心。

新闻价值是指事实本身所具有的足以构成新闻的种种特殊素质的总和。中西方学者对该问题展开了广泛研究。其中，1965 年美国学者约翰·盖尔顿(Johan Galtung)与玛丽·H.鲁奇(Mary H. Ruge)发表的《涉外新闻的结构：四家挪威报纸对刚果、古巴和塞浦路斯危机的呈现》一文是迄今为止讨论新闻价值构成要素的文献中引用率最高的论文之一。两位学者归纳出构成国际新闻选择和加工标准的 9 个要素，分别是：时间跨度(time span)、事件强度(intensity)、明晰性(clarity)、文化接近性(cultural proximity)、预期性(consonance)、出乎意料性(unexpectedness)、连续性(continuity)、组合性(composition)、社会文化价值(sociocultural values)。[③] 以上要素的提炼为新闻从业者提供了一份具有可操作性的指南，帮助指导其日常的新闻筛选工作。

---

① WHITE D M.The “gate keeper”: A case study in the selection of news[J].Journalism Quarterly, 1950, 27(4) 383-390.

② BASS A Z.Refining the “gatekeeper” concept: a UN radio case study[J].Journalism & mass communication quarterly, 1969, 46(1): 69-72.

③ GALTUNG J, RUGE M H. The structure of foreign news: the presentation of the Congo, Cuba and Cyprus crises in four Norwegian newspapers[J].Journal of Peace Research, 1965, 2(1): 64-90.

新闻价值要素是新闻研究的重要领域，因为它深入到了“把关”过程的核心，即哪些新闻或要素被包含，哪些被排除，以及为什么。有关新闻价值构成因素的研究在不断发展，其中，托尼·哈尔卡普（Tony Harcup）和迪尔德丽·奥尼尔（Deirdre O'Neill）分别在2001年[①]和2017年[②]对盖尔顿和鲁奇的观点进行了重新检验和补充。二者的研究纳入了数字信息技术和社交媒体对大众媒体新闻筛选过程的影响，并在已有研究的基础之上概括出了15个新闻价值要素，它们分别是：

(1)独家(exclusivity)：新闻机构拥有的独家内容，这些内容常常来自访谈、信件、民意调查、调研等；

(2)坏消息(bad news)：造成严重负面后果的新闻故事，包括伤亡、战争、损失(例如失业)等，所谓“越血腥越吸引眼球”(If it bleeds, it leads)；

(3)冲突(conflict)：关于冲突的新闻故事，例如争议、争论、分裂、罢工等；

(4)惊奇(surprise)：拥有惊奇、对比或非同寻常的元素；

(5)视听(audio-visuals)：拥有引人注意的图片、视频、音频或图表；

(6)可分享性(shareability)：可能会引起用户在脸书、推特等社交媒体上转发和评论的新闻；

(7)娱乐(entertainment)：有关娱乐圈、体育、性、人情味、动物的软新闻，或是富有幽默感的内容；

(8)戏剧性(drama)：那些富有戏剧性的内容，例如逃跑、事故、搜索、包围、救援、战役或司法案件；

(9)后续(follow-up)：已报道新闻的后续发展；

(10)权力精英(the power elite)：拥有权力的个人、组织、机构或公司的新闻；

(11)相关性(relevance)：新闻故事被认为和受众具有文化上、地理位置上或是历史上的相关性；

(12)量级(magnitude)：新闻故事关涉到大量的人、产生较大影响，或是较为罕见的极端事件等；

(13)名人(celebrity)：关于那些已经出名的人的新闻；

(14)好消息(good news)：带有积极寓意的新闻，如复原、突破、治愈、胜利或庆祝；

---

① HARCUP T, O'NEILL D. What is news? Galtung and Ruge revisited[J]. Journalism Studies, 2001, 2(2): 261-280.

② HARCUP T, O'NEILL D. What is News? News values revisited[J]. Journalism Studies, 2017, 18(12): 1470-1488.

(15)新闻机构的议程(news organization's agenda):那些与新闻机构议程相符的新闻,包括意识形态上的、商业上的,或是宣传活动的一部分。

由此我们可以看出,除了关注事实本身所具有的足以构成新闻的种种素质之外,盖尔顿和鲁奇还强调了新闻的表现形式、新闻的可分享性和新闻机构的议程设置等因素对把关的影响。

(三)多层次的"把关"模式

把关人理论研究的集大成者——美国传播学者帕梅拉·休梅克(Pamela Shoemaker)指出,早期的"把关人"理论将着眼点聚焦在个体层面上,即个体持有的价值标准所发挥的影响,而忽视了更广泛层面的影响,包括:

第一,工作流程层面(routine practices),指媒介人员用于工作的这些模式化的、按部就班的、周而复始的实践形式;

第二,组织层面(media organizations),指不同组织、不同群体决策模式下的内部因素;

第三,媒介外社会团体层面(social institutions),主要是指影响把关过程的各类组织及其代表的外在特征(包括市场力量、政治联盟);

第四,社会系统层面(social systems),探究意识形态和文化对"把关"的影响。①

这种多层模式(multi-layered model)把"把关"过程置于更广泛的社会背景之下,有助于我们理解其实际运作的复杂性。与此同时,当我们在理解"把关"活动的实质时,不应止步于新闻价值要素层面的分析,还应把政治、经济、文化、意识形态等因素纳入考察范围。

二、数字时代的"把关人"理论

昆士兰理工大学社交媒体专家阿克塞尔·布伦斯(Axel Bruns)在《把关模式的转型》(*Gatekeeping in transition*)一书的书评中指出,"把关人理论在不断演化,为了跟得上媒介图景的迅速转变,该理论被分解(disassembled)、重新组装(reconfigured)、众包化(crowdsourced)甚至算法化(algorithmified)"。数字技术是推动媒介图景变化的重要推动力之一,而布伦斯所说的"众包化"和"算法化"都是数字时代涌现出的新的内容生产方式。在此,我们首先梳理数字时代因影响"把关"而产生的三个变化。

① SHOEMAKER P,VOS T.Gatekeeping theory[M].New York,NY:Routledge,2009.

(一)从信息相对稀缺到信息超载

在大众媒体时代，用户可获取的资讯来源相对有限，把关权力主要集中在若干个大众传媒机构手中；然而在数字时代，PGC(professionally-generated content，职业生产内容)不再受到报纸版面或栏目时长的限制，新闻生产过程由封闭变得开放。新闻从业者的工作从“去粗求精”变为“优中选优”，需要同时兼顾“内容专业性把关(封闭性)”和“内容的多源头选择(开放性)”两个方面。正如美国学者杰夫·贾维斯(Jeff Jarvis)的名言：“集中力量于自己最拿手的，剩下的通过超链接来实现。”(Cover what you do best，link to the rest)

除了 PGC 以外，UGC(user-generated content，用户生产内容)和 AGC(algorithmically-generated content 算法生产内容)也日益成为重要的内容生产方式，极大丰富了用户可获取的信息。社交媒体、便携式移动设备、机器学习技术等为自媒体、公民新闻、自动化新闻的兴起创造了条件，打破了大众传媒信息生产的垄断地位。根据 2012 年的统计数据，每天有 2.5 亿张照片上传到脸书，864 万小时的视频上传到 YouTube，2,940 亿封电子邮件被收发，[①]1.17 亿条新浪微博被发布。[②] 信息超载成为信息化时代一个日益严峻的问题。

UGC 能够为记者和编辑提供重要的新闻线索，尤其是在突发事件的新闻报道中。无论是发生在巴黎的恐怖袭击案，还是“8·12 天津滨海新区爆炸事故”，现场目击者通过社交媒体传递出去的文字、照片、视频等材料都能成为媒体报道的珍贵素材。但是，巨大的数据量也使得信息甄别与筛选工作变得更有挑战性。用户通过社交媒体发出的信息内容质量良莠不齐，记者和编辑需要对其去伪存真、去粗取精。

(二)平台媒体的兴起

牛津大学路透社新闻研究所(Reuters Institute for the Study of Journalism)2017 年发布的《数字新闻报告》对来自 36 个国家的 7 万多名新闻消费者进行了调查。[③] 如图 2-1 所示，通过媒体主页直接获取新闻的比例略高于通过搜索引擎和社交媒体获取

---

① ROSENBAUM S. Stop knocking curation[EB/OL].(2013-1-25). http://www.cjr.org/the_kicker/leave_curation_alone.php.

② 2012 年微博开放平台 Q2 数据信息图[EB/OL].(2012-10-16)[2018-5-3]. http://weibo.com/1904178193/z0Kng6jKB? type=comment#_rnd1506479961162.

③ Reuters Institute.Digital News Report 2017[EB/OL].(2017-11-21)[2018-3-15]. https://reutersinstitute.politics.ox.ac.uk/sites/default/files/Digital%20News%20Report%202017%20web_0.pdf.

新闻；然而，当我们把所有通过“旁门”获取新闻的用户加在一起时，比例达到了65%，35岁以下的用户比例则高达73%。由此可见，平台媒体成为获取新闻的重要来源，新闻生产和新闻分发呈现出相分离的趋势。

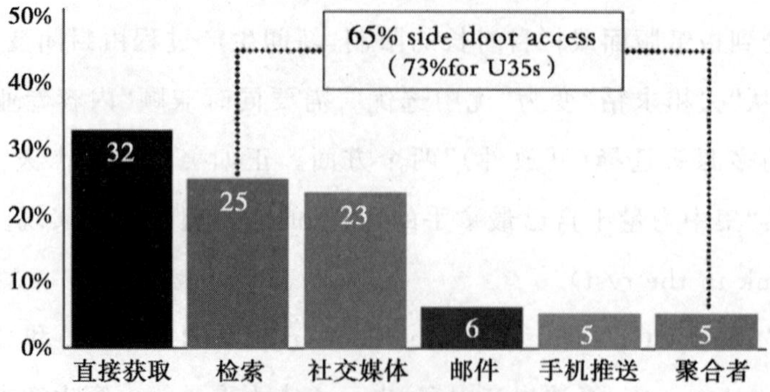

图 2-1　新闻资讯获取渠道调查

所谓平台媒体，是指“既拥有媒体的专业编辑权威性，又拥有面向用户平台所特有的开放性的数字内容实体”。2014年2月，乔纳森·格里克(Jonathan Glick)在《平台媒体的崛起》一文中首次使用了平台媒体(platiser)一词。platiser 由 platform(平台商)和 publisher(出版社)两个词合成而来，简言之就是一种“不单靠自己的力量做内容和传播，而是打造一个良性的开放式平台，平台上有各种规则、服务和平衡的力量，并且向所有的内容提供者、服务提供者开放，无论是大机构还是个人，其各自独到的价值都能够在上面得以尽情地展现”①。

美国著名科技信息网站 TechCrunch 的一名高级编辑亚历克西斯·马里加尔(Alexis Madrigal)撰文指出，在各种平台媒体的推动下，网络新闻信息不再以专门网站或网页的方式呈现，而是以实时“流”(stream)的方式发布和呈现，“流”已经成为互联网信息组织最重要的比喻和最主流的手段。

(三)用户信息消费习惯的改变

在数字时代背景下，用户的信息消费习惯也悄然发生了变化，呈现出碎片化、多任务并行(multi-tasking)、浅表化的特征。研究显示，用户的有效注意力时间(attention span)在不断缩短：2000年，人的注意力集中时间是12秒；到2015年，注意力集中时

① GLICK J. Rise of the platishers[EB/OL]. (2014-2-7)[2018-5-3]. http://www.recode.net/2014/2/7/11623214/rise-of-the-platishers.

间已经下降到8.25秒。互联网上有17%的网页,网民在其上的停留时间少于4秒;仅有4%的网页,网民在其上的停留时间超过10分钟。① 美国作家尼古拉斯·卡尔(Nicholas Carr)发表了《谷歌让我们变得更愚蠢吗?》一文,指出"网络似乎正在一点点地销蚀我专注与沉思的能力。现如今,我的脑袋就盼着按照网络提供信息的方式来获取信息,即以飞速运动的粒子流的方式。过去,我是语言海洋中的深潜者;现在,我好像踩着喷气滑水板,在海面上急速掠过"②。

此外,用户的媒介接触不断向新媒体转移,尤其是伴随着互联网一起出生、成长的"数字原住民"(digital natives),他们更是较少接触报纸、广播、电视等传统媒体。《90后媒介使用习惯研究报告》显示,在90后群体中,近八成90后不看报纸,超过半数的90后不听广播,一半以上的90后每日看电视在半小时以内。

在这样的背景下,新闻机构不能继续以"把关人"自居,而需要求新、求变,加入争夺用户注意力的战役之中。例如,"移动先行"成为新的战略手段,手机锁屏和状态栏已成为各个媒体角逐的新战场。CNNIC发布的报告显示,在手机推送时才关注新闻的网民占比达到26.7%。③《纽约时报》专门组建了"新闻推送团队"(push notifications team),团队负责人安德鲁·菲尔普斯(Andrew Phelps)表示:"过去,我们站在山头俯身冲人们喊话,现在,我们只有将新闻推送到用户的手机上,用户才有可能点击进去看。"

正如学者比尔·科瓦奇(Bill Kovach)和汤姆·罗森斯蒂尔(Tom Rosenstiel)所指出的那样,专业新闻机构和新闻工作者应当超越"把关人"的隐喻,扮演好以下8种角色:"鉴定者"(authenticator)、"释义者"(sense maker)、"调查者"(investigator)、"见证者"(witness bearer)、"赋权者"(empowerer)、"聪明的聚合者"(smart aggregator)、"论坛组织者"(forum organizer)和"新闻榜样"(role model)。④

以上三种变化促使学者重新审视和检验"把关人"理论在数字时代的适用性,并对其进行修正和更新,乃至提出新的理论模式。其中,较有代表性的探索是俄亥俄州立大学的两位研究者乔治·皮尔逊(George D. H. Pearson)和杰拉尔德·科斯基

---

① Statistic Brain. Attention Span Statistics[EB/OL].(2018-3-2)[2018-5-3]. http://www.statisticbrain.com/attention-span-statistics.

② CARR N. Is google making us stupid? what the internet is doing to our brains.[J/OL]. Atlantic Monthly Group, 2008 (2008-7) [2018-5-3]. https://www. theatlantic. com/magazine/archive/2008/07/is-google-making-us-stupid/306868/.

③ 中国互联网络信息中心.2016年中国互联网新闻市场研究报告[EB/OL].(2017-1)[2018-5-3].http://www.cnnic.net.cn/hlwfzyj/hlwxzbg/mtbg/201701/P020170112309068736023.pdf.

④ 科瓦奇,罗森斯蒂尔.真相:信息超载时代如何知道该相信什么[M].陆佳怡,孙志刚,译.北京:中国人民大学出版社,2014:181-186.

(Gerald M. Kosicki)所提出的“寻路”模式(way-finding model)。两位学者认为,学界关注的重点不仅仅要放在新闻生产者如何进行“把关”上,而且还需要关注用户如何通过各种路径(例如搜索引擎、社交媒体)来获取新闻故事,即“寻路”模式。

所谓模式,是科学研究中以图形或程式的方式阐释对象事物的一种方法。图2-2展示了“把关”模式和“寻路”模式的异同。左侧描述的是把关模式,用户首先抵达他或她所选择的某个新闻网站的主页,并从中选择某一条感兴趣的新闻进行阅读。在整个新闻消费过程中,第二个新闻网站无法得到用户的关注。右侧描绘的则是寻路模式,用户首先抵达聚合平台(例如搜索引擎、聚合新闻客户端)或“望关人”(例如社交媒体),二者均聚合了来自不同新闻网站的内容(图中用虚线表示),读者可以根据自身兴趣或使用关键词检索来浏览新闻资讯。这时,用户跳过了媒体主页,直接到达某一则新闻故事。[①]

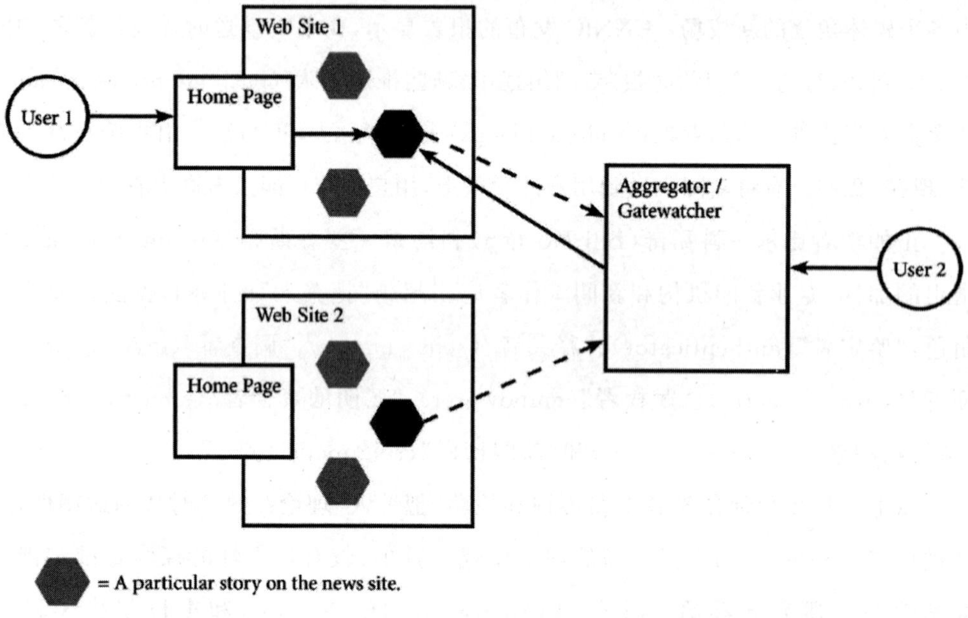

图2-2 新闻“把关”模式和“寻路”模式

“寻路”模式为我们提供了一些有益的启发,尤其是它把关注点从“媒体如何筛选新闻”转移到了“用户如何获取新闻”上,反映了聚合平台和社交媒体所发挥的越来越显著的作用。但是,该模式也存在一些缺陷。首先,该模式过度强调用户的主观能动

① PEARSON G D H & KOSICKI G M. How way-finding is challenging gatekeeping in the digital age[J].Journalism Studies,2016,18(9):1087-1105.

性，忽略了其信息消费所受到的各种因素的影响和限制。已有研究证明，专业的大众传媒机构或者社交网络中的意见领袖在新媒体时代仍然发挥着重要的议程设置作用。其次，该模式未对聚合平台和社交媒体所采用的不同信息把关机制进行区分。最后，"寻路"模式过于笼统和概括，无法帮助我们深入了解传统媒体和其他把关主体所进行的信息筛选、组织、分发的过程。下一节将要介绍的"策展流"理论则针对以上缺陷进行了较为系统的深化和完善。

第二节 从"把关"到"策展流"

近年来，源自展览领域的"策展"(curation)①一词开始被中西方新闻传播学者用来描述传播者所进行的"内容生产、选择、过滤、注释以及框架化的过程"(The production, selection, filtering, annotation, or framing of content)②。Curation 的动词是 curate，意为艺术品展示的精心设计和编排，博物馆馆长的英文翻译就是 curator。与此同时，"流"的概念意在把握当前的媒介环境，尤其是移动传播的特点——实时更新、流动性和易变性(fluidity)。美国学者柯基丝汀·索尔森(Kjerstin Thorson)和克里斯·威尔斯(Chris Wells)发表的《策展流：数字时代描绘媒介接触的理论框架》一文中对"策展流"(curated flows)模式进行了详细说明。

"策展流"理论的核心观点是：个体位于信息网络的中心，被包裹在由多重主体策展的信息流之中。相较于"把关"模式，"策展流"模式具有以下几个特点：

第一，"策展"的主体不仅包括传统的新闻工作者和新闻机构，而且还包括个人、算法、策略传播者等。非职业的个体和机构被视为新媒体时代影响信息生产与流通的重要主体，他们采用了不同于专业新闻机构的信息策展标准。

第二，"策展流"所描述的是互联网时代协作式的新闻生产模式，是一个意义生产与再生产动态交织的模式，突出强调了数字时代新闻生产的开放性和互动性。

第三，"策展流"模式指出，没有任何一个主体(包括用户自身在内)能够拥有绝对的信息把关权力。用户的媒介接触，以及由此所带来的用户在认知、态度与行为上的变化，是个人兴趣(individual interests)、社交网络(social network)以及数字传播基础

---

① 中国台湾学者邹景平将"curation"翻译为"积酿"，认为该词更能呈现内容的创造性归纳、整理、推介和"集展"。

② THORSON K, WELLS C. Curated flows: a framework for mapping media exposure in the digital age[J]. Communication Theory, 2015, 26 (3): 309-328.

设施(infrastructures)之间角力和竞争的结果。①

本节我们将首先介绍“策展”的4个主体，讨论其在信息流动中所扮演的角色；其次介绍学者建构的“策展流”模式，通过图形的方式加深对“策展”过程的理解，并讨论不同策展主体所采用的信息筛选的标准。

一、“策展”的4个主体

在介绍“策展”的4个主体之前，我们要思考一个问题：用户可能会通过哪些途径来接收一条新闻资讯呢？

对这个问题的回答是多种多样的：可能是广播或电视反复播放这则新闻，引起了用户的注意(记者策展)；可能是用户通过社交网络看到了好友或意见领袖的分享(个人策展)；可能是某个广告商付费，让有关自己公司的资讯优先出现在显著位置上，如微博的热门搜索榜单或搜索引擎的结果页排名(策略策展)；也可能是算法根据用户的阅读历史或GPS定位，推算出他或她对这则新闻感兴趣，于是进行了主动推送(算法策展)。由此可见，用户的资讯获取途径与大众媒介时代相比更加多样，获取的内容也更加个性化。

(一)记者/编辑策展(journalistic curation)

如前所述，面对互联网信息环境的变化(从信息稀缺到信息超载)，用户对有序、优质的内容更为渴望，而这正是专业新闻机构能够通过“策展”方式施展能力的地方。专业新闻工作者隶属于某一专业新闻机构，他们能够优先接触信息源(例如政府官员、专家、新闻线索提供者)，获取第一手新闻素材。新闻从业者还拥有专业知识和技能，以及服务公众的自觉态度，可以遵循职业规范来加工、验证新闻素材。

新闻从业人员具有得天独厚的资源和优势。面对大量碎片化、信度低、孤立的信息，新闻从业人员能够运用新闻专业素养筛选、组织、整合出有价值的内容，为其提供背景并进行解读，“如同博物馆员将灯光投射到值得注意的细节上，并为其提供语境说明”②。

传播者为了适应数字时代的变化，采取了种种具有创新性的新闻实践。例如，《纽

---

① THORSON K，WELLS C.Curated flows：a framework for mapping media exposure in the digital age[J].Communication Theory，2015，26 (3)：309-328.

② 仇筠茜.新闻策展：“微媒体”环境下突发新闻报道及伦理分析：以美国马拉松爆炸案报道为例[J].国际新闻界，2013(9)：123-130.

约时报》2014年发布的报告题目就是“创新”，该报告强调了传统媒介进行变革的迫切性和重要性：“科技的进步为我们提供了更好的工具，使得我们能够在对的时间、对的地点把我们的作品呈现给对的读者。然而，我们仍然对读者要求得过于苛刻了：他们必须以我们所采用的印刷结构模式来浏览网页或客户端。我们需要更多地思考绿色内容的呈现(resurface)，采用更有效的方式组织(organize)和打包(package)我们的作品，并把相关内容推送(push)给读者。”[①]《纽约时报》所强调的一系列步骤——“呈现”“组织”“打包”“推送”——已然超过了“把关人”理论所涵盖的范畴，“策展流”模式更适合于解释数字时代大众传播的信息筛选与分发过程。

传统新闻机构相较于自媒体，拥有更强的传播力、引导力、影响力和公信力。众多传统媒体，从中央到地方，纷纷打造“两微一端”的新媒体矩阵，推行“中央厨房”工作机制，运用新技术、新应用来创新媒体传播方式。移动直播、H5应用、机器人写稿、无人机采集、虚拟现实等技术已应用于新闻采写和编辑等制作环节，生产出了一批“现象级”融媒体产品。传统新闻机构在网络空间继续发挥着信息传播、舆论引导和议程设置等作用。例如，《人民日报》、央视新闻等媒体，其微博粉丝数量均超过5,000万。一些知名的新闻工作者，其微博粉丝也有数百万人，因而在网络空间继续发挥意见领袖的作用。然而，大众传媒不再占据“一统天下”的优势地位，尤其是其出版职能越来越被技术平台所接管。作为策展主体之一，大众传媒需要在“百家争鸣”中和其他主体展开对用户注意力的争夺。

(二)个人策展(personal curation)

起源于20世纪40年代的“使用与满足”理论强调了受众的需求和动机对媒介接触的影响，指出受众的选择具有某种能动性，但是这种能动性是有限的，仅限于对大众媒介提供的内容进行“有选择的接触”。到了网络时代，用户的媒介接触范围大大提高。无论是选择收看哪个频道的电视节目还是阅读哪份杂志或报纸，关注哪个微博账号或微信公众号，抑或是下载哪个新闻客户端、订阅哪个频道，用户都拥有了更多的选择权和自主权。学者不再使用具有被动含义的“受众”，而是使用“用户”来形容信息消费者。这种趋势加深了学者对有关“信息茧房”(information cocoons)的隐忧，即用户有能力把自己隔离在一个自我打造的、符合自身兴趣和阅读爱好的狭小的信息世界

---

① New York Times. Innovation[EB/OL].(2014-3-24)[2018-5-3]. http://www.scribd.com/doc/224608514/The-Full-New-York-Times-Innovation-Report.

之中。①

尽管新媒体时代的用户拥有了更多的自主性，且越来越依赖社交关系来获取新闻资讯，但是，并非所有的媒介接触都应被理解成是个人策展的结果。因为，并不是所有用户都像“使用与满足”理论所强调的那样，为了追求个人的目标和兴趣而主动地、有意识地“打造”媒介环境。已有研究指出，关于积极塑造个人信息环境的意愿和能力，人与人之间存在着显著差别。② 用户可以选择收看某个节目或关注某个人的微博，然而具体接触到什么内容，则更多是记者策展、策略策展或算法策展在发挥作用。

此外，在“信息的生产和发布全民化”的新技术时代，尽管理论上人人都是策展主体，但是在实际的信息传播过程中，每个人发挥的作用并不是均等的，即每个人通过面前的“麦克风”发出声音的大小、传播范围都存在着显著差异。线下的政治地位、经济地位、声望等差异会延伸到网络空间中，社交网络结构对信息传播力会产生直接影响。已有研究显示，占比约0.05％的精英用户（包括媒体、名人、机构和博客写手）在推特上吸引了几乎50％的用户关注度；普通用户收到的帖子中只有15％直接来自媒体，46％由媒体经过其他普通用户朋友的转发，而35％来自其他精英用户（名人、博客写手和机构）。研究者认为，推特上的新闻传播过程基本上还是经典的“媒体→意见领袖→普通受众”的“二级传播”（two-step flow of communication）③。这一结果是否适用于解释其他社交媒体或平台上的信息流通，有待于进一步验证。

（三）策略策展（strategic curation）

策略策展是指机构、企业、利益集团、竞选团队等出于商业目的或政治目的，使用受众细分、精准营销、数据挖掘等技术手段而进行的信息策展活动。在这个过程中，策略策展主体不必经过传统媒体，可以直接面向目标受众进行“一级传播”。④

在互联网普及之前，机构、企业、利益集团、竞选团队等往往需要借助传统媒体来进行宣传；如今，以上组织可以选择建设自己的网站，或是通过各类技术平台直接面向受众进行信息传播。在这个过程中，传统大众媒体的中介作用被削弱，广告收入出现“断崖式滑坡”；与此相对应地，技术平台开始成为出版商，逐渐接管了传统大众媒体的

① 桑斯坦.信息乌托邦[M].毕竞悦，译.北京：法律出版社，2008.

② GARRETT R K，CARNAHAN D，LYNCH E K.A turn toward avoidance? selective exposure to online political information，2004—2008[J].Political Behavior，2011，35(1)：1-22.

③ WU S et al.Who says what to whom on Twitter[J].International Conference on World Wide Web，2011：705-714.

④ BENNETT W L，MANHEIM J B. The one-step flow of communication[J].The Annals of the American Academy of Political and Social Science，2006，608(1)：213-232.

部分出版职能，广告收入也大量流向技术平台。“互联网女皇”玛丽·米克尔（Mary Meeker）发布的《2017 年互联网趋势报告》显示，谷歌和脸书两家公司占据了美国市场 2015 年到 2016 年间 85％的互联网广告增长份额；在中国，腾讯、阿里巴巴、百度和《今日头条》四家公司占据了中国移动互联网 77％的使用时长。

在争夺用户注意力的战役中，也涌现出了众多网络水军、网络推手、营销账号、段子手、网络红人等策略策展主体。以段子手为例，有媒体报道，中国微博段子手的大部分市场由楼氏文化传播有限公司、鼓山文化有限公司以及牙仙广告有限公司旗下拥有的众多意见领袖资源所占据。[①] 例如，楼氏文化传播有限公司旗下的“@回忆专用小马甲”拥有 2,880 多万名粉丝，“@追风少年刘全有”拥有 900 多万名粉丝；鼓山文化有限公司旗下的“@小野妹子学吐槽”拥有 1,580 多万名粉丝，“@同道大叔”拥有 1,300 多万名粉丝……这些专职策展主体深谙传播技巧，粉丝人数累积过亿，缔造了庞大的网络营销行业的商业王国。

研究者指出，策略策展的商业本质属性决定了其无法主导社会话语场域，尤其是在时事类网络事件面前基本无能为力；在传播效果方面，策略策展仅能起到告知的作用，可以在短时间内让某个事件或者人物充斥人们的视野范围（例如 2009 年的“贾君鹏”事件），而对于人们大脑如何思考，尤其在改变情感等更深层次的传播效果方面却作用有限；此外，网络水军必须以网民的社会心理为助推力，包括仇视不平等（如仇官、仇富、仇医等）、同情弱者、猎奇、泛娱乐心态等。因此，网络水军的传播效果如何，在很大程度上取决于个人策展主体的社会心理状态及媒介素养，且还会受到网络的自组织和自净化机制的制约。[②]

（四）算法策展（algorithm curation）

和以上三个策展主体不同的是，第四个策展主体——算法是非人类行动者（non-human actor）所从事的活动。根据法国社会学家、哲学家布鲁诺·拉图尔（Bruno Latour）的“行动者网络”理论，“任何通过制造差别而改变事物状态的东西，都可被称为行动者”[③]。

尽管算法是互联网传播基础设施的构成要素，但由于其运作机制的不透明性，算

① 刘璐，吴纯．段子手进化论[J].南都周刊，2016(5).

② 李彪，郑满宁．微博时代网络水军在网络舆情传播中的影响效力研究：以近年来 26 个网络水军参与的网络事件为例[J].国际新闻界，2012(10)：30-36.

③ LATOUR B.Reassembling the social：an introduction to actor-network-theory[M].Oxford：Oxford University Press，2005.

法策展直到2010年前后才开始得到伊莱·帕里泽(Eli Pariser)等学者的关注。帕里泽观察到,谷歌自2009年12月4日起开始推行个性化信息搜索服务。从这天起,即便不登陆谷歌账号,用户搜索到的结果也是个性化的、“千人千面”的。帕里泽认为这是一场“重要却几乎悄无声息的信息消费变革”,标志着个性化时代的开启。① 帕里泽使用“过滤气泡”(filter bubble)一词来表示人们的媒介接触所呈现出的“个性化”趋势,即算法会根据个人的兴趣偏好、浏览历史、GPS定位等为其自动过滤并推荐信息。新一代互联网过滤器具有记录功能,它能根据所记录的浏览痕迹建立一种不断完善的预测机制,推测网络使用者的好恶。

算法是为了解决问题而输入机器的一系列指令。从广义上讲,算法是一种编码程序,通过特定的运算把输入数据转化为输出结果。如果我们把数据比作食材,那么算法就是食谱,只有遵循食谱所设立的步骤和指令,按照要求筛选和搭配食材,才能做出指定口味的菜肴。例如,我们通过搜索引擎搜索某一关键词,能够得到成千上万条自动排列好的结果。哪些结果排名靠前,哪些结果排名靠后,是由算法(例如谷歌使用的PageRank算法)决定的。除此之外,微博的热门话题排行榜计算、聚合新闻客户端的个性化新闻推荐等也都不是人工编辑在发挥聚合和排序作用,而是算法或机器自动完成的。

哥伦比亚大学托尔数字新闻中心(Tow Center for Digital Journalism)发布的报告概括了算法所发挥的四个功能:信息的排序、分类、联合和过滤。② 因此,哪些内容能够优先到达用户的视野范围,算法发挥着越来越重要的作用。我们在此以脸书为例,介绍算法策展的运作机制。

脸书创始人马克·扎克伯格(Mark Zuckerberg)在2017年年中宣布,全球有20亿人每月都在使用脸书。由于脸书在全球范围的影响力,其算法运作机制受到了学界和业界的广泛关注。长期以来,脸书在使用一种“边际排名算法”(edge rank algorithm)。根据公司算法工程师的介绍,每个出现在信息流里的内容被称作object,每个与object互动的独立行为被称作一个edge,每个edge有三个组成要素:

(1)亲密程度(affinity score):指阅读者和内容创造者之间进行的互动,互动越多,分值越高;

(2)边类权重(edge weight):由算法工程师设定各种互动类型的权重值。例如,

---

① PARISER E. The filter bubble: what the internet is hiding from you[M]. New York: Penguin Press, 2011.

② DIAKOPOULOS N. Algorithmic accountability reporting [EB/OL] (2014-2-12) [2018-5-3]. https://towcenter.org/algorithmic-accountability-2/.

点赞、评论、转发、加标签等分别表示不同的权重；

(3)时间衰变(time delay)：一个 edge 经历的时间越长，它的权重就越低。

以上三个影响因素叠加在一起，就产生了边际排名。分数越高，发布的内容就越能优先出现在用户的信息流中。[①]

需要指出的是，不同平台的算法运作机制有所不同，遵循的运作逻辑也不同。例如，同样是聚合新闻客户端，《今日头条》和《一点资讯》所针对同一个用户推送的内容可能大相径庭。此外，算法不是固定不变的，而是在不断地优化和更新。脸书的例子主要用来说明算法在用户媒介接触中所扮演的隐蔽却愈发重要的角色。有关算法运作机制的问题，我们在后面的章节中还会论及。

综上所述，用户最终的媒介接触情况在很大程度上取决于以上四个策展主体所进行的竞争和角力，没有任何一个主体占有绝对的压倒性地位。通过新的媒介平台，个人、传媒机构、政府、商业公司等各种力量会交汇形成复杂的权力关系。与此同时，各个主体所遵循的信息筛选与加工标准也存在着显著差异。下一节将对四个主体所开展的策展流程及遵循标准进行介绍。

二、策展流程与标准

(一)策展流程

通过对前人研究的梳理，瑞士苏黎世大学学者朱利安·华莱士(Julian Wallace)制作了策展模式流程图。[②] 如图 2-3 所示，黑色箭头代表信息的流动方向，虚线代表把关过程。四个主体的策展过程包括信息获取(access)、筛选(selection)和发布平台的选择(choice of publication)三个阶段，每个阶段都各自遵循着不同的标准。

发布平台可以是大众媒体、企业或个人设立的网站，也可以是微博、微信、客户端等技术平台。一旦选择了某个发布平台，该平台的把关机制就会影响所发布内容的可见度和传播范围。在中心化的、自上而下的把关模式下(例如新闻机构内部)，信息可以被直接加工成新闻条目发布出去；而去中心化的、自下而上的把关模式则发生在众多个体之间所进行的微观层面的互动中。信息能否被加工成新闻条目，取决于“群体

---

① KINCAID J.Edgerank：the secret sauce that makes Facebook's news feed tick[EB/OL](2010-4-23)[2018-5-3]. https://techcrunch.com/2010/04/22/Facebook-edgerank/.

② WALLACE J.Modelling contemporary gatekeeping：the rise of individuals，algorithms and platforms in digital news dissemination[J].Digital Journalism，2018，6(3)：274-293.

的力量”，单个个体原创的内容经由转发、扩散、推荐也有机会增加曝光率。

例如，《人民日报》如果是通过人民网、《人民日报》客户端、纸质报纸发布新闻，则采用的是中心化的把关模式；如果是通过其官方微博发布内容，其可见度的大小会受到新浪微博把关机制和网民参与度的影响。例如，内容是否登上微博热搜榜单、是否优先出现在信息流中、是否得到网民自发的二次分享等。

综上所述，“策展流”模式所描绘的是一个多主体并存、中心化和去中心化把关模式相互交织的信息流动图景。在数字时代，信息不再沿着固定渠道由大众传媒单向传输给受众，新闻生产与发布逐渐分离，平台（例如“两微一端”、搜索引擎）的把关机制对信息流动施加着越来越重要的影响。在“人人都是通讯社”的背景下，仅仅理解传统大众媒体的把关标准是远远不够的。

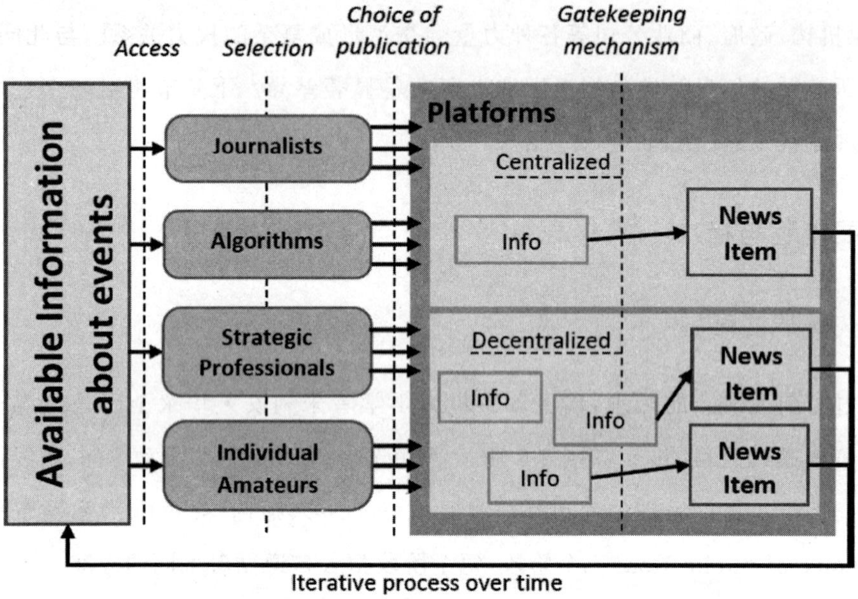

图 2-3 数字时代的“策展流”模型

（二）策展标准

四个策展主体——记者/编辑、个人、策略者、算法——在信息的获取、加工、发布过程中，采用了不同的标准。有关大众媒体策展的标准，新闻传播学界已经有了丰富的研究成果，因此不再赘述。

个人进行内容策展的标准主要是基于个人的兴趣和偏好。由于不隶属于任何组织或机构，个人策展的目的更多是为了维持社交关系、获取社会资本、进行印象管理、娱乐、记录生活等。个人主要依赖平台进行信息发布，因此，平台的把关机制会直接影响个体的信息消费。例如，全球最大的社交媒体平台——脸书采用的是"喜欢"(like)功能，而不是"重要"(important)或"启发性"(inspiring)。在这种设计逻辑之下，那些艰涩难懂、枯燥却重要的内容无法得到平台的推荐，因此也难以获得用户的关注。有学者指出，个人通过社交关系进行的信息分发是在网络的逻辑下运作的，因此，具有流行度(popularity)或可分享性(shareability)的内容能够得到更广泛的传播。①

策略策展过程更多受到商业逻辑的支配，强调经济功能，目的是获取可见度和利益的最大化。调查资讯公司 Gartner 指出，2014 年以来，社交媒体上的所有评论中，有 10％－15％来自企业雇佣的水军。② 策略主体所遵循的准则符合组织利益，并遵循特定的商业模式和行业规则。例如，根据媒体报道，"@假装在纽约"是楼氏文化传播有限公司旗下的段子手，起初喜欢参与敏感话题的讨论，然而"在公司的管理下，他'收敛了不少'，并且开始能够自如地把握话题的敏感度"③。在这个例子中，"@假装在纽约"不是独立的个体，而隶属于某一组织，其在发布内容时不能全凭个人喜好，而要遵循特定的工作流程，发布符合组织利益的规范化内容。

算法策展所遵循的标准是算法工程师、程序员等事先设定好的，内嵌于代码的设计和编写之中。算法工程师和程序员遵循一定的工作准则(例如效率优先、完成上级交待的任务)，负责对算法进行更新和优化。算法和机器只能读取结构化数据。例如，算法无法读取什么是"受欢迎的新闻"，要想将"受欢迎的新闻"推送给受众，需要算法工程师或程序员将新闻转化为点赞量、转发量、阅读量等可量化的指标。在这一过程中，那些难以被转化为结构化数据的因素(例如新闻质量)在算法策展中较少被纳入考量范围。此外，算法策展可以不经人为干预而自动运行，具有"黑箱"特性。这种运作机制的不透明性使得很多用户并未意识到算法对其信息消费所产生的影响，因此，用户也难以对其进行监督。

表 2-1 总结了四个主体各自采用的信息筛选方式与加工标准。记者、编辑等传统把关人在进行信息筛选时所遵守的职业规范和新闻伦理(例如信息的真实准确、来源透明、客观公正、事实核查等)并未有效约束个人策展、策略策展或算法策展，职业把关

---

① KLINGER U，SVENSSON J.The emergence of network media logic in political communication：a theoretical approach[J].New Media & Society，2014，17(8)：1241-1257.

② Gartner.By 2014，10-15 percent of social media reviews to be fake，paid for by companies[EB/OL](2012-9-17)[2018-5-3].https：//www.gartner.com/newsroom/id/2161315.

③ 刘璐，吴纯.段子手进化论[J].南都周刊，2016(5).

标准的缺失在某种程度上催生了谣言、假新闻的传播。

表 2-1　不同主体遵循的策展标准

	记者	个人	策略者	算法
信息筛选与加工标准	新闻编辑室的工作流程;组织因素和伦理因素。	个人倾向、偏好和兴趣;符合社交目的。	符合策略组织的利益;遵循商业模式和行业规则。	事先定义好的、可编码的标准;符合组织利益。

本章小结:

1.“把关人”理论需要被放置在数字时代背景下进行重新检验。

2.数字时代大众传媒的把关标准发生了变化,发展为新闻价值十五要素说:独家、坏消息、冲突、惊奇、视听、可分享性、娱乐、戏剧性、新闻后续、权力精英、相关性、量级、名人、好消息、新闻机构的议程。

3.新闻从业人员应超越“把关人”的隐喻,扮演以下 8 种角色:“鉴定者”“释义者”“调查者”“见证者”“赋权者”“聪明的聚合者”“论坛组织者”“新闻榜样”。

4.“策展流”模式的核心观点是,用户位于信息网络的中心,被包裹在由多重主体(包括记者/编辑、个人、策略者和算法)策展的信息流之中。决定用户媒介接触的因素包括个人兴趣、社交网络和数字传播基础设施等。

5.算法主要发挥四个功能:信息的排序、分类、联合和过滤。

关键术语:

1.平台媒体:指既拥有媒体的专业编辑权威性,又拥有面向用户平台所特有的开放性的数字内容实体。英文为 platiser,由 platform(平台商)和 publisher(出版社)两个词合成而来。

2.策展:传播者所进行的内容生产、选择、过滤、注释以及框架化的过程。

3.二级传播:指信息流经由“大众媒体→意见领袖→普通受众”的传播过程。

4.过滤气泡:用以描述网民的媒介接触所呈现出的“个性化”趋势,即算法根据个人特征为其自动过滤并推荐信息。

5.算法:为了解决问题而输入机器的一系列指令。算法是一种编码程序,通过特定的运算把输入数据转化为输出结果。

思考与研讨题：

第一节

1.简述“把关人”理论在新媒体环境下的适用性与发展。（北京大学2015年考研真题）

2.与传统媒体相比，新媒体在判定什么是新闻及其价值量大小时，其标准会发生变化吗？为什么？（同济大学2015年考研真题）

3.面对用户信息消费习惯的改变，新闻从业者应该扮演好哪几种角色？

4.名词解释：平台媒体。（中国人民大学2017年考研真题）

第二节

1.请简述“策展流”模式的概要及特点。

2.“策展流”的四个主体是什么？彼此之间是什么关系？

3.“策展流”的四个主体分别采用了什么样的信息筛选方式与加工标准？

4.是什么原因使得策略策展者无法主导社会话语场域？

5.名词解释：策略传播。（北京大学、中山大学2018年考研真题）

延伸阅读：

书籍：

1.桑斯坦.信息乌托邦：众人如何生产知识[M].毕竞悦，译.北京：法律出版社，2008.

2.PARISER E.The filter bubble：what the internet is hiding from you[M].New York：the Penguin Press，2011.

3. SHOEMAKER P J，VOS T. Gatekeeping theory [M]. New York：Routledge，2009.

论文：

1.THORSON K，WELLS C.Curated flows：a framework for mapping media exposure in the digital age[J].Communication Theory，2015，26(3).

2.HARCUP T，O'NEILL D.What is News? news values revisited[J].Journalism Studies，2016，18(12).

3.WALLACE J.Modelling contemporary gatekeeping：the rise of individuals，algorithms and platforms in digital news dissemination[J].Digital Journalism，2017，6(3).

4.WU S M et al.Who says what to whom on Twitter[J].International Conference on World Wide Web，2011.

第三章 新媒体时代的新闻生产

▶章节大纲：

1.自动化新闻提高了新闻生产效率，且成本更低廉、结果更准确；自动化新闻的影响体现在微观层面（记者和消费者）和宏观层面（媒介组织和社会）上。

2.物联网技术将开启“万物广泛互联、人机深度交互”的新时代；传感器是物联网的基本单元，能够帮助记者开辟信息、采集的新维度。

3.数据新闻要求记者掌握数据采集、清洗、分析和可视化呈现等技能。

4.虚拟现实技术让用户以第一视角“亲历”新闻事件，从“旁观者”变成“见证者”；“在场”和“沉浸”是理解虚拟现实新闻的两个关键概念。

▶章节内容：

本章讨论“5W”要素中的“说了什么”（says what），即新闻生产。在摩尔定律、开源软件的推动下，传感器技术小型化、廉价化、遍在化。这些趋势导致的结果是，在“人”的层面产生了UGC蓬勃兴起的Web2.0；在“物”的层面则出现了“万物互联”的物联网。而这两个发展则催生了海量、庞杂、变动的“大数据”。①

新技术所引发的媒体和传播生态的变化，加剧了新闻业的深刻变革。本章将对四种影响新闻生产的新技术进行分析和考察：自动化新闻、传感器新闻、数据新闻、虚拟现实新闻。其中，传感器为数据新闻提供了素材，自动化新闻则建立在结构性数据的基础之上。这些新技术促使新闻业进行改革创新，以期迎来新的发展机遇。

---

① 邓建国.时空征服和感知重组：虚拟现实新闻的技术源起及伦理风险[J].新闻记者，2016(5)：45-52.

第一节　自动化新闻

自动化新闻(automated journalism),是指在初期算法编程完毕后,不经人为干预,由软件或算法自动生成新闻故事的过程。一旦算法生成,从收集和分析资料,到实际的撰写和发布新闻,新闻生产的每个环节都可以自动完成。[①] 计算机辅助新闻报道并不是什么新鲜事,然而,完全自动化的、不经人为干预的新闻生产则是在近些年才开始应用于媒介机构的。

那么,自动化新闻是如何产生和发展的?如何理解自动化新闻的工作机理?记者和编辑会被算法所替代吗?用户如何看待自动化生成的新闻?本节将对这些问题进行考察和分析。

一、自动化新闻:定义、现状与趋势

2017 年 8 月 8 日晚,四川阿坝州九寨沟县发生 7.0 级地震。地震发生之后,中国地震台网迅速发布了一条由算法自动编写的新闻:“据中国地震台网正式测定,8 月 8 日 21 时 19 分在四川阿坝州九寨沟县发生 7.0 级地震,震源深度 20 千米,震中位于北纬 33.20 度,东经 103.82 度……”全文共 540 字,内容包括速报参数、震中地形、热力人口、周边村镇、周边县区、历史地震、震中简介、震中天气等。该条新闻从编写到发布用时仅 25 秒,可以说是一次自动化新闻的典型应用。

自动化新闻,又称算法新闻(algorithmic journalism)、机器人新闻(robot journalism)、机器写作新闻(machine-written news)。近年来,自动化新闻凭借在天气、财经、体育、犯罪等新闻报道领域的出色表现,受到了学界和业界的广泛关注。实际上,早在 20 世纪 60 年代,自动化文本生产就开始应用于天气播报领域。1977 年,詹姆斯·米翰(James Meehan)在耶鲁大学开发了第一个故事自动生成系统。

自动化新闻生产的前提是拥有大量干净的(clean)、准确的(accurate)、结构化的(structured)数据可供使用。随着整个社会的数据化水平不断提高,加上自然语言生成(natural language generation,简称 NLG)技术的不断成熟和完善,自动化故事生成

① GRAEFE A. Guide to automated journalism[EB/OL].(2016-1-7)[2018-5-3]. https://towcenter.org/research/guide-to-automated-journalism/.

才开始在新闻业推广开来。2014 年 7 月,美联社宣布使用 Automated Insight 公司创建的 Wordsmith 软件来自动撰写财经公司季度财报,这一举措使自动化新闻第一次进入公众视野。

根据学者的统计,在全球范围内共有 11 家研发自动化新闻生产软件的公司,其中 5 家在德国(包括 AX Semantics,Text-On,2txt NLG,Retresco 和 Textomatic),两家在美国(Narrative Science 和 Automated Insights),两家在法国(Syllabs 和 Labsense),1 家在英国(Arria),1 家在中国(腾讯)。这些公司为美国的美联社、雅虎、福布斯,法国的《世界报》,德国的财经媒体 Finanzen100 等新闻机构提供自动化新闻服务。① 根据牛津大学路透社新闻研究所发布的报告,欧洲的 9 家通讯社——包括路透社、法新社、挪威新闻社等,均已投入自动化新闻生产。②

在国内,腾讯于 2015 年 9 月推出了全国第一家自动新闻写作机器人"Dreamwriter",并发布国内首篇自动化新闻报道《8 月 CPI 同比上涨 2%创 12 个月新高》。同年 11 月,新华社推出了"快笔小新",该机器人主要"供职"于体育部、经济信息部和《中国证券报》,负责撰写体育赛事报道和财经新闻。随后,第一财经的"DT 稿王"、《今日头条》的"Xiaomingbot"、《南方都市报》的"小南"等自动化新闻写作机器人也陆续推出。世界编辑论坛(world editors forum)把"自动化新闻的兴起"作为 2015 年全球新闻编辑室的九大趋势之一。

表 3-1 国内新闻写作机器人一览表

时间	机构	应用领域
2015 年 9 月	腾讯"Dreamwriter"	财经
2015 年 11 月	新华社"快笔小新"	体育、财经
2016 年 5 月	第一财经"DT 稿王"	财经、体育
2016 年 8 月	今日头条"Xiaomingbot"	体育,尤其是里约奥运会赛事报道
2017 年 1 月	南方都市报"小南"	春运、两会

二、自动化新闻的工作机理

哥伦比亚大学托尔数字新闻中心于 2016 年 1 月发布了《自动化新闻指南》报告,

① DORR K N.Mapping the field of algorithmic journalism[J].Digital Journalism,2016,4(6):700-722.

② FANTA A.Putting Europe's robots on the map:automated journalism in news agencies[EB/OL].(2017-9)[2018-5-3]. http://reutersinstitute. politics. ox. ac. uk/our-research/putting-europes-robots-map-automated-journalism-news-agencies.

对自动化新闻的工作机理进行了详细描述。复旦大学新闻学院的教授邓建国在此基础之上，对自动化新闻的工作机理进行了概论和提炼：①

(1)收集数据(collect data)。所有的机器人新闻算法都需要预先读入大量数据，因此，凡是数据丰富而“干净”(结构化和标准化)的领域(例如天气、自然灾害预报等)往往最容易开发出具有实用价值的自然语言自动生成系统。在财经报道和体育报道领域，由于数据较为“干净”，因此也成为机器人新闻蓬勃兴起的领域。

(2)找出有趣的事件(identify interesting events)。数据读入后，算法就会根据统计模型来识别重要的或有趣的新闻事件。这些新闻可能包括一些反常性事件，比如一位选手的超凡表现，或是某个决定比赛结果的时刻。例如 NBA 赛事中的数据种类包括了得分总数、投篮命中率、三分命中率、罚篮命中率、篮板数、助攻数、抢断数、盖帽数、失误数、上场时间数、参赛场次数等。算法会监测并比对历史数据，一旦发现反常，比如以上各数据种类中出现了最高纪录或最低纪录，算法就认为此数据具有新闻性。在财经新闻中，股价或汇率变化一旦高于或低于预期(无论这一预期是算法自己计算得出的，还是外部人员提供的)，就会成为算法新闻的编写素材。

(3)选取角度(prioritize insights)。在确定“新闻性”之后，算法接下来就会找出报道该新闻的角度。这些角度实际上是人类记者事先确定好的报道框架，供算法进行选择。例如，对体育赛事报道的典型框架包括：“旗鼓相当的拉锯战”“震撼全场的个人英雄主义”“同仇敌忾的团队合作”和“后来居上的反击战”等。算法在选择具体框架时，往往会参照前一步的“新闻性”特征。如果存在多个角度(框架)，算法会结合“新闻性”给各个框架打分，然后选择使用得分最高的故事框架。

(4)生成新闻故事(generate narrative)。报道角度(框架)确定后，算法接着从数据中选择相关部分，即所谓的“故事点”(story points)，如球员名字、得分等，以支持该框架。算法还可以结合比赛场地、球员背景等信息，按照接近性原则优先或重点报道相关球员的表现，包括从数据库中自动检索该球员的照片并自动嵌入报道等。此外，故事写作风格也会和媒介机构保持一致。

(5)发布新闻故事(publish story)。对自动生成的新闻稿件从自然语言角度进行润色，这是技术含量最高的一步。Narrative Science 公司的算法会不断地回顾、审读其所使用的框架以及相关的支撑性“故事点”，并将句子与人类自然语句进行比对并替代。这一步骤的主要目的是为了让算法生成的枯燥文字变得更加具有可读性。有的

① 邓建国.机器人新闻：原理、风险和影响[J].新闻记者，2016(9)：10-17.

算法(如 Automated Insights 公司所采用的算法)还会在报道文本的生成过程中加入随机因素,并且选择多种复杂的叙事语气(如"冷静的""自信的""悲观的""充满激情的"等)让文本显得更富有可读性。还有的算法(如 Yseop 公司)能结合元数据(metadata),使得基础故事模板能够更加灵活,玩出花样。例如,算法能根据主语的单复数而配套使用相应的动词形式,或者变换使用同义词,从而使文本读起来不那么枯燥。

以上 5 个步骤是自动化新闻生产的标准化环节。在实际操作中,每家新闻机构都会根据自身的优势和特色来设计和运行自动化写稿机器人。例如,新华社"快笔小新"的写稿流程可以分为 3 个环节:一是"采集清洗",依托大数据技术对数据进行实时的采集、清洗和数据的标准化;二是"计算分析",根据业务的需求设计相应的算法模型,对数据进行实时的计算和分析;三是"模板匹配",根据计算和分析的结果选取合适的模板生成 CNML(中文新闻信息置标语言)的稿件,并自动写入待编稿库中,编辑审核后再进行签发。

腾讯"Dreamwriter"的写作流程主要包括 5 个环节:首先通过购买或自己创建数据库;其次,让"Dreamwriter"学习数据库内的各项数据,并生成相对应的写作手法;再次,针对与数据库相关联的新闻事件进行报道写作;然后,审核完成的稿件;最后,将新闻成品发布到用户端。《今日头条》"Xiaomingbot"的工作原理是结合最新的自然语言处理、机器学习和视觉图像处理的技术之后,通过语法合成与排序学习生成新闻。"DT 稿王"则是利用文本解析和信息抽取技术实现信息的自动抽取,再采用机器学习算法,并融合《第一财经》编辑和记者团队的经验、智慧,通过建立模板和规则知识库的方式,根据实时抽取的信息做出判断,输出相应的模板及规则知识库内容从而产生新闻。①

三、自动化新闻的影响

在自动化新闻开始得以应用和推广的大背景下,其潜在影响也值得关注。自动化新闻的潜在影响包括了微观层面(记者、用户等个人层面)和宏观层面(组织及社会层面)(见图3-1)。

---

① 许向东,郭萌萌.智媒时代的新闻生产:自动化新闻的实践与思考[J].国际新闻界,2017(5):29-41.

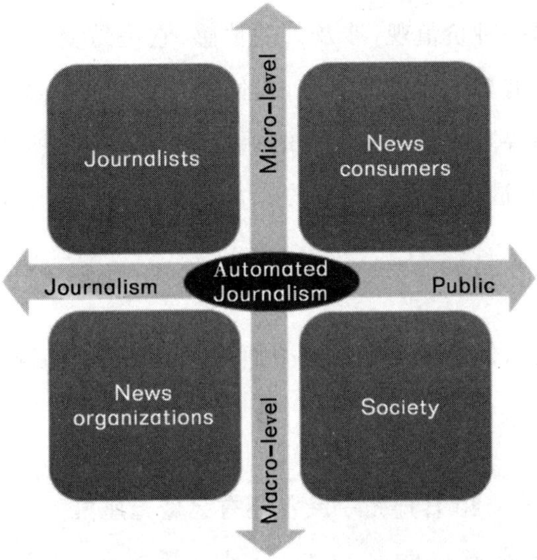

图 3-1 自动化新闻的影响

图片来源:哥伦比亚大学托尔数字新闻中心

(一)对记者的影响

自动化新闻的应用可能会导致记者失业。算法比人类新闻记者的速度更快、成本更低廉、更少犯错误,而且还具备大数据归纳、人工智能模仿等能力。在未来,劳动密集型岗位可能会被机器所替代。与此同时,随着自动化新闻的发展,也会出现一些新的职位,例如现有的媒介机构所设立的算法工程师、数据挖掘工程师等。

Narrative Science 公司创始人、首席技术官克里斯蒂安·哈蒙德(Kristian Hammond)预测,在未来 15 年内,将有超过 90%以上的新闻由算法自动生成。[①] "算法更擅长做什么?"这个问题的答案是,算法擅长使用结构化数据来生成新闻故事。如果有关个人、本地、全国甚至全球范围内的结构化数据继续呈指数级增长,那么,哈蒙德的预测就不会是天方夜谭。

因此,新闻传播从业者应专注于提升算法无法替代的技能,例如深度分析、访谈、调查性报道、伦理、文字润色、创新编排等。正如社交网络通讯社"Storyful"的编辑马卡姆·诺兰(Markham Nolan)在 TED 演讲中所指出的那样,"算法是一套规则,是建

① LEVY S.Can an algorithm write a better news story than a human reporter[EB/OL].(2012-4-24)[2018-5-3]. https://www.wired.com/2012/04/can-an-algorithm-write-a-better-news-story-than-a-human-reporter/.

立在二进制的基础之上的。在算法的世界里，只有绝对的对与错、黑与白。然而真相不是二进制的，真相是一种价值观，涉及人的情感，它是易变的、人性化的。无论电脑变得多快，无论我们拥有多少可得的信息，我们永远无法把人类排除在寻找真相的过程之外。这是因为，追寻真相是属于人类的独特品质”。诺兰所强调的，正是新闻从业者的核心素养之一——进行调查性报道的能力。

（二）对用户的影响

如果不看新闻电头，你是否能判断出下面这条新闻是由记者采写的，还是由机器自动生成的？

20日广州—武汉还有大量无座票

南都讯　机器人小南　根据12306网站余票信息，截至2017年1月17日20:00:18，1月20日从广州出发至多个热门目的地的路线中，广州到北京、洛阳、南昌、贵阳的火车票全部卖完，想要去这些地方的朋友只有另谋他法了。

广州到大连、郑州、青岛、上海、南京、南宁的票比较紧张，都不足100张。其中余票最少的是广州到郑州、上海、南宁，均只有1张，有需要的旅客赶紧动手啊。

在这些车次中，广州到南京的票以高铁为主，余票少且为商务座，票价昂贵。

广州到武汉、长沙、岳阳的票十分充足。其中，余票最多的是广州到武汉，还有1,534张。不过，车次主要是K字头和普列，基本都是无座票，一站到底，路途会比较辛苦。

自动化新闻对用户的影响，首先反映在对新闻作品质量的评估方面。

瑞典卡尔斯塔德大学的研究者克里斯特·克莱瓦尔(Christer Clerwall)开展了一项调查，他让被试者分别阅读由记者和算法生成的内容，随后询问被试者对文章质量、可信度、客观性等方面的看法和评价。如图3-2所示，记者创造的内容被认为更加连贯、清晰、有趣，而软件生成内容在信息量、准确度、信任度、客观性等方面更具优势。然而，除了“读起来令人愉快”(pleasant to read)这一项存在显著差异之外，被试者并不能明显辨别出哪些内容是由记者创造，哪些内容是由软件自动生成的。①

其次，自动化新闻仍处于发展的初期阶段，尚未大范围普及，且应用范围主要是不涉及价值判断的体育、天气、财经等领域。用户会像要求人类记者和编辑那样，要求自

① CLERWALL C.Enter the robot journalist[J].Journalism Practice,2014,8(5):519-531.

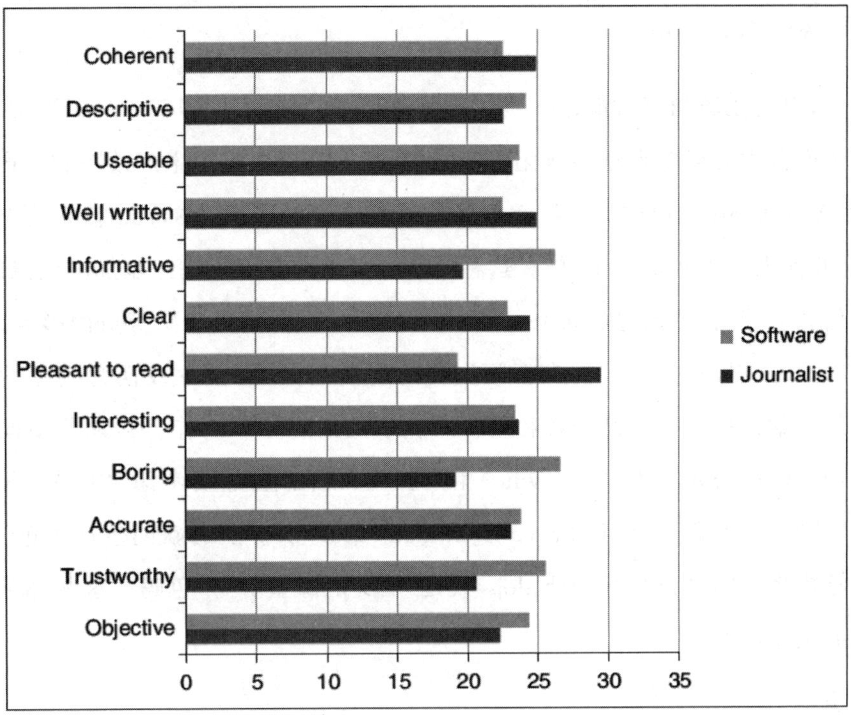

图 3-2 被试者对软件、记者创造内容的评价

动化新闻写作做到客观、公正、来源透明且符合新闻伦理规范吗？目前仍是未知。

(三)对媒介组织的影响

媒介组织为了拓展自己的业务增长点，纷纷将自动化新闻视作一条创新路径。美联社编辑汤姆·肯特(Tom Kent)制作了一份“伦理检查表”，认为媒介组织在推行自动化新闻之前应当审慎考虑以下几个问题：“数据来源的准确程度如何？你有权利处理这些数据吗？你会向读者声明新闻是自动化生产的吗？自动化生成的内容风格和所属机构的风格相符合吗？你能够向读者解释故事是如何‘生成’的吗？谁在监管算法和机器？你准备好要探索体育、财经以外的其他领域了吗？”[①]

在未来，新闻生产系统的各个环节，参与主体将不仅仅是人，机器及万物都可能成为信息的采集者，而机器也可以完成信息的智能化加工。这意味着在未来，掌握着智能机器和传感数据的 IT 企业、物联网企业，将成为参与新闻生产的重要一员。[②]

① KENT T.An ethical checklist for robot journalism[EB/OL].(2015-3-4)[2018-5-3]. http://mediashift.org/2015/03/an-ethical-checklist-for-robot-journalism/.

② 彭兰.未来传媒生态：消失的边界与重构的版图[J].现代传播，2017，39(1)：8-14.

(四)对社会的影响

首先,自动化新闻有可能进一步加剧信息超载。从 PGC 到 UGC 再到 AGC,人类的信息生产方式变得越来越多样化,自动化新闻进一步提高了生产效率和生产量。例如,随着 Wordsmith 软件的普及,美联社每季度自动生成超过 3,700 篇企业财经新闻报道,是此前人工生产量的 12 倍。这种"工业化"生产有可能进一步加剧信息超载,造成用户信息疲劳、害怕错过(the fear of missing out)、时空紧张感等负面影响。

其次,长久以来,技术被视为新闻生产的辅助工具,而很少被视为实际的参与主体。新闻也常常被定义为是记者和编辑所从事的内容生产工作。自动化新闻的兴起使得我们不仅仅需要考虑"'谁'(who)生产新闻"的问题,还要考虑"'什么'(what)生产新闻"的问题,即非人类行动者(non-human actor)所扮演的新闻生产角色。① 算法新闻能够担当起"看门狗"(watch dog)或是"船头的瞭望者"角色吗?这些都是未来需要关注的重要议题。

第二节 物联网与传感器新闻

水壶在你进门的时候已经烧好热水了,冰箱会在存货不足时自动订购食品,药丸瓶在你忘记服药时会发出通知,信号灯能够根据交通流量进行实时调节,空闲的停车位会跟你的车直接"沟通"……以上场景常常出现在科幻影片中,然而在物联网技术的驱动下,物质世界与人类社会的全方位信息交互正在一步步成为现实。

那么,什么是物联网呢?根据国家工业和信息化部 2011 年发布的《物联网白皮书》,物联网是通信网和互联网的应用拓展和网络延伸,它利用感知技术与智能装置对物理世界进行感知和识别,通过网络传输和互联进行计算、处理和知识挖掘,实现人与物、物与物的信息交互和无缝连接,达到对物理世界实时控制、精确管理和科学决策的目的。②

早在 1999 年,英国工程师凯文·阿什顿(Kevin Ashton)就首次提出了物联网

① PRIMO A,ZAGO G. Who and what do journalism? An actor-network perspective[J]. Digital Journalism, 2015,3(1):38-52.

② 工业和信息化部电信研究院. 物联网白皮书[EB/OL]. (2011-5)[2018-5-3]. http://www.miit.gov.cn/n1146312/n1146909/n1146991/n1648536/c3489477/part/3489478.pdf.

(the internet of things,简称 IoT)的概念,用来描述一个通过遍在的传感器使物质世界和互联网连接起来的系统。2005 年 11 月,国际电信联盟(international telecommunications union ,简称 ITU)发布了《ITU 互联网报告 2005:物联网》。报告指出,信息通信技术增加了一个新维度:在过去任何人(anyone)、任何时间(anytime)、任何地点(any place)之间相互连接的基础之上,又增加了任何物体(anything)。各种连接将翻番增加,并创造出一个全新的动态网络——物联网。①

如今,各个国家、地区都把物联网视为信息网络产业发展的新引擎。根据世界经济论坛发布的《深度转变:技术引爆点与社会影响》(*Deep Shift*:*Technology Tipping Points and Societal Impact*)报告,84%的受访者认为物联网技术的引爆点会在 2022 年之前出现,届时,一万亿个传感器将和互联网连接。中国信息通信研究院 2017 年年中发布的《5G 经济社会影响白皮书》指出,第五代移动通信技术(5G)将提供至少 10 倍于 4G 的峰值速率、毫秒级的传输时延和千亿级的连接能力,开启万物广泛互联、人机深度交互的新时代。②

一、传感器:物联网的基本单元

传感器是一种监测装置,它能够感应物质环境中的光、热、动力、湿度、电子信号、压力等,并能将其按一定规律转变成电信号或其他形式予以输出,从而完成信息的记录、传输、存储、显示和控制等。从早期的射频识别(radio frequency identification,简称 RFID)、电子芯片,到之后的 GPS、智能手机、可穿戴设备、无人机、遥感卫星等,传感器的应用范围愈加广泛。从本质上讲,传感器是一种收集数据信息的方式。③

以 iPhone 为例,2007 年,iPhone 拥有 3 个传感器,包括加速感应器、距离感应器和环境光传感器;2013 年,iPhone 5s 新增加了三轴陀螺仪和指纹识别传感器;2016 年,iPhone 7 又增加了气压计;2017 年,iPhone 8 和 iPhone X 配备了人脸识别传感器,传感器达到了 6 个。这些传感器可以帮助智能手机感应距离、速度、光线、压力等,并将其转化为可以存储、传输和处理的信息。例如,步数统计这一常见的手机应用就是通过传感器把“运动量”转化为“步数”。除了 iPhone 之外,其他智能手机也都装有数

① ITU.ITU Internet reports 2005:The internet of things[EB/OL].(2005-11)[2018-5-3]. http://www.itu.int/osg/spu/publications/internetofthings/InternetofThings_summary.pdf

② 中国信息通信研究院.5G 经济社会影响白皮书[EB/OL].(2017-6)[2018-5-3].http://www.caict.ac.cn/kxyj/qwfb/bps/201804/P020170711295172767080.pdf.

③ 许向东.大数据时代新闻生产新模式:传感器新闻的理念、实践与思考[J].国际新闻界,2015,37(10):107-116.

量不等的传感器。

目前,智能传感器已被广泛应用在交通、能源、医疗、航空航天、制造业等领域。通用电气首席经济学家马可·安农齐亚塔(Marco Annunziata)列举了物联网在航空领域的应用:10%的航班取消或延误,是由于临时的维护,每年全球的航空业要因此遭受80亿美元的损失。安农齐亚塔的团队开发了一套预防性的维护系统,它可以适配于任何一架飞机。这套系统有自学的能力,能够预测容易被操作员忽视的问题。飞机在飞行过程中,会跟地面的技术人员保持联络,等到降落的时候,他们就已经知道是否需要维护某个部件。仅在美国,这样一个系统就可以规避每年超过6万次的航班延误和取消,帮助700万名乘客准时到达目的地。①

概而言之,传感器是构成物联网的基本单元。

二、传感器在新闻业的应用

从本质上讲,传感器是一种收集数据信息的方式;而记者长期以来的任务主要是获取现实世界的新闻线索,分析、处理数据和信息,并生成新闻故事。从这一点来看,传感器和新闻报道有着天然的契合。

2013年6月,哥伦比亚大学托尔数字新闻中心组织研发人员、技术人员和新闻工作者成立了"传感器新闻"工作小组,探索传感器新闻在业界的实践和发展,并探讨由此引发的法律与道德伦理问题。2014年,该中心研究员弗格斯·皮特(Fergus Pitt)组织了十几位学界和业界的专家,共同编写了《传感器新闻》(*Sensors and Journalism*)报告。根据该报告,传感器新闻指的是"利用传感器来生成或收集数据,然后分析、可视化、使用数据来支持新闻报道"②。和数据新闻相比,传感器新闻还包含数据生成环节。

物联网时代,传感器将泛在化,这为传感器新闻的普及创造了条件。传感器将从以下四个方面影响新闻生产:

(一)传感器拓展感知能力,开辟信息采集新维度

正如著名报人约瑟夫·普利策(Joseph Pulitzer)所说,"倘若国家是一条航行在大

---

① ANNUNZIATA M.Welcome to the age of the industrial internet[EB/OL].(2013-10)[2018-5-3]. https://www.ted.com/talks/marco_annunziata_welcome_to_the_age_of_the_industrial_internet.

② PITT F. Sensors and Journalism[EB/OL].(2014-12-03)[2018-01-03]. https://zh.scribd.com/document/336679406/Tow-Center-Sensors-and-Journalism-pdf.

海上的船，那么新闻记者就是船头的瞭望者。他要在一望无际的海面上观察一切，审视海上的不测风云和浅滩暗礁，并及时发出警告”。传感器可以帮助船头的“瞭望者”更好地捕捉和监测环境变化。

长久以来，人类通过眼睛、耳朵、鼻子等感官来“感知”外部世界，而传感器则帮助“延长”了人类感官，拓展了感知的深度和广度。例如，2015 年 10 月央视推出的《数说命运共同体》专题中，5 位数据分析员用了 21 天分析了从 GPS 系统获得的“全球 30 万艘大型货船轨迹”数据，涉及的航运数据超过 120 亿行。从数据分析中他们发现，过去一年里途经“一带一路”沿线主要国家的海上货运量增加了 14.6%，而同期全球航运总量增加了 3.8%。中国沿海经马六甲海峡、印度洋、苏伊士运河到达地中海的这条航线，已经成为全球海运最繁忙也是最重要的航线之一。[①] 由此可见，传感器能够为人类的直接观察提供数据支持。

传感器除了应用于宏大新闻叙事之外，还可以应用于记者的日常新闻报道。2013 年，内布拉斯加大学林肯分校的学者马特·怀特(Matt Waite)和学生本·克莱默(Ben Kreimer)突发奇想，决定给托运的行李安上传感器，看看航空公司究竟是如何对待乘客行李的。他们使用的设备很简单，只有一台加速感应器，它能够把数据传输到一张 SD 卡上。通过实验，怀特和他的学生有了 3 点发现：第一，机场停车场的表面非常不平整；第二，海关曾经使用 TSA 专用钥匙，把传感器拿出来检查；第三，行李大多数时间都处于平稳状态。尽管该实验并未获取重大新闻线索，但是其所采用的数据收集手段具有一定的创新性。

(二)传感器探测未来动向，为预测性报道提供新依据

德国社会学家乌尔里希·贝克(Ulrich Beck)于 20 世纪 80 年代提出了风险社会理论。他指出：“阶级社会的驱动力可以概括为这样一句话：我饿！而风险社会的驱动力则可以表达为：我害怕！”[②]这并不是说我们生活的时代比以往更加危险，而是说 20 世纪后半期以来，人类所面临的不确定性、不可预测性主要是由人为因素造成的。无论是环境风险(如水污染、空气污染、土壤污染)、科技风险(如垃圾焚烧项目、核电项目)还是健康风险(如食品安全、传染性疾病)、公共安全风险(如恐怖袭击、矿难)，这些风险主要来自人类自己所做出的决策。传统社会的风险是外在的、自然的，主要

---

① 央视新闻.《数说命运共同体》第一集：远方的包裹[EB/OL].(2015-10-3)[2018-5-3].http://m.news.cntv.cn/2015/10/03/ARTI1443829421112569.shtml.

② 贝克.风险社会[M].何博闻，译.南京：译林出版社，2004：15.

来自自然灾害；而风险社会的风险更多是内在的、人为的，主要来自人类的决策和选择。

在风险社会，人们需要借助媒体来了解外部世界发生的变化，从而调整决策和行动。例如，2011年3月11日，日本东北部发生9.0级地震，并引发核泄漏事故。“吃碘盐可以防辐射”的谣言引发了中国多个城市的“抢盐风波”。大众媒体在此类事件中发挥着重要的风险沟通功能，通过及时、准确的新闻报道为用户提供指南、忠告和预警。预测性新闻报道在风险社会尤为重要。随着物联网的进一步普及和发展，传感器被安装在桥梁、交通运输、工业机器、智能手机上，对对象的变化和趋势进行实时监测，并产生大量数据，而这些数据可以成为预测性报道的绝佳素材。

(三)传感器传导个性需求，助力“定制化”新闻生产

彭兰指出，“今天的个性化信息服务，还是在批量化信息生产的前提下，针对个体的习惯与偏好进行信息与人的匹配；而未来的定制化信息生产，将针对个体及其关联场景的整体属性，从信息生产的第一个环节起开始个性化定制，通过用可穿戴设备与传感器来了解用户的实时需求与情境，完成个性化数据的采集与传导”[①]。场景成为继内容、形式、社交之后媒体的另一大核心要素。

彭兰进一步强调，与PC时代的互联网传播相比，移动时代场景的意义得到了极大强化，移动传播的本质是基于场景的服务，即对场景(情境)的感知及信息(服务)适配。适配意味着不仅要理解特定场景中的用户，还要能够迅速地找到并推送与他们需求相匹配的内容或服务。对相关信息或服务的发现、聚合与推送能力，也决定着适配的水平。[②] 罗伯特·斯考伯(Robert Scoble)和谢尔·伊斯雷尔(Shel Israel)在《即将到来的场景时代》一书中，概括出了与场景时代相关的5个要素：大数据、移动设备、社交媒体、传感器、定位系统。他们把这五个要素称为“场景五力”。

我们以《今日头条》的信息推荐为例，剖析业界对场景要素的应用。张一鸣曾在公开演讲中指出，《今日头条》使用了以下特征来推测用户的喜好：动作特征(包括点击、停留、滑动、评论、分享)、环境特征(包括GPS定位、是在常住地还是处于旅行状态、是在Wi-Fi环境下还是在3G环境下、是白天还是夜晚、是否为节假日、是否首次使用

---

① 彭兰.移动化、智能化技术趋势下新闻生产的再定义[J].新闻记者，2016(1)：26-33.

② 彭兰.场景：移动时代媒体的新要素[J].新闻记者，2015(3)：20-27.

等)和社交特征(例如微博的关注关系,历史上发的微博等)。[①] 其中,环境特征就是场景要素的具体体现。在即将到来的"万物广泛互联、人机深度交互"时代,场景要素可以被实时记录、挖掘,信息与人的匹配程度将进一步提高。

(四)万物成为新闻源,媒体的中介意义被削减

长久以来,人们借助于媒体来获取关于外部世界的资讯,从而理解超出自己经验以外的事物。随着物联网的进一步普及,人们将迎来一个"万物皆媒"的时代。客观世界日益拥有了主动表达的能力,更多的客观事物将加入人类的信息交流体系之中,整个人类社会和物质世界将形成全新的信息交流系统。但随之而来的问题是,当客观世界自身具有了自我表达能力,且公众能够更为直接地感知客观世界的情态展现的时候,以新闻记者的个人观察及新闻机构的观察而构成的公共传播的信息单元,是否将显露出巨大的局限?[②]

随着人与物、物与物之间的信息交互成为常态,带有智能传感器的各种物体可能成为信息的采集者、中介者和发布者,媒体的中介作用将被削减。例如,2015 年 11 月 30 日,中国地震台网中心宣布与《今日头条》进行有关地震预警的战略合作。地震台站一旦监测到地震纵波,就会立刻通过光缆将数据传送到中国地震台网中心,通过对数据进行实时处理和自动分析,生成速报参数,再由《今日头条》的精准推送引擎在第一时间推送给有可能遭受地震影响的民众。从接到中国地震台网的速报到用户接收到《今日头条》的信息推送,整个过程可以在 60 秒左右完成。[③] 在上述过程中,各种地震数据采集的装置成为新闻信息的直接采集者和发布者,无须媒体干预。正如彭兰所指出的,"物联网数据源头的话语权,将是未来的一个竞争焦点"。

三、传感器新闻报道案例分析

(一)传感器在调查性报道中的应用

2012 年,美国《太阳哨兵报》(*The Sun Sentinel*)对佛罗里达州警察的超速现象进

---

① 张一鸣.今日头条张一鸣:机器学习能带来更有趣的世界吗?[EB/OL].(2015-1-17)[2018-5-3].http://tech.qq.com/a/20150117/028871.htm.

② 高钢.物联网和 Web3.0:技术革命与社会变革的交叠演进[J].国际新闻界,2010(2):68-73.

③ 央视网.中国地震台网与今日头条牵手　发挥技术正能量[EB/OL].(2015-12-10)[2018-5-3].http://news.cntv.cn/2015/12/10/ARTI1449740260825143.shtml.

行了系列报道，并凭借翔实的调查获得了普利策公共服务报道奖，[①]传感器在该新闻报道中发挥了不可或缺的作用。

在美国佛罗里达州的多个城市，警察将公车开回家并且不用支付高速公路的过路费是一项长期的额外福利。该州警察一直被怀疑超速开车，且造成交通事故。自2004年以来，警车超速已造成至少320起交通事故，导致19人死亡，然而仅有1人获刑。警车超速也许是一个普遍现象，然而却因缺乏确切证据而难以定罪。

《太阳哨兵报》记者萨莉·克丝汀(Sally Kestin)和约翰·梅因斯(John Maines)向警局索要警察开车数据，被以数据公开将对警察构成安全威胁为由拒绝。在一位热心读者的提醒下，记者得知收费公路的电子付费系统(SunPass)可以自动记录路过的车辆。恰好，警察局给每台警车都配备了SunPass标准无线射频识别(RFID)转发器，每一个转发器都有特定编号。每次行驶时，这个编号至少会被记录两次时间戳，而记录的位置也是可知的。记者可以用两地之间的距离，除以通过两地的时间差，从而得出警车的平均驾驶速度。

Search for:
search
Details found: 72858
Page1of729
Records Per Page: 100
Criteria: all any
Add field Show options
Agency : Please select
Transponder :
From : Please select
Search
More...

Agency	Transponder	From	To	Date	Start Time	Travel Time (hh:mm:ss)	Distance (miles)	Average Speed (mph)
FHP	102230660110	SR874 South (at Turnpike)	HOMESTEAD SB	8/25/2011	3:52:09 AM	00:03:53	8.4	129.8
FHP	102230440110	SR874 North (at Turnpike)	SR874 North (Killian)	8/5/2011	1:31:43 AM	00:00:39	1.4	129.2
PBSO	57521730110	SR 80	Palm Beach Gardens	5/16/2011	12:09:23 AM	00:05:44	12.2	127.7
FHP	102229860110	SR874 South (at Turnpike)	HOMESTEAD SB	8/11/2011	3:34:15 AM	00:03:58	8.4	127.1
FHP	102229860110	SR874 South (at Turnpike)	HOMESTEAD SB	8/19/2011	4:21:10 AM	00:04:00	8.4	126.0
FHP	102229860110	SR874 South (at Turnpike)	HOMESTEAD SB	10/13/2011	2:10:25 AM	00:04:01	8.4	125.5
Miami PD	048305100110	SR874 South (at Turnpike)	HOMESTEAD SB	9/9/2011	3:49:26 AM	00:04:01	8.4	125.5
FHP	102230660110	SR874 South (at Turnpike)	HOMESTEAD SB	10/28/2011	5:04:23 AM	00:04:03	8.4	124.4

图 3-4 《超速警察》数据库

两位记者从SunPass公司最终获得了110万行超过250兆的资料。如图3-4所示，《太阳哨兵报》建立了一个数据库，公开了警车所属机构、转发器编号、行经地点、日期、行驶时间、距离，以及据此计算出的行驶速度。数据显示，从2010年10月到2011年11月，来自十多个机构的近800名警察的高速行驶速度达到了每小时90英里(144公里)到130英里(209公里)，并有5,100多次开车超速记录。《超速警察》系列报道发表后，佛罗里达州警察局处罚了9个部门共130多名警察，警察超速现象减少了84%。

---

① KESTIN S, MAINES J. Cops among Florida's worst speeders, *Sun Sentinel* investigation finds[EB/OL]. (2012-2-11)[2018-5-3]. http://www.sun-sentinel.com/news/speeding-cops/.

(二)传感器在环境报道中的应用

威斯康星大学麦迪逊分校新闻伦理中心主任凯思琳·卡尔弗(Kathleen Culver)指出,传感器在某些新闻领域中有非常大的发展潜力,尤其在环境领域。"传感器可以帮助我们探测很多事物,例如水的质量、水平面的升高或降低;还能够感应空气质量、温度变化。在灾难性事件发生时,它还能探测辐射或气体泄漏。"[①]随着传感器的低廉化和遍在化,越来越多的新闻机构开始把传感器应用于环境报道中。例如,纽约公共广播电台制作的《蝉虫追踪》(*Cicada Tracker*)、印度数据新闻机构 IndiaSpend 建立的项目《呼吸》(*Breathe*),都分别使用了简易的传感器装置来感应土壤温度和空气质量。

在中国的环境报道中,传感器也有出色的表现。2014 年春节前,《南方周末》与环境保护组织"创绿中心"联合发起了一次"回乡测水"行动。通过一种操作简易的测水包,志愿者能够利用春节回乡的机会对当地的地表水和饮用水进行测量。地表水的测量指标包括 pH 值、氨氮、总磷、CODMn、铜等 5 种重金属;饮用水指标包括 pH 值、硬度、余氯、硝酸盐、亚硝酸盐、铅和细菌。活动共吸引了 192 位志愿者报名参与,最终提交了来自 20 个省份的 35 组饮用水、12 组地表水数据。在图 3-5 上,除了一个点位的铅值超标之外,其他均为达标。[②] 民间测水活动不仅提升了参与者的公民意识,也倒逼了信息公开,进而推动了政府和民众对水安全问题的关注。

(三)传感器在突发新闻报道中的应用

无人机又被称为"空中机器人",是利用无线电遥控设备和自备程序控制装置操纵的不载人飞机。无人机能够大大延伸人类的视觉,是传感器家族的重要成员。与传统的地面新闻拍摄相比,无人机航拍具有突破空间限制、新闻视角独特、地形环境适应性强等优势,再辅以信息化的地面遥控、播控设备,其能更快速甚至实时完成多媒体新闻采集。尤其是在灾害新闻现场、恶劣地质条件、大场景活动以及重要的实时报道任务中,无人机航拍能够获取到人力难及的画面,进而满足受众对新闻场景的渴望。

目前,多个新闻机构已成立了无人机报道部门。2015 年年中,新华网成立新闻无

---

① KOERTH-BAKER M, CARLSON E. Sensor journalism: reporting opportunities and ethical concerns[EB/OL]. (2017-5-3)[2018-5-3]. http://niemanreports.org/articles/mining-the-data/.

② 汪韬.南方周末"回乡测水":家乡水,清几许?[EB/OL].(2014-2-13)[2018-5-3]. http://www.infzm.com/content/98057.

人机编队；2016 年 3 月，人民网宣布启动无人机报道战略；同年 8 月，CNN 宣布成立 CNN AIR 无人机报道部。在国内，无人机航拍已被应用于云南景谷地震、天津滨海新区爆炸事故、深圳光明新区特大滑坡事故等突发性新闻报道之中。例如，2015 年 8 月 12 日，中国天津滨海新区瑞海公司危险品仓库发生爆炸，无人机航拍照片登上了各大报纸的头版，《新京报》首席记者陈杰的航拍作品《天津爆炸》获得了第 59 届世界新闻摄影比赛一般新闻类单幅三等奖。

通过在无人机上安装摄影摄像设备和传感器，新闻工作者能够获取从高空捕捉到的珍贵影像和资料。相较于以往的航空拍摄，无人机提供了一种低廉的新闻素材获取方式；但与此同时，安全和隐私也成为传媒界推广无人机新闻的两大难题。

《视频：无人机全程记录天津爆炸现场》

图 3-6 天津港爆炸（《新京报》首席记陈杰）

面对媒介融合和新技术的影响，新闻从业者所需要具备的核心素质和技能也发生了相应变化。美国印第安纳大学对 1,080 名记者进行了在线访谈。结果显示，30.5% 的记者希望获得视频拍摄与制作的训练；28.4% 的记者希望获得更多有关社交媒体运营的训练；28.1% 的记者希望获得数据新闻训练；25.6% 的记者希望获得多媒体训练；其他相关的新媒体技能还包括直播报道(22.8%)、网页设计(19.4%)、搜索引擎优化(17.6%)、协作与众包(9.9%)等。①

① WILLNAT L & WEAVER D H. The American journalist in the digital age[EB/OL]. (2014-05) [2018-5-3]. http://news.indiana.edu/releases/iu/2014/05/2013-american-journalist-key-findings.pdf.

第三节　数据新闻

一、数据新闻:定义、沿革与趋势

21 世纪初,随着大数据时代的到来以及互联网开源软件市场的成熟,数据新闻(Data Journalism)应运而生。“互联网之父”蒂姆・伯纳斯・李(Tim Berners-Lee)预言:“新闻的未来是分析数据,记者必须熟谙数据(data-savvy)。”2010 年 8 月,首届“国际数据新闻”圆桌会议在荷兰阿姆斯特丹举行,会议对数据新闻进行了如下界定:“数据新闻是一种工作流程,包括下述基本步骤:通过反复抓取、筛选和重组来深度挖掘数据,聚焦专门信息以过滤数据,可视化地呈现数据并合成新闻故事。”①

谷歌趋势数据主编分析师、《卫报》“数据博客”前任主编西蒙・罗杰斯(Simon Rogers)认为,有三大因素共同促成了数据新闻的兴起。第一个因素是工具,如果说数据分析、处理以往是分析师的专长,那么,工具的普及使得记者、编辑也能进行基础的数据分析和处理工作。第二个因素是数据公开,越来越多的政府、企业、机构和媒体把数据公开视为提高透明度和公信力的举措。第三个因素是信任,信任是新闻报道这座大厦得以平地而起的全部基础,“用数据说话”可以提高新闻故事的可信度。概而言之,工具的普及、数据的公开以及对可信度的追求共同促进了新闻机构在数据新闻方面的实践。

目前,英国的《卫报》、《泰晤士报》、BBC,美国的《纽约时报》、《洛杉矶时报》、《芝加哥论坛报》、《华盛顿邮报》、彭博社、“ProPublica”,德国的“Zeit 在线”和“Spiegel”,西班牙的“El Mundo”等都在新闻网站上开辟了数据新闻专栏。在中国,各个传媒机构也纷纷推出了数据新闻版块或栏目,包括新华社《数据新闻》、新浪《图解天下》、网易《数读》、搜狐《数字之道》、财新网《数字说》、澎湃《美数课》、南都《有数》,等等。

与此同时,专业的数据新闻奖项也应运而生。2012 年,全球编辑网(global editors network,简称 GEN)发起和组织了“数据新闻奖”(data journalism awards),这是国际上第一个表彰数据新闻领域优秀工作者的专业奖项。2016 年,第 100 届普利策新闻奖的全国报道奖颁发给了《华盛顿邮报》制作的有关美国警察枪杀的数据新闻。

① 方洁,颜冬.全球视野下的“数据新闻”:理念与实践[J].国际新闻界,2013(6):73-83.

二、数据新闻的生产流程

一般而言，数据新闻生产主要包括以下四个步骤：数据采集、数据处理、数据可视化以及新闻故事生成。英国著名记者保罗·布拉德肖(Paul Bradshaw)把以上步骤进一步分解为"双金字塔模型"中的各个细分环节(见图3-7)。①

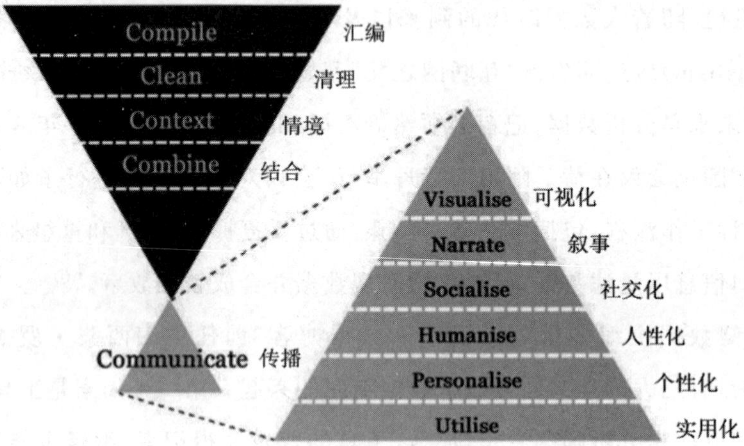

图3-7 数据新闻生产的"双金字塔模型"

(一)数据采集

首先，新闻从业者可以从多个渠道采集数据。最常见的数据来源是政府和国际组织提供的公开数据库。例如，联合国数据库(UN data)、世界银行公开数据(world bank open data)、经合组织数据库(OECD statistics)、中华人民共和国国家统计局数据库等提供的有关人口、GDP、性别、教育、卫生健康、就业率等海量数据。此外，一些企业、非政府组织也提供针对某一领域或话题的公开数据库。例如，OpenCorporates提供的有关全球1亿多家企业的信息，全球恐怖主义数据库(global terrorism database)汇集了1970年以来全球各地发生的恐怖袭击事件的相关数据。

其次，新闻工作者可以采取各种方式主动采集数据。早在20世纪60年代，记者菲力普·迈耶(Philip Meyer)就提出了"精确新闻"的概念，即记者运用调查、实验、内容分析等社会科学研究方法来搜集资料、验证事实和报道新闻。《十二街那边的人们》

① BRADSHAW P. The inverted pyramid of data journalism[EB/OL]. (2011-7-7)[2018-5-3]. https://onlinejournalismblog.com/2011/07/07/the-inverted-pyramid-of-data-journalism/.

即是精确新闻的代表性新闻作品：针对美国底特律市爆发的黑人暴动，迈耶和两位社会科学研究者随机抽取了437名黑人进行访问，向其提出40个相同的问题，并将回答输入电脑，用统计结果揭示了黑人暴动的深层次原因。该系列报道获得了1968年的普利策新闻奖。

大数据时代，新闻记者拥有了更多数据采集的方式。例如，借助基于网页的API接口（application programming interface，应用程序编程接口）或网页抓取工具（例如import.io，ScraperWiki）来获取数据；本章的第二节介绍的用传感器来采集数据也不失为一种方法。复旦大学本科生爬取了公益性寻人网站“宝贝回家”上39,825条“家寻宝贝”和34,645条“宝贝寻家”的数据，同时辅以中国裁判文书网上与拐卖儿童相关的1,203份判决书，共获取近75,000条数据，这些数据讲述了儿童被拐卖与被遗弃的新闻故事。

《宝贝回家：7万条数据解读儿童拐卖与遗弃》

(二)数据处理

1.数据处理工具

采集好的数据常常存在各种问题，例如重复、缺项、格式错误等，需要进一步清洗。常见的数据清洗工具包括OpenRefine，Excel等。与此同时，为了实现批量处理和统计，数据需要被转化为可被机器读取的格式，常见的格式包括CSV、XML、JSON和XLS等。一些实用的格式转化工具也可供使用，例如，“pdftables”可以把PDF文件格式转化为Excel。

2.“数据+情境=意义”

数据只有被放置在特定的情境下才具有意义。例如，城市的犯罪率本身并不能构成一个好的新闻故事，只有将城市的人口分布、失业率、受教育程度、当地警察数量等背景因素全部纳入考虑范围内，才能回答“如何”(how)和“为什么”(why)的问题。

“用数据说话”并不能保证结果的客观和公正。无论是数据选取还是数据解读，都可能掺入个人的立场和倾向性。以美国民主党和共和党对失业率的数据解读为例，如图3-8所示，同样的数据因为不同的解读方式，呈现出不同的分析结果。民主党的结论如左图所示，失业率从最近的峰值10%下降了两个百分点；而右图支持共和党的失业率在过去43个月内都在8%以上。这个例子告诉我们，不能完全信任数据。

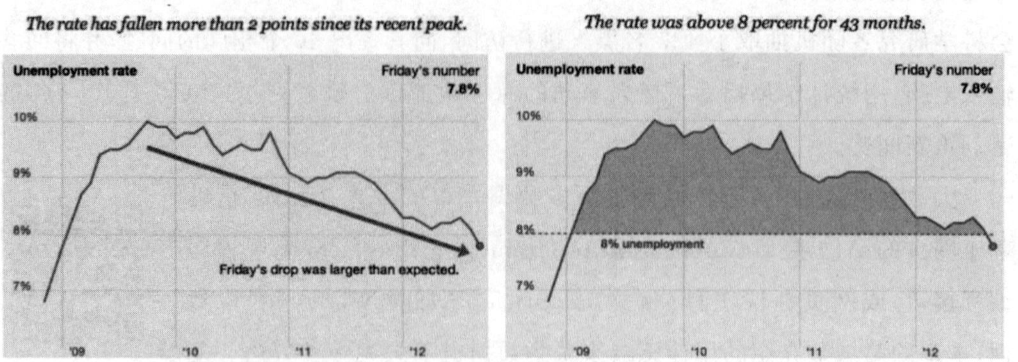

图 3-8 民主党和共和党对美国失业率的不同诠释

(三)数据可视化

有研究指出,我们对图片的处理要比对文本快得多,这与大脑处理信息的方式密不可分。大脑可以同时处理图片中的数据,而处理文本则采用线性方式。例如,对拼音文字而言,人在阅读文本的时候,大脑首先要对其解码,将这些字母与记忆中存储的形状相匹配,进一步理解这些字母如何组成单词,进而组成句子、段落。尽管这一解读过程只需瞬间完成,但与大脑处理图像的方式相比,还是需要消耗更多的脑力。所以在某种程度上,利用信息图表进行传播,会使用户在生理上更容易与所传播的信息建立联系。①

鉴于此,各个新闻机构都在进行数据可视化的尝试,一些常见的数据可视化工具包括 cartoDB,datawrapper,echarts,visual.ly,CARTO 等。通过这些工具,数据可以被转化为直观的、可交互的图表(包括散点图、折线图、柱状图、饼图、地图、地图),数据呈现的形式得到了极大的丰富。

(四)生成新闻故事

数据新闻的最终落脚点仍然是讲好新闻故事,只是数据代替文字成为新闻故事的新要素。业界通常会将大数据的特点归纳为四个"v",即多样性(variety)、体量(volume)、速度(velocity)和价值(value)。在此,"大数据"并不仅仅意味着"大型数据",即数据体量的庞大,它还体现在从大型数据库中搜索、聚集以及进行交叉参照的能力。通过数据,新闻工作者能够挖掘深层次的模型(pattern)、结构(structure)以及趋势

① 斯米克莱斯.视不可当:信息图与可视化传播[M].项婷婷,张东宁,译.北京:人民邮电出版社,2013:7.

(trend),通过横向、纵向对比来扩展新闻报道的广度和深度。

数据新闻生成之后,如何更好地传播出去?记者布拉德肖强调了以下几个方面:

(1)社交化。媒体可以采用多种多样的形式(例如问答、竞猜、众包)激励用户参与。例如,2017年《人民日报》客户端推出的《全国两会喊你加入群聊》成为现象级传播作品。用户加入一个虚拟的聊天群,和李克强总理、其他政府部长以及各人大代表畅谈两会内容,该作品通过@用户、发红包、朋友圈点赞和评论等形式提升了用户的参与感,吸引用户在社交媒体上分享、转发。

(2)人性化。斯大林曾说,“一个人的死亡是个悲剧,一百万人的死亡只是个数字统计”。这句话虽然冰冷,但凸显了人性化的力量。例如,相较于叙利亚难民死伤人数的统计数据,3岁男童阿兰·库尔蒂(Alan Kurdi)溺亡、伏尸土耳其海滩的照片更能引发世界范围内对难民问题的广泛关注和讨论。因此,数据新闻应当包含人性化要素,挖掘那些掩盖在庞大数据下的新闻人物和新闻故事。

(3)个性化。面对信息超载,新闻机构致力于根据用户的兴趣、地理位置、社交关系等提供“千人千面”的内容。例如,腾讯网根据2015年全国城市空气质量年报制作了一个H5新闻作品,用户可以通过GPS定位或手动选择的方式来获取所在城市的空气质量排名及治理情况,这一举措也符合新闻价值要素中的接近性原则。

《腾讯新闻:〈你的呼吸变好了吗?〉——2015年全国城市空气质量年报》

三、中西方媒体的数据新闻实践

(一)《解读骚乱》(*Reading the Riots*)

2011年8月,伦敦发生大骚乱,骚乱参与者通过手机和社交媒体扩大事态,让警察大伤脑筋。英国政府因而对社交媒体进行强硬批评,并试图推行限制措施。与此同时,《卫报》网站与来自曼彻斯特大学、圣安德鲁斯大学和莱斯特大学的跨学科研究团队通力合作,历时一年多完成了关于此次骚乱的全媒体系列报道。

报道中一个重要的组成部分——对260万条推特数据的统计分析就是数据新闻报道的典范。《卫报》的数据团队运用交互图的方式展示了大骚乱期间在社交网络中流传的七大谣言是如何扩散的。这则名为《骚乱谣言如何在推特中传播》①的数据新闻报道将谣言分为支持、反对、质疑、批评四种态度并进行量化。谣言的起始是一个圆

① Guardian interactive team. How riot rumours spread on Twitter[EB/OL]. (2011-12-7)[2018-5-3]. https://www.theguardian.com/uk/interactive/2011/dec/07/london-riots-twitter.

点，随着谣言的扩散，圆点会演变成圆圈，并聚合成集群。图中针对每个谣言设计了时间轴，伴随时间的移动，用户可以看到各个谣言生成、扩散、消亡的过程。这一形象的展示方式建立在数据团队和科研人员大量的数据研究之上，该作品科学地呈现了社交网络中谣言从生成到消失的过程。

这则报道最大的影响是修正了人们运用经验判断而产生的误差，用数据分析证明了社交媒体对谣言具有一定的自我澄清能力。人们虽然借助社交平台传播谣言，但同时用户的反对、质疑和批评也会对谣言产生一定的反作用，并最终驱散谣言。这一系列报道的推出在一定程度上影响了英国政府对社交网络管理的公共政策，《卫报》网站也因此获得了2012年的"数据新闻奖"。

（二）《空中的间谍》（*Spies in the Skies*）

美国新闻聚合网站Buzzfeed于2016年4月推出了数据新闻作品《空中的间谍》[①]，斩获了数据新闻领域的两个重量级奖项——"凯度信息之美"和"数据新闻奖"。该报道详细展现了美国联邦调查局（Federal Bureau of Investigation，简称FBI）和美国国土安全部（Department of Homeland Security，简称DHS）通过飞机在各大城市进行空中监察的情况。

Buzzfeed的两名编辑彼得·奥尔德斯（Peter Aldous）和查尔斯·塞弗（Charles Sefie）对航班实时追踪网站"Flightradar24"自2015年8月至12月期间记录的约200架飞行器的飞行轨迹进行了分析，并借助cartoDB和CARTO软件进行了数据可视化呈现。如图3-9所示，用户可以拖动时间进度条，查看单架飞机的航线以及某一具体日期的情况；还可以通过右上角的检索功能，查看特定区域的监视情况。

两名编辑发现，相较于工作日，在周末及法定节假日期间，监视飞机飞行的时间减少了70%。这些受到监控的飞机上配备有降噪器、摄像头和增强现实屏幕，能帮助操作员隐蔽、有针对性地拍摄某一定位的视频、图像等，有一些飞机甚至配备了能够追踪人们手机通话的设备。政府这些空中监察活动，究竟是在维护国家安全、履行公职，还是在窥探民众的隐私，我们不得而知。Buzzfeed借助翔实的数据揭示了飞机的飞行轨迹、活动范围及被监察时间等信息，对政府行动提出了质疑。

---

① ALDHOUS P & SEIFE C.See maps showing where FBI planes are watching from above[EB/OL].(2016-4-6)[2018-5-3]. https://www.buzzfeed.com/peteraldhous/spies-in-the skies? utm_term =. quDyARrEYy #. hb8OLp5WEO.

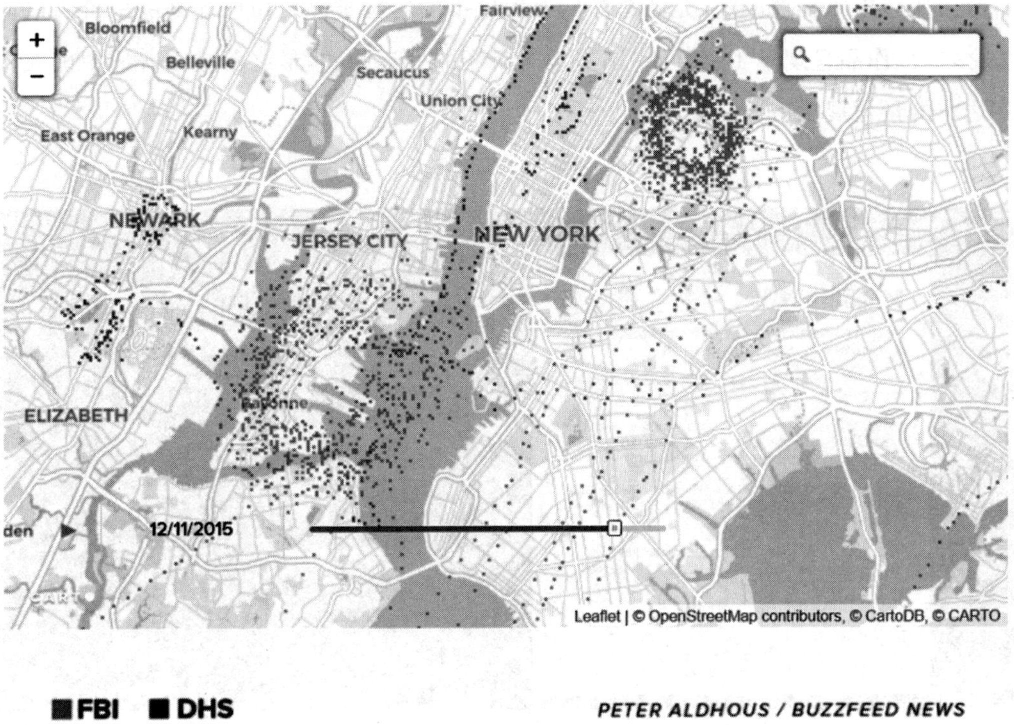

图 3-9 Buzzfeed 制作的数据新闻《空中的间谍》

(三)《从调控到刺激 楼市十年轮回》

财新网于 2013 年 10 月成立了数据可视化实验室,将数据应用于新闻的采写、编辑及呈现。自成立以来,财新网已发表 50 余个数据新闻作品,《从调控到刺激 楼市十年轮回》是其代表作。

基于大量翔实的历史数据(主要是国家统计局每月公布的城市新建住宅价格指数),该作品以交互地图、图表和新闻相结合的表现手法,回顾了中国房地产 10 年的价格及政策走势。作品内容涵盖了中国 70 个大、中城市,既关注了北上广深等大城市,目光也投向很多面临房地产困境的中、小城市。

整个作品分为 5 个部分:"楼市 10 年"介绍了中国楼市发展的历史背景,即中国自 1978 年开始实行住宅商品化以来,住房福利分配逐渐被货币化分配取代;"房价地图"(见图 3-10)展现了中国 70 多个城市 10 年间房价的动态变化,直观反映了东、中、西部城市房价的不平衡;"环比分布"展现了政府调控政策对房价的影响,发现一线城市和二、三线城市房价对政府调控政策的反应有快有慢;在"房奴计算器"部分,用户输入"城市"和"家庭月收入",可以快速计算出买房需要花费的时间;"结语"部分强调了房价收入比超出了合理区间，尤其是深圳等大城市的居民难以负担如此高的房价。概而言之，这部作品呈现了10年间中国房地产市场的变迁画卷，最终落足于普通中国人买房之难的量化展示上。①

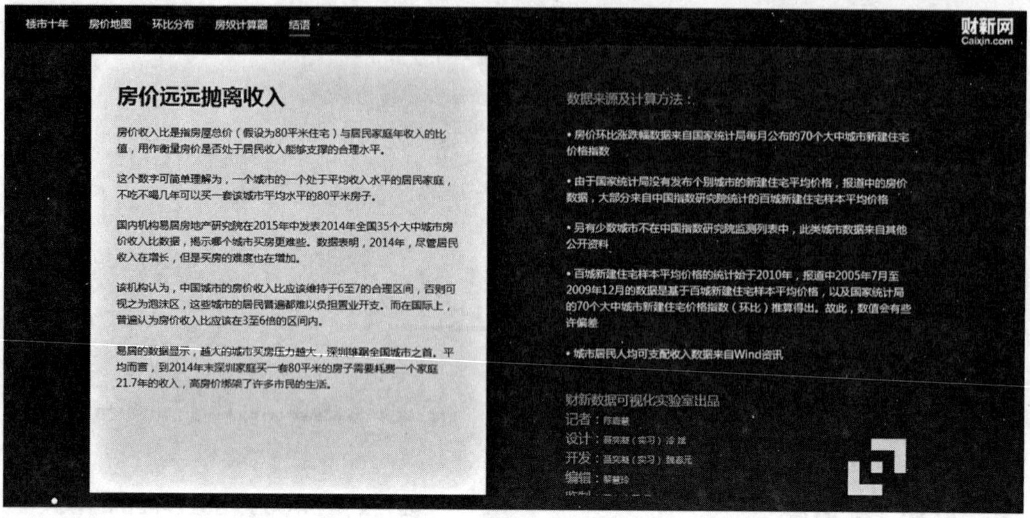

图 3-10　财新网数据新闻作品《从调控到刺激 楼市十年轮回》

财新网的数据新闻作品是怎样做出来的呢？实验室创始人黄志敏介绍了参与新闻生产的4个主要角色：记者和编辑、数据分析师、美术设计师、程序员。其中，记者和编辑负责内容的组织；数据分析师负责数据的搜集、整理与清洗；美术设计师负责图形的设计与优化；程序员负责用代码呈现图形。由此看来，未来的媒体工作者除了写作之外，还需要掌握数据处理能力和编程能力，以提升调查能力和表现能力。②

第四节　虚拟现实技术与沉浸式传播

一、虚拟现实技术：定义与发展沿革

虚拟现实（virtual reality，简称VR）由综合计算机图形技术、传感器技术、多媒体技

① 财新网.从调控到刺激 楼市十年轮回[EB/OL].(2012-12-31)[2018-5-3].http://datanews.caixin.com/2016/home/.

② 黄志敏，张玮.数据新闻是如何出炉的：以财新数据可视化作品为例[J].新闻与写作，2016(3)：86-88.

术、立体显示技术等多种技术发展而来，可以使人们融入一个三维空间，产生立体的触觉、视觉、听觉甚至嗅觉。换句话说，它是一种可以创建和体验虚拟世界的计算机系统。虚拟现实技术的基本理念在20世纪60年代就初具雏形。20世纪80年代，美国VPL公司创始人杰伦·拉尼尔(Jaron Lanier)正式提出了虚拟现实的概念。源于人们“对从物理限制和真实中解脱出来的自由的渴望”[①]，VR技术不断发展，并逐步走向主流。在这个过程中，有两大技术推动了VR的兴起：一是能够记录360度场景和立体视频的摄像机；二是新一代头盔的出现。众多科技公司，包括索尼、HTC、三星、谷歌、暴风影音、乐视等，都在投入VR头盔的研发和生产，推动了头盔的轻便化，也使头盔价格更加低廉。

2012年，被称为“虚拟现实教母”(godmother of virtual reality)的诺尼·佩娜(Nonny de la Peña)和她的实习生帕尔默·拉奇(Palmer Luckey)一起制作了首部虚拟现实新闻纪录片《洛杉矶的饥饿》(*Hunger in Los Angeles*)。该片讲述了洛杉矶街头一名男子排队等待领取免费食物时因糖尿病发作而昏倒的故事。这部纪录片在圣丹斯电影节一经亮相，便引发了广泛关注。拉奇对VR技术一直都有着浓厚的兴趣，他研发了一款虚拟现实头盔Oculus Rift，并通过美国众筹网站Kickstarter获得了240万美元的资金支持。2014年3月，脸书花费20亿美元收购了Oculus Rift，扎克伯格认为它将是“下一个重要的计算平台”。

从2015年开始，VR技术在传媒行业中的应用呈现井喷式增长，国内外传媒机构纷纷在新闻报道中使用了VR技术。在这一年，《纽约时报》发布了VR纪录片《流离失所》(*The Displaced*)，并向订报人免费赠送一百万份谷歌纸盒；CNN通过虚拟现实视频流，现场直播美国民主党总统候选人的竞选辩论；财新网推出中国首部VR纪录片《山村里的幼儿园》；新华社把VR技术应用于突发性新闻报道中，展现了深圳滑坡事故的救援行动，等等。

除了传媒业之外，VR技术还被广泛应用于游戏、教育、房地产、医疗、购物等各个领域。关于VR未来的发展方向，可以从科技公司巨头的布局中一叶知秋。阿里巴巴于2016年3月宣布成立VR实验室，4月推出“Buy+”计划，使用VR技术生成可交互的三维购物环境。脸书于2017年4月发布脸书Spaces测试版，开始试水VR社交；2017年10月，扎克伯格在“Oculus Connect 4”会议上宣布，脸书的目标是让全球10亿人体验VR社交。中国人民大学的李沁认为，以沉浸传播为特征的第三媒介

《Facebook Spaces带你探索社交体验》

① BIOCCA F. Communication within virtual reality: creating a space for research[J]. Journal of Communication, 1992, 42(4): 5-22.

时代即将到来。

二、虚拟现实新闻报道案例分析

沉浸式新闻，是指一种使观众能够在新闻的故事或者场景中获得第一人称视角体验的新闻产品。① 以下三个具有代表性的案例，都体现了媒体人对 VR 新闻报道方式的思考和实践。

（一）《变化的丰收》（*Harvest of Change*）

2014 年，美国传媒巨头甘内特集团旗下的《得梅因纪事报》在其网站推出了大型解释性新闻报道《丰收的变化》，将虚拟现实和游戏元素融入其中，令人耳目一新。该报是首次将 VR 技术应用于新闻报道的美国报纸之一，报道的主要作者莎丽·杰克逊（Sharyn Jackson）凭借该作品获得了利文斯顿新闻奖。

《得梅因纪事报》所在的艾奥瓦州地处大平原区，是美国著名的农业大州，有“美国粮仓”之称。进入 21 世纪以来，美国传统的农业生产因受到了城市化、全球化、工业化的冲击而发生了结构性改变，在农场里世代耕作的美国人的生活方式也有了新的变化。《丰收的变化》报道的主要对象是 4 家当地的家庭农场，通过对其历史变迁和现状的描绘来展示美国农业社会中人口、科技、家庭结构、移民、全球化经济等各方面的变化。

《变化的丰收》包括文本报道和虚拟现实报道。文本报道由五个部分组成，以周一至周五 5 天的形式分块呈现，讨论了美国农业变迁进程中面临的各种问题，包括人口老龄化、少数族裔与外来移民补充农场劳动力、全球化、气候变化等。这五个部分脉络清晰，立体地展现了各种因素对艾奥瓦州农场以及整个美国农业所带来的影响，并引发读者关注这一重要议题。

与此同时，该报网站呈现的文本中插入了相应的 VR 新闻视频。通过和 VR 技术公司 Oculus 合作，摄影记者首先到农场拍摄图片和视频，然后使用 Unity 游戏引擎做出 3D 的农场地貌、建筑和植物，再使用飞机航拍农场的各种物体，然后按照真实比例建构农场的 3D 世界并添加游戏元素。通过使用 Oculus Rift 头盔，用户可以通过转动头部来 360 度观看农场的各个区域，“现场”听到家庭成员关于农场未来的讨论。在

---

① DE L P N et al. Immersive journalism: immersive virtual reality for the first-person experience of news[J]. Presence: Teleoperators & Virtual Environments, 2014, 19(4): 291-301.

虚拟场景中，用户可以远望饲养牲口的草场，从各个角度观看收割机的使用情况，穿过和视角等高的玉米田，用户甚至还可以看到空中的飞鸟、听到草垛旁的蝇虫嗡嗡声。以上这些步骤，都是为了使该作品能达到身临其境的效果。网站同时为没有 VR 头盔的用户提供视频的 2D 版本。[①]

新媒体平台为多种媒体的整合传播提供了技术可能，而这则报道就是多媒体融合报道的典型案例。根据《得梅因纪事报》官网上对该作品的数据统计，整个报道的文字部分约有 16,400 词，共转录了 17 个小时的音频资料，使用图片超过 240 张，记者和摄影师们在农场采访、录制的时间超过 320 个小时，使用了超过 535G 的存储空间，共有 22 人参与并完成了整个项目的专题页面。

《"变化的丰收"主页》

（二）《6x9：身临其境体验单独监禁》

2016 年 4 月，《卫报》推出了第一部 VR 新闻作品《6x9：身临其境体验单独监禁》（以下简称《6x9》），把关注点投向了监狱中的囚犯：在美国，约有 8 万到 10 万名囚犯受到单独监禁惩罚，长期不与外界接触；此外，单独囚室的造价和维护也高于普通囚室，每年约花费75,000美元。该新闻作品试图通过使用沉浸式的虚拟现实技术来展现由于长期的单独监禁而导致的与世隔绝如何对囚犯的身心健康造成影响。

"欢迎来到你的囚室。你将在这里度过一天中的 23 个小时。"一个声音把用户带进了一个狭小的囚室中。通过 360 度摆动 VR 头盔，用户可以看到一张床、一个不锈钢盥洗池、金属牢门以及混凝土墙壁。除了让用户感受囚犯所处的物理环境，《卫报》还试图展现单独监禁对囚犯心理健康产生的影响。长时间被单独关在囚室中，囚犯会出现焦虑、恐慌、认知缺陷、幻觉和幻听等症状。在体验过程中，用户会听到真实囚犯的讲述，并切身体验他们的感受：自己忽然漂浮到了空中，看到墙壁上不断出现裂痕，水滴的声音越来越密集……《卫报》也为没有 VR 设备的用户提供了 360 度全景视频。[②]

那么，这个 VR 新闻作品是怎么制作出来的呢？哈佛尼曼新闻实验室（Nieman journalism lab）采访了此次新闻报道的编辑弗朗西斯卡·帕内塔（Francesca Panetta），由帕内塔详细讲述了《6x9》的制作过程。为了更逼真地展现牢房的环境，制

---

① 俞哲旻，姜日鑫，彭兰.《丰收的变化》：新闻报道中虚拟现实的新运用[J].新闻界，2015(9)：61-65.

② DAVIES C.Welcome to your virtual cell：could you survive solitary confinement? [EB/OL].(2016-4-27)[2018-5-3]. https://www.theguardian.com/world/2016/apr/27/6x9-could-you-survive-solitary-confinement-vr.

作组采访了7名曾经在纽约和加利福尼亚监狱被单独监禁的囚犯——其中包括6名男性和1名女性，刑期最长的是17年。他们讲述了单独监禁的种种体验，制作组根据他们的描述进行相应的视觉及听觉效果处理。例如，一位因抢劫而入狱的囚犯说，“有时候我只想听到有人说话，所以我喊叫、唱歌，臆造出一个朋友可以陪伴我。我没有了时间意识，甚至不知道什么时候才可以出狱”。制作组还使用了美国公共电视台《前线》栏目提供的时长达25个小时的单独监禁纪录片材料，提取在美国监狱中录制的环境音，包括囚犯的呻吟声、喊叫声、撞击声，从而重现监狱的真实环境。①

《卫报》的这则VR报道没有停留在再现“他人”单独监禁的空间和环境上，而是让用户以第一视角“亲身”体验单独监禁，从而使受众能够设身处地地对囚犯的处境进行思考。在这里，VR元素不仅是新闻叙事的锦上添花之物，而且还成为构成新闻选题和内容的有机组成部分。

(三)《“不要惊慌，没有辐射”》

《网易新闻：“不要惊慌，没有辐射”》

2016年4月26日是切尔诺贝利核电站发生核灾难30周年，网易推出了VR新闻故事《“不要惊慌，没有辐射”》。

30年前的凌晨，位于乌克兰北部的切尔诺贝利核电站4号机组突然发生爆炸，事故造成30人当场死亡，逾8吨强辐射物泄漏。这起核泄漏事故还使核电站周围6万多平方公里的土地受到直接污染，320多万人受到核辐射侵害，成为迄今人类和平利用核能史上最严重的事故。如今，在白俄罗斯、乌克兰等国，仍约有500万人生活在核污染区内。

如何表现这样一个历史性事件呢？网易首次进行了VR新闻尝试。网易派出了3名工作人员跨越千里前往“死城”普里皮亚季，耗时两个月进行实地采访、拍摄。团队根据白俄罗斯女作家、诺贝尔文学奖获得者S.A.阿列克谢耶维奇的代表作品《切尔诺贝利的回忆：核灾难口述史》进行了场景还原。②

通过戴上VR眼镜，用户进入了网易所呈现的新闻作品之中，以第一视角触摸遗迹，感受灾难现场。追随着视频中救援人员瓦西里回忆的脚步，用户穿梭在死亡之桥、普里皮亚季主广场、医院、小学教室、4号核电站、游乐园摩天轮等场景中。用户“亲眼

---

① BILTON R. The Guardian's first VR project makes viewers experience the horrors of solitary confinement [EB/OL]. (2016-4-28) [2018-5-3]. http://www.niemanlab.org/2016/04/the-guardians-first-vr-project-makes-viewers-experience-the-horrors-of-solitary-confinement/.

② 网易新闻学院.真正的VR时代将由新闻引爆：网易沙龙干货分享[EB/OL].(2016-5-9)[2017-11-23].http://news.163.com/college/16/0509/09/BMK85VAS00015A2B.html.

见证”着事故发生的过程，耳边回荡着：“那个清晨在这座桥上围观爆炸的人，后来大多都死了。”

三、VR 技术对新闻业的影响

正如美国著名传播学者约书亚·梅罗维茨（Joshua Meyrowitz）所说，所有的媒介都像过滤器，排除了“现实”的某些方面；但是，每种媒介又都是互不相同的过滤器，编码的过程越是抽象、缓慢、有阻隔，信息则越不像它们所代表的东西。信息与现实越不相符，媒介越是能用其来展示事件典型和理想化的形象。①

作为一种新的“过滤器”，VR 技术有潜力促进信息和现实的重叠，实现新闻事件和情境的“再现”。VR 技术的应用将对传统的新闻叙事、新闻消费、新闻伦理等各个方面产生深远影响。

（一）对新闻叙事的影响

在叙事内容方面，VR 新闻更偏重于宏大叙事和诉诸感官的主题。例如，发表在报纸上的内容是高度概括和凝练的，偏向于诉诸读者的理性和抽象思维；电视新闻报道则包含更多背景信息和细节；而 VR 新闻提供 360 度全景视角，进一步实现了对新闻事件和发生背景的复原和再现，用户被赋予了更多的观看自由，并产生“身临其境”的新闻消费体验。

然而，并非所有题材都适合被制作成 VR 新闻作品。无论是《华盛顿邮报》推出的《火星》（*Mars*），还是美国广播公司（ABC）推出的《发自叙利亚》（*Inside Syria VR*），又或者是美国公共电视网（PBS）推出的《埃博拉爆发》（*Ebola Outbreak*），这些新闻作品拍摄的场景都是用户难以亲身到达的地方，其表现的题材也多是关于战争、科技、政治、自然灾害等，极大满足了用户的感官诉求。

在叙事形式方面，VR 新闻的叙事逻辑从用户的视角出发，用户成为新闻现场的一部分。和大众传媒常采用的线性叙事（例如倒金字塔结构）或网络新闻常采用的超线性叙事（例如通过超链接进行新闻聚合）不同，VR 新闻叙事往往需要以用户为中心来组织情节，在情节的设置和连接方面需要以观众注意力为主线推进故事的发展。②

和大众传媒的线性叙事相对应的是美国学者马克·波斯特（Mark Poster）提出的

---

① 梅罗维茨.消失的地域：电子媒介对社会行为的影响[M].北京：清华大学出版社，2002：103.

② 朱瑞娟.连接与隔离：虚拟现实新闻叙事的伦理风险[J].新闻界，2017(4)：48-53.

"第一媒介时代",即以信息制作者极少而信息消费者众多的单向性播放型模式占主导的时代;和网络新闻的超线性叙事相对应的则是"第二媒介时代",即以集媒介制作者、销售者和消费者于一体的双向性的、去中心化的交流模式为主导的时代。李沁在此基础之上,提出人类将迎来或在一定程度上已经迎来"第三媒介时代",即以泛在网络为物理基础、以沉浸传播为特征的传播时代。这种传播以人为中心,连接所有媒介形态,无时不在、无处不在、无所不能,是一种超越时空的泛在体验。① VR技术、云计算、大数据、物联网等技术共同为"第三媒介时代"的来临提供了技术基础。

(二)对用户新闻消费的影响:"沉浸"与"在场"

哥伦比亚大学托尔数字新闻中心在报告中指出,在过去50多年里,理论研究将两个概念放在了VR新闻的核心位置上:第一个是"沉浸"(immersion),即信息对用户的包裹程度;第二个是"在场"(presence),即用户感受到的对所传播内容的在场感。② 两个概念之间存在着关联,沉浸程度越高,在场感就越强。下面将从这两个方面分析VR技术对用户新闻消费的影响,以及其所释放出的报道潜力。

1."沉浸"

被称为"虚拟现实教母"的诺尼·佩娜曾在TED做了一场题为《新闻的未来?虚拟现实》的演讲。演讲开头,佩娜向观众提出了一个问题:"如果我给你讲一个故事,一个能够让你运用整个身体而不仅仅是用头脑来感受的故事,那会怎么样?"③

新闻工作者一直以来追求的目标就是讲好新闻故事,让受众了解发生了什么新闻事件,产生了什么样的社会影响。无论是文字描述、图表、图片、音视频,还是集以上元素为一身的H5,都是记者讲故事时所采用的表现形式。VR新闻则在以上表现形式的基础之上,进一步增加了沉浸元素,调动用户的所有感官来帮助其了解新闻故事。

2."在场"

正如CNN VR提出的口号:"我们总是带给你新闻;现在,我们把你带入新闻之中。"VR技术所具有的360度全景视频捕捉能力和移动终端传播能力,打破了受众和新闻客体之间的隔离,带来了一种"身临其境"的新闻消费体验。"在场"可以建立起用

① 李沁.沉浸传播:第三媒介时代的传播范式[M].北京:清华大学出版社,2013.

② OWEN T,PITT F.Virtual reality journalism[EB/OL].(2015-11-11)[2018-5-3]. https://towcenter.org/research/virtual-reality-journalism/.

③ DE L P N.The future of news? virtual reality[EB/OL].(2015-5)[2018-5-3]. https://www.ted.com/talks/nonny_de_la_pena_the_future_of_news_virtual_reality.

户和新闻故事、新闻发生地的情感联系。例如,相较于通过媒体获取汶川大地震相关资讯的人,亲历者对地震灾害、对汶川会有更强烈的情感联系。VR 技术能够把千里之外的受众变成新闻现场的“目击者”,激发“共情效应”(empathy)。

以《卫报》的 VR 新闻作品《6x9》为例:受众在遥远的一边控制着遥控器,一边观看电视里囚犯因单独监禁而表现出的痛苦,这和自己戴上 VR 头盔“成为”与世隔绝的囚犯是两种截然不同的体验。在 VR 技术中,用户不再是一个旁观者,而是以第一视角亲身体验单独监禁,身临其境地感受这一惩罚措施对囚犯施加的影响。“受众变为目击者,新闻报道将获得新的政治和社会影响力。”[①]

(三)对媒介伦理的影响

首先是感官刺激的伦理风险。VR 新闻强烈地诉诸用户的感官,力图形成强大的感染力。有关战乱、灾难、暴力等内容虽然容易激发用户的同情心,但是也容易造成负面情感的蔓延,不利于培养公众的理性思考,VR 新闻有将“公众”(public)退化成“群众”(crowd)的风险。

其次,VR 新闻对公众可能具有更大的操纵性和欺骗性。与一般新闻相比,VR 新闻背后的人为建构更加隐蔽。通过 360 度全景摄影,用户貌似可以摆脱传统新闻中的“框架”(取景框和叙事逻辑)限制;然而,无论是题材的选择,还是新闻事件的建构,VR 新闻仍然具有极强的把关、议程设置和启动功能。[②]

最后,除了新闻业,VR 技术还被应用在游戏、购物、教育、新闻等多个领域,VR 所带来的强大沉浸感和互动性容易刺激非理性消费,导致用户与现实社会的疏离。哈罗德·伊尼斯(Harold Innis)提醒我们,“传播手段的现代发展造就了更加逼真的效果,同时也造成了更大的虚幻”[③],用户需要对此保持警惕。

▒本章小结:

1.社会数据化水平的提高和自动语言生成技术的成熟,共同促进了自动化新闻的兴起。目前,自动化新闻主要应用于财经、体育、天气等领域。人机联姻、人机共生将成为未来的新闻分工模式。

---

① OWEN T,PITT F.Virtual reality journalism[EB/OL].(2015-11-11)[2018-5-3]. https://towcenter.org/research/virtual-reality-journalism/.

② 邓建国.时空征服和感知重组:虚拟现实新闻的技术源起及伦理风险[J].新闻记者,2016(5):45-52.

③ 伊尼斯.传播的偏向[M].何道宽,译.北京:中国人民大学出版社,2003.

2.传感器是构成物联网的基本单元。传感器已被应用于调查性新闻报道、环境新闻报道、突发性新闻报道等领域之中。

3.数据新闻生产包括4个主要步骤:数据采集、数据处理、数据可视化以及新闻故事生成。未来的新闻记者需要具备数据处理、编程等技能。

4.虚拟现实技术为用户带来了“在场”和“沉浸”的新闻消费体验,受众变为目击者,新闻报道将获得新的政治和社会影响力。

■关键术语:

1.自动化新闻:指在初期算法编程完毕后,不经人为干预,软件或算法即可自动生成新闻故事的过程。

2.传感器新闻:指利用传感器来生成或收集数据,然后分析、可视化、使用数据来支持新闻报道。

3.数据新闻:指一种工作流程,通过反复抓取、筛选和重组来深度挖掘数据,聚焦专门信息以过滤数据,可视化地呈现数据并合成新闻故事。

4.精确新闻:指记者运用调查、实验、内容分析等社会科学研究方法来搜集资料、验证事实和报道新闻。

5.沉浸式新闻:指一种使观众能够在新闻故事或者场景中获得第一人称视角体验的新闻产品。

■思考与研讨题:

第一节

1.请简述自动化新闻的工作机理。

2.2015年11月8日是中国记者节,一则《小新上岗了!84岁新华社今启用“机器人记者”》消息在朋友圈刷屏。试分析机器人能否取代传统记者?机器人记者能否让传统记者“下岗”?(中国传媒大学2016年考研真题)

3.请分析机器人写稿的优势以及对新闻业可能产生的冲击。(清华大学2016年考研真题)

第二节

1.名词解释:物联网。(华中师范大学2017年考研真题)

2.名词解释:风险社会。(清华大学2018年考研真题)

3.传感器将对新闻生产带来怎样的机遇和挑战?

第三节

1.简述数据新闻和数据新闻的特征。(中央民族大学2015年考研真题)

2.什么是数据可视化新闻?优缺点是什么?(北京大学2016年考研真题)

3.简述数据新闻生产的"双金字塔模型"。

第四节

1.论述虚拟现实新闻可能会出现的伦理风险。(武汉大学2017年考研真题)

2.论述未来媒体趋势对新闻媒体的影响。(中国传媒大学2017年考研真题)

3.名词解释:沉浸新闻。(北京大学2018年考研真题)

延伸阅读:

书籍:

1.罗杰斯.数据新闻大趋势:释放可视化报道的力量[M].岳跃,译.北京:中国人民大学出版社,2015.

2.李沁.沉浸传播:第三媒介时代的传播范式[M].北京:清华大学出版社,2013.

3.伊尼斯.传播的偏向[M].何道宽,译.北京:中国人民大学出版社,2003.

4.贝克.风险社会[M].何博闻,译.南京:译林出版社,2004.

论文:

1.许向东,郭萌萌.智媒时代的新闻生产:自动化新闻的实践与思考[J].国际新闻界,2017(5).

2.彭兰.移动化、智能化技术趋势下新闻生产的再定义[J].新闻记者,2016(1).

3.方洁,颜冬.全球视野下的"数据新闻":理念与实践[J].国际新闻界,2013(6).

4.邓建国.时空征服和感知重组:虚拟现实新闻的技术源起及伦理风险[J].新闻记者,2016(5).

报告:

1.OWEN T,PITT F.Virtual reality journalism[EB/OL].(2015-11-11)[2018-5-3].https://towcenter.org/research/virtual-reality-journalism/.

2.PITT F.Sensors and Journalism[EB/OL].(2014-12-03)[2018-01-03]. https://zh.scribd.com/document/336679406/Tow-Center-Sensors-and-Journalism-pdf.

第四章　新媒体时代的新闻分发

▶**章节大纲：**

1.新闻分发模式主要包括三种：编辑分发、社交分发和算法分发，这三种模式各有优势和局限性。

2.社交分发的特点是社会网状式的勾连、节点与节点之间的信息交换与互动。

3.算法分发自2016年起便开始成为网络新闻主要的分发方式。

4.新闻分发模式的演变在微观（记者和用户）和宏观（社会）层面都产生了深刻影响。

▶**章节内容：**

本章讨论“5W”要素中的“渠道”(in which channel)。渠道，是指新闻信息的传播路径，它连接了新闻传播学研究的各个主要分支（如传播者、传播内容、受众）。

本章第一节将介绍三种主要的新闻分发模式：编辑分发、社交分发和算法分发，并讨论它们各自的特点和局限性。这三种模式并非是相互取代的关系，它们并存，但彼此之间在一定程度上此消彼长。

第二节对新闻分发模式的演变趋势给予展望，并考察其在微观层面（新闻从业者和用户）和宏观层面（社会）施加的影响。

第一节　三种主要的新闻分发模式

传媒业大亨鲁伯特·默多克(Rupert Murdoch)有一句名言：“谁控制了传播的入口，谁就控制了整个世界。”传播入口的重要性不言而喻。

在讨论新闻分发之前，首先请思考一个问题：在过去的一天当中，你主要通过哪个渠道获取新闻资讯？对该问题的回答多种多样：或许是好友在微信朋友圈分享的一则新闻引起了你的阅读兴趣，或许是聚类新闻客户端根据你的阅读历史和偏好为你推送了某条新闻，又或许是你通过“微博热搜榜”了解到当前网民讨论的热门话题。你想获取一些更详细的背景材料，于是进一步通过搜索引擎进行检索，或是查找新华社或《人民日报》的权威解读。

这时可以发现，传播过程中并不存在某个占绝对支配地位的分发渠道，而是多渠道并存、互为补充。以上答案涵盖了 3 种主要的新闻分发模式，即编辑分发、社交分发和算法分发，本节将对其进行分别介绍。

一、编辑分发

Web1.0 时代，即 1994—2003 年这段时间，信息传播的主要单元是网站。传统媒体的数字平台以及新浪、网易等门户网站采用的是编辑分发模式。

(一)Web1.0 时代的新闻分发

在传统媒体时代，新闻的生产和分发都由媒体机构完成。媒体记者和编辑完成新闻的采写、编辑，再通过媒体自身的发行或播出渠道(广播、电视、报纸、网站)完成内容的分发。到了大众门户时代，网站仍然沿用传统大众媒体的“把关人”机制，由编辑决定哪些新闻放在重要位置，哪些新闻放在次要位置。网站与网民的地位仍然是不平等的，网站对于传播拥有强大的控制权，编辑对于内容的取舍直接影响着网民的信息获取。网民仍然是被动、消极的接收者，他们虽然可以浏览网页，但并不能直接对网页进行修改；即使有一定的反馈手段，如留言、跟帖，但是反馈权限仍然被控制在网站编辑手中，网站可以删除留言或跟帖。

面对“千人一面”的信息供给，麻省理工学院媒体实验室的创办人之一尼古拉斯·尼葛洛庞帝(Nicholas Negroponte)于 1995 年提出了“我的日报”(the daily me)的设想：“数字化的生活将改变新闻选择的经济模式，你不必阅读别人心目中的新闻和别人认为值得占据版面的消息，你的兴趣将扮演更重要的角色……未来的界面代理(interface agent)可以像新闻记者一样获取地球上每一份报纸、每一家通讯社的消息，掌握所有广播和电视的内容，然后把资料组合成个性化摘要。这种报纸每天只制作一个独一无二的版本。”[①]20 多年后的今天，尼葛洛庞帝的预言已然变成了现实，编辑分发的局限性日益显露，不再适用于如今的传播境况。

(二)编辑分发的局限性

在过去的 20 多年间，新闻的商业和传播模式经历了三次巨大的变革，即从模拟数字模式转变为由数字模式、社交网络兴起和移动网络主导。Web1.0 时代主要由传统媒体和门户网站来帮助受众过滤信息，决定哪些新闻应当被收看或收听。进入 Web2.0 和 Web3.0 时代，信息量空前爆炸，传者提供的无限信息和受众有限的注意力之间的矛盾日益突显。根据市场研究公司 IDC 的预测，自 2013 年至 2020 年，人类所产生的数据量将增长 10 倍，从 4.4 万亿 GB 增长到 44 万亿 GB。[②]

受众仅依赖媒体是无法完成信息过滤的，于是，信息过滤的权力出现了让渡。一是让渡给社交关系，用户的社交网络成为信息流动的渠道，同时也成为信息过滤的一种机制；二是让渡给算法，通过大数据、机器学习等技术实现自动化、个性化的新闻分发。根据牛津大学路透社新闻研究所发布的《2017 年网络数字新闻报告》，来自 30 多个国家的受访者中，超过一半(54%)的用户更喜欢“通过算法来筛选新闻故事”，超出了“选择编辑或记者来筛选新闻”的比例(44%)。[③]

过去，媒体内容的发布都是通过自己的渠道，但在互联网时代，新闻生产者与其内容分布渠道在一定程度上发生了分离。从传统媒体到门户网站，再到“两微一端”，传统媒体在新闻分发中的控制权被不断削弱，用户获得新闻信息的渠道变得多样和丰富，社交关系和算法开始扮演尼葛洛庞帝所说的“界面代理”的角色。

需要特别指出的是，“虚拟现实之父”杰伦·拉尼尔(Jaron Lanier)曾对尼葛洛庞帝“我的日报”的提议表示强烈反对。他指出，“关于智能代理的想法不仅错误，而且邪恶……你将不得不通过代理的视角来看这个世界”。另外一个关键问题是，一个完美的代理将会帮助用户过滤掉大多数甚至是全部的广告，然而这很明显地触碰了广告主的利益。因此，界面代理将具有“双重忠心”(double loyalities)，即它们是可贿赂的(bribable)，“并不能明确知晓代理究竟在为谁服务”[④]。

---

① NEGROPONTE N.Being digital[M].New York：Alfred A. Knopf，1995.

② IDC.The digital universe of opportunities：rich data and the increasing value of the internet of things [EB/OL].(2014-4)[2018-3-15].https：//www.emc.com/collateral/analyst-reports/idc-digital-universe-2014.pdf.

③ Reuters Institute.Digital News Report 2017[EB/OL].(2017-11-21)[2018-3-15]. https：//reutersinstitute.politics.ox.ac.uk/sites/default/files/Digital%20News%20Report%202017%20web_0.pdf.

④ PARISER E.The filter bubble：what the internet is hiding from you[M].New York：Penguin Press，2011.

拉尼尔所强调的“为谁服务”的问题，仍是当今时代面临的重要议题。记者和编辑在进行信息分发时会遵循职业伦理，并以公众服务为准则。当信息分发的权力越来越向社交关系或算法让渡时，便需要思考以下问题：它们在为谁服务，出于什么目的？它们值得信赖吗？是否有助于新闻业功能的发挥？下面将对社交分发和算法分发进行分别介绍。

二、社交分发

社交分发，是指用户通过社交媒体来获取信息的一种模式，信息主要沿着社交关系网络流动和扩散。新媒体用户不再是被动的接收者，而是充当起编辑的角色，把喜欢的内容推荐给他人。单向的、由传统媒体主导的新闻分发模式被颠覆，社会网状式的勾连、节点与节点之间的信息交换与互动关系，越来越成为新闻信息传播的重要方式。

各个国家和地区开展的新闻消费调查报告均显示，社交媒体成为获取新闻的重要渠道。例如，美国皮尤研究中心（Pew Research Center）的调查显示，截至 2017 年 8 月，67％的美国人通过社交媒体获取新闻；[①]牛津大学路透社新闻研究所发布的《2017 年网络数字新闻报告》对全球 36 个国家进行了调研，结果显示，54％的受访者表示每周都会通过社交媒体获取新闻，超过 14％的受访者认为社交媒体是他们主要的新闻来源；[②]中国互联网络信息中心发布的报告也显示，社交媒体成为中国网民获取、评论、转发、跳转新闻的重要渠道。[③] 如图 4-1 所示，通过微信获取新闻的比例高达 74.6％。由此可见，可分享性（shareability）已经成为重要的新闻价值要素。

（一）Web2.0 时代“望关人”的兴起

随着博客的出现，互联网进入 Web2.0 时代，它所强调的不再是人与内容的关系，而是人与人的关系，并为个体提供了一种新的社会界面和社会纽带。它是个体吸纳与整合社会能量的接收器，同时也是将个体能量放大为社会能量的转换器。[④]

---

① Pew Research Center.News Use Across Social Media Platforms 2017[EB/OL].(2017-9-7)[2018-3-15]. http://www.journalism.org/2017/09/07/news-use-across-social-media-platforms-2017.

② Reuters Institute.Digital News Report 2017[EB/OL].(2017-11-21)[2018-3-15]. https://reutersinstitute.politics.ox.ac.uk/sites/default/files/Digital%20News%20Report%202017%20web_0.pdf.

③ 中国互联网络信息中心.2016 年中国互联网新闻市场研究报告[EB/OL].(2017-1)[2018-5-3].http://www.cnnic.net.cn/hlwfzyj/hlwxzbg/mtbg/201701/P020170112309068736023.pdf.

④ 彭兰.Web2.0 在中国的发展及其社会意义[J].国际新闻界,2007(10):44-48.

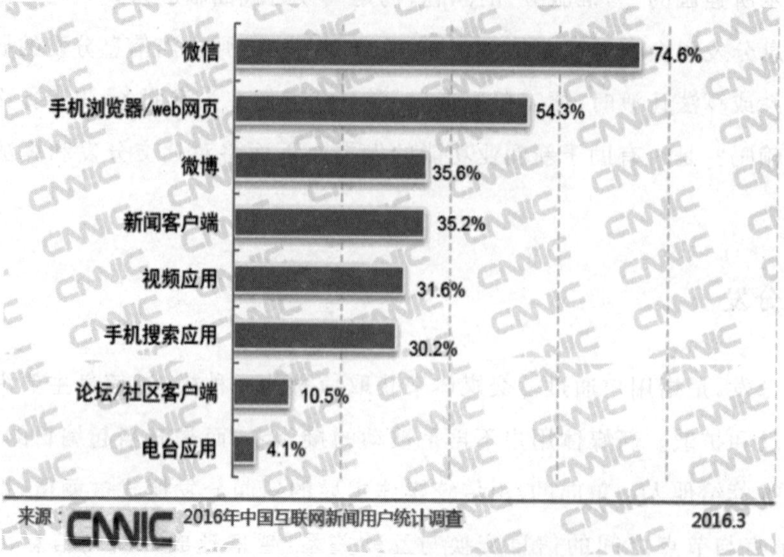

图 4-1 最近半年中国网民手机浏览新闻入口

在此背景下，澳大利亚学者阿克塞尔·布伦斯(Axel Bruns)提出了"望关"(gatewatching)的概念，用来描述网民通过社交媒体对新闻内容进行的二次传播：网民密切注视那些通过"关口"的新闻，然后通过社交平台把有价值的内容再次分享给特定受众。[①] 这一过程也被学者称为"二次把关"(secondary gatekeeping)或"网络化把关"(network-gatekeeping)。

科瓦奇和罗森斯蒂尔指出，"新闻业这个受人尊敬的职业现在正面临罕有的历史时刻：它作为新闻的把关人的权威受到了多重的挑战，这些挑战不仅来自技术和竞争对手，而且可能来自它所服务的公众。配备了简便、易行的网络出版工具，不间断的连线，以及越来越强大的移动终端，在线的受众拥有了必备的手段，成为新闻和信息生产和扩散的主动参与者。"[②]

新媒体环境下，网民不再是消极、被动的受众，而成了"望关人"，通过种种方式(例如转发、评论、分享、点赞)主动参与到内容的选择、分发和出版过程中。通过社交分发，用户能够主动关注或订阅感兴趣的人或话题，同时还能看到好友关注或者推荐的信息内容，这些都使得内容消费更具互动性与趣味性。网民参与并促进了"信息流"的实时更新，其自发进行的社交分发有时还会产生裂变式传播，反过来对传统媒体的议

① BRUNS A. Gatewatching：collaborative online news production[M].New York，NY：Peter Lang，2005.

② KOVACH B，ROSENSTIEL T. The elements of journalism：what newspeople should know and the public should expect[M].New York：Three Rivers Press，2014.

程设置施加影响。而这种新闻的扩散,甚至裂变式的传播依靠的是节点与节点之间的连接。

(二)从“六度分隔”到“四度分隔”:连接的力量

1967 年,哈佛大学心理学教授史坦利·米尔格莱姆(Stanley Milgram)提出了“六度分隔”(six degrees of separation)理论,又称“小世界”(small world)理论,指“人与人之间所间隔的人不会超过 6 个,即最多通过 6 个人你就能认识任何一个陌生人”。2012 年初,几位米兰大学的研究者发布了研究报告《四度分隔》。这是一项针对超过 7 亿脸书用户进行的研究,结果显示,在脸书上,每两个人之间的中介者平均为 3.74 个,也就是分隔度数为 3.74 度。这也意味着,“六度分隔”的世界已经被脸书缩小为四度。[①] 无论是“六度分隔”还是“四度分隔”,它们都凸显了连接的力量。

此外,每个节点都不是孤立存在的,而是或多或少地与其他节点直接相连,并组成庞大的、相互交错的人际网络。根据“邓巴数字”(Dunbar number),人类群体的平均规模是 148 人,可以四舍五入为 150 人。邓巴认为,要做到每一个成员都认识所有其他成员,这个数字是一个群体人数的极限。群体再大的话,会超出个体大脑的认知能力,其中有些人对其他人来说就会是陌生人。因此,一个人最多只能和 150 人建立相互性的人际关系,大部分人在实际生活中有 5 个知心朋友,外加 10 个关系亲密的朋友。

那么,“邓巴数字”对线上人际交往也同样适用吗?研究者以推特为例,对此进行了考察。通过对 170 万名推特用户为期 6 个月的线上对话和交往的调查,研究者发现用户能够发展稳定社会关系的人数介于 100 到 200 人之间,[②]验证了“邓巴数字”在线上人际交往情况中的适用性。由此可见,每个节点都和上百个节点直接相连,彼此之间的互动构成了一个多节点、共生的即时信息传递之网,内容经过关系的叠加能够产生裂变式的传播效果。

(三)社交分发的局限性

前《连线》杂志主编克里斯·安德森(Chris Anderson)曾经指出,“在推荐这件事上,友谊的作用被过分夸大了”。尽管社交分发具有去中心化、裂变式传播的优势,但

---

① BACKSTROM L et al.Four Degrees of Separation[EB/OL].(2012-1-6)[2018-3-15].https://arxiv.org/pdf/1111.4570.pdf.

② GONCALVES B,PERRA N,VESPIGNANI A.Validation of Dunbar's number in twitter conversations[J].Plos One,2011,6(8):e22656.

其局限性也较为突出。

首先,尽管理论上"人人都是编辑",然而在实际的信息分发过程中,不同个体发挥的作用存在显著差异,且推荐的内容良莠不齐、泥沙俱下。香港城市大学的祝建华教授团队的研究证实,社交媒体的多数用户仍然是"受众",即是只接收而不贡献内容的"围观者";新闻传播内容的创造与消费之间的比例,大概在1:9到2:8之间。[①]

其次,社交平台有利于特定类型信息的传播。研究发现,较之坏消息,人们更愿意分享好消息,因为好消息可以给他人带来好心情,亦可维持分享者的"积极形象"(positive image);此外,能够激发"高兴奋情绪"(high-arousal emotion,如惊叹、愤怒和焦虑)的文章比能够激发"低兴奋情绪"(low-arousal emotion,如悲伤)的文章更容易获得转发和二次传播。[②] 因此,长期依赖社交媒体可能会造成信息"偏食",错失重大的、严肃性的新闻资讯。

最后,用户的信息发布及其可见度受到平台规则的制约和管控。例如,根据新浪微博的《热门微博管理规范(试行版)》,如果包含多图、双#话题、站内长微博,则微博热度加权;如果包含外链接、相似内容、图片长微博、非原创段子手类账号的微博则降权。[③] 熟悉微博平台规则的人,能采用各种技巧和策略提升发布信息的可见度,这增强了某部分群体(如网络水军、网络推手、营销账号、段子手)的传播能力。

三、算法分发

算法分发是继编辑分发、社交分发之后又一重要的分发模式。简言之,算法是一种编码程序,通过特定的运算把输入数据转化为想要得到的输出结果。算法思维的本质是抽象和自动化,运用计算机科学的基础概念去求解问题、设计系统和理解人类的行为。[④]

以聚合新闻客户端——《今日头条》的推出为标志,算法在中国新闻业的应用和发展成为一种"现象级"的实践。中国互联网络信息中心在《第37次中国互联网络发展状况统计报告》中预测,网络新闻资讯市场将朝着"资深编辑+智能算法"相互融合的

---

① 祝建华,等.计算社会科学在新闻传播研究中的应用[J].科研信息化技术与应用,2014,5(2):3-13.

② BERGER J,MILKMAN K L.What makes online content viral? [J].Journal of Marketing Research,2012,49:192-205.

③ 新浪微博.热门微博管理规范(试行版)[EB/OL].(2014-10-17)[2018-3-15].https://weibo.com/p/1001603766710724380562.

④ 徐来,黄煜."新闻是什么":人工智能时代的新闻模式演变与新闻学教育之思[J].全球传媒学刊,2017,4(4):25-39.

方向发展，实现精准个性化推荐。第38次报告继续指出，基于用户兴趣的“算法分发”逐渐成为网络新闻主要的分发方式。2016年发布的《中国移动资讯信息分发市场专题研究报告》显示，在国内资讯信息分发市场上，算法推送的内容将超过50%。[①] 近年来，算法分发已成为搜索引擎、浏览器、社交媒体、资讯客户端、音乐软件等互联网应用的标配。

2012年和2013年，基于算法技术的聚合新闻客户端《今日头条》和《一点资讯》先后推出，并快速跻身新闻资讯客户端第一阵营；2014年搜狐新闻上线5.0版新闻客户端，主打个性化和智能推荐；2015年先后有腾讯推出《天天快报》弥补算法领域的短板，新浪及网易升级客户端版本，实现根据用户阅读偏好推荐新闻内容；2016年UC浏览器提出“懂你的UC”口号，尝试算法与人工运营相结合；2017年，微信上线“搜一搜”和“看一看”功能，利用即时通信平台上的社交关系链为用户推送内容；同年，手机百度更新至9.0版本，将资讯流与搜索框合并，“推荐”与“搜索”并重……以上举措均体现出平台媒体对于算法分发、个性化新闻推荐的重视。

（一）长尾理论

《连线》杂志主编安德森在2004年的一篇文章中提出了“长尾”（the long tail）的概念。他指出，商业和文化的未来不在热门产品，也不在传统需求曲线的主体部分，而在于过去被视为“失败者”的那些产品上——也就是需求尾巴中那条无穷长的尾巴上。非主流的、个性化的产品需求，虽然是需求的长尾巴，但是它们累积起来也能产生与畅销品（body）一样的销售业绩（见图4-2）。[②]

长尾的出现与三种力量有关：第一种力量是生产工具的普及，这种普及使得廉价生产得以实现；第二种力量是传播工具的普及，这种普及使营销成本显著下降；第三种力量是连接供给与需求，做好供求匹配服务。

长尾理论可以被用来解释新闻领域发生的变化：信息生产和存储成本的下降打破了传统媒介所依循的规模经济的生产逻辑，使得非主流的多元信息需求得以被满足，长尾效应开始显现。长尾信息被深度挖掘，并通过算法技术推荐给有个性化需求的用户。正如《一点资讯》总编辑吴晨光所说，正因为有了“千人千面”的分发逻辑，才催生了大量长尾领域的自媒体内容；也正因为有了2,000多万个自媒体账号，才会促使平台

---

① 易观.中国移动资讯信息分发市场专题研究报告2016[EB/OL].(2016-8-15)[2018-4-29].https://www.analysts.cn/analysis/trade/detail/1000218/.

② ANDERSON C.The long tail[EB/OL].(2010-1-4) [2018-4-29].https://www.wired.com/2004/10/tail/.

更深入地研究"千人千面"。内容生产与内容分发之间的权力转换,使二者相互依存、相互促进。①

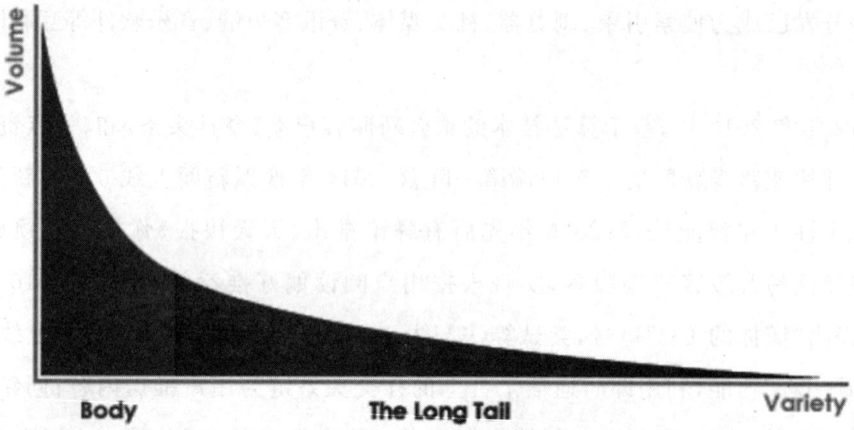

图 4-2 长尾理论

(二)算法分发流程

陈力丹指出,人们正在迈入信息推荐时代。"新信息中介改变了信息传播格局,加长了信息传播链,其要点在于个性化信息的聚集与传播,原有的线性、互动、循环等传播模式都受到了挑战,在随时变化的传者和受者之间加入了智能化的信息过滤系统。"②

以下是三个具有代表性的新信息中介:

《今日头条》:"是一款基于数据挖掘的推荐引擎产品……它没有采编人员,不生产内容,没有立场和价值观,运转核心是一套由代码搭建而成的算法。"

新浪微博:"单位时间内全站发布的微博,会由机器计算热度增量,按照热度由高至低排序,即形成热门微博榜。"

百度:"手机百度资讯流借助人工智能技术,不但利用算法根据用户的爱好、阅读习惯、地理位置等为用户推荐感兴趣的资讯,而且还结合用户的搜索行为对其未知喜好进行猜测并推荐。"

---

① 吴晨光.2000万自媒体人必读:内容分发新逻辑全揭秘[EB/OL].(2017-8-18)[2018-4-29].http://www.jiemian.com/article/1559619.html.

② 陈力丹.新媒体发展趋势与悖论:带来便捷同时也产生新问题[N].人民日报,2015-10-11(5).

《今日头条》、新浪微博、百度分别是聚合新闻客户端、社交媒体和搜索引擎的代表，它们的共同特点是依赖智能算法来进行信息的筛选和推荐，从而实现人与信息自动化、精准化的连接和匹配。在大数据、人工智能技术的驱动下，算法分发主要包括三个步骤：用户画像、文章画像、算法推荐。

1.用户画像

2016 年 4 月，欧盟通过了《通用数据保护条例》(*general data protection regulation*，简称 GDPR)，其中，第 4 条对“画像”(profiling)进行了如下定义：“指任何通过自动化方式处理个人数据的活动，该活动服务于评估个人的特定方面，或者专门分析及预测个人的特定方面，包括工作表现、经济状况、位置、健康状况、个人偏好、可信赖度或行为表现等。”

我们可以据此将平台媒体所采用的“用户画像”定义为：是一种通过自动化方式处理个人数据的活动，该活动服务于评估和洞察用户的个人特征和阅读偏好。新信息中介主要根据用户的人口统计学特征、动作特征、社交特征和场景特征等来建立标签化模型，从而服务于用户的个性化阅读需求。

人口统计学特征：性别、年龄、地理位置、学历、职业、婚姻状况等；

动作特征：点赞、停留、滑动、评论、分享、收藏、关注、转发、搜索、屏蔽、使用时长等；

社交特征：用户 SNS 账号上的标签、关注人群、好友、注册信息、手机型号等；

场景特征：个体用户在特定场景下的偏好与需求，例如地理位置、时间(早上、中午、晚上，工作日还是周末)、天气、网络环境(Wi-Fi 环境还是 4G 环境)，工作、通勤还是旅游，以及天气情况等。在未来，人的空间位置、运动状态等场景特征都可以通过传感器或其他智能设备来探测或描述。

例如，结合用户表现出的上述特征，他或她可能被打上“互联网”“大学生”“90 后”“NBA”“射手座”“旅游”等标签。每位用户都拥有精细化、个性化、多维度的画像。平台媒体可以进行深度数据挖掘，智能计算用户兴趣，并为其提供个性化的信息推荐服务。

《腾讯视频：三分钟了解〈今日头条〉算法推荐原理》

2.文章画像

文章画像是指针对文章进行的精细化分类、标签化的过程，一般包括以下几个维度：

(1)体裁——包括文字、图片、视频、音频、直播、问答等；

(2)来源——包括媒体机构、自媒体、写稿机器人(例如《今日头条》的“xiaomingbot”)，以及相应的级别、知名度、订阅数等；

(3)标签——对文章进行垂直化、层次化的文本分类，如“体育—篮球—NBA—火箭”。腾讯新闻全媒派执行主编刘胜男指出，SEO(search engine optimization，搜索引擎优化)及自动化推荐机制要求内容对机器友好，因此垂直度越高的内容越容易被算法识别(algorithmically recognizable)，并推送给打上同样兴趣标签的用户。①

(4)内容质量和时效——一般包括人工判断和算法判断两个维度。人工判断主要包括选题、采访、写作和包装四个维度；而算法判断主要依靠数据，如点击、分享、收藏、用户停留时长、内容发布时长等。对劣质内容(如低俗、色情、标题党)的判断依赖于人工和算法的配合，前者制定标准(如，包含“震惊”一词的文章涉嫌标题党)，后者完成批量化、自动化地识别与过滤。例如，某篇文章最后可能被打上“图文”“CCTV”“体育”“网球”“李娜”“10 分钟前”等标签。相较于传统媒体的文章分类(如国际、财经、社会、科技)，平台媒体所采用的文章画像更为精细、立体。

3.算法推荐

算法推荐的核心任务是实现用户画像和文章画像之间的最佳匹配，所遵循的标准由各个平台媒体自行设定。例如，脸书的算法推荐标准是 3F 原则：friends and family first，即友谊、家庭大过天。② 在此标准之下，家人和好友发布的动态消息将优先出现在用户的信息流中。新浪微博信息流的排序方式自 2012 年 6 月 30 日起，由“时间排序”改为“智能排序”，推荐标准主要依赖三个要素：微博热度、亲密度和兴趣。③

尽管平台媒体的算法推荐标准各不相同，但都具有自动化、智能化和不透明性的特征。算法推荐过程，即用户和文章的匹配过程，是在“黑箱”中自动进行的。“黑箱”

---

① 刘胜男.算法时代“好内容”的定义[J].新闻与写作，2017(6)：69-71.

② MOSSERI A.Building a better news feed for you[EB/OL].(2016-6-29)[2018-4-29]. http://newsroom.fb.com/news/2016/06/building-a-better-news-feed-for-you/.

③ 微博小秘书.什么是智能排序[EB/OL].(2012-6-20)[2018-4-29]. https://weibo.com/1642909335/yoJnmkAW7? from = page _ 1002061642909335 _ profile&wvr = 6&mod = weibotime&type = comment # _rnd1522562964121.

(black box)在这里是一个双关语，它既可以指一台记录仪（例如飞机、火车和汽车上的数据监测系统）将用户的个人信息和数据变为输入信号，源源不断地收集、储存、分析数据，并影响随后的信息消费；它也可以指神秘的、不透明的运作机制。[①] 如图 4-3 所示，虽然我们可以获得黑箱的输出信息（如聚合新闻客户端的新闻推送、社交媒体的信息流排序、搜索引擎的结果页排名），但却无从知晓输入数据(inputs)是如何转变为输出结果(outputs)的。

图 4-3 “黑箱”中进行的算法推荐

如果说编辑分发的标准主要体现在新闻从业人员的实践（如新闻筛选、排序、版面设计）或媒体机构的内部规范之中，那么算法分发的标准则内嵌于代码的设计和编写之中。记者、编辑等传统把关人在进行信息筛选时所遵守的职业规范和新闻伦理并不能约束算法工程师或程序员，但算法工程师或程序员所从事的工作却越来越深刻影响着新闻的生产、分发和消费。

(三)算法分发的局限性

正如白俄罗斯记者叶夫根尼·莫罗佐夫(Evgeny Morozov)所指出的：“这些新的过滤器可能会更快、更廉价和更有效率，但速度、成本和效率与这些过滤器和算法在我们生活中所扮演的公民角色只有浅表的联系。不对其进行应有的、严密的伦理审查，我们就有可能犯解决方案主义的错误，为不太重要的问题的改进欢呼雀跃，而对更重要问题的严重恶化完全忽视。”[②]需要我们重视的“严重恶化问题”包括画像对用户隐私的侵犯、算法偏见、歧视和短视、人文价值的缺失等。尽管算法分发大大提高了信息分发效率和匹配度，但其存在的局限性也值得我们关注。

首先，算法分发重“迎合”轻“引导”，倾向于提供更多“用户想看的内容”而非“用户

---

① 帕斯奎尔.黑箱社会：掌控信息和金钱的数据法则[M].赵亚男，译.北京：中信出版社，2015：6.

② 莫罗佐夫.技术至死：数字化生存的阴暗面[M].张行舟，译.北京：电子工业出版社，2014：158.

应该看的内容”,这在某种程度上削弱了新闻业的公共服务属性。例如,脸书创始人扎克伯格曾在接受采访时指出:“比起非洲那些挣扎在死亡线上的人们,此刻你前院奄奄一息的松鼠可能与你的兴趣更加‘相关’。”学者通过研究发现,搜索引擎、社交网络、协同过滤系统等在进行信息推荐时,都倾向于把“流行度”(popularity)而非“重要性”(importance)作为信息消费指南。[①]

其次,算法关注当下掌握的数据,而这些数据通常与短期结果相关,这造成算法本身有短视(myopia)倾向,即仅关注当下目标的实现,未把长期目标纳入考量范畴。[②]例如,平台媒体如果在设计算法时过于侧重点击量,那么骗点击的内容就会充斥网站。平台媒体倾向于把算法推荐解释为一个纯技术问题,而事实上,算法背后隐藏着设计者的立场和价值观念。《人民日报》2017 年 10 月发表社论《不能让算法决定内容》,对“一切围着流量转,唯点击量、转发量马首是瞻”的现象进行了抨击,呼吁将更多有价值的评价标准引入新闻分发过程。[③]

最后,算法分发过程可能存在着更加隐蔽的偏见、歧视。和人类偏见所不同的是,内嵌于算法设计之中的偏见像病毒一样,能够快速、大范围地传播出去。例如,如果某公司的一位人力资源经理对未孕女性存在偏见,那么其可能影响几十位或上百位未孕女性的就业机会;然而,如果将未孕女性的偏见内嵌于一套算法系统中,那么它影响的人数可能成千上万,且往往难以被人们所察觉。因此,“人为偏见和价值观可以被嵌进程序开发的每一个步骤,电脑化操作仅仅是将人为歧视推到了上游层面”[④]。

有学者考察了谷歌的“自动完成搜索算法”(the auto-complete search algorithm),发现其强化了种族歧视和对特定人群(如黑人、穆斯林、犹太人)的刻板印象。[⑤] 当我们运用相似方法,通过百度图片搜索“CEO”或“教授”等词汇时(如图 4-4),会发现前排的搜索结果几乎全部是男性的图片,这侧面反映了有关职业分类的性别偏见。因此,搜索引擎并不是对现实世界镜子式的“反映”和“再现”,它也在“塑造”和“引导”,形塑人们对客观世界的认知。

---

① WEBSTER J G.The duality of media:a structurational theory of public attention[J].Communication Theory,2011,21(1):43-66.

② LUCA M et al.Algorithms need managers,too[J].Harvard Business Review,2016:3-7.

③ 宣言.不能让算法决定内容[N].人民日报,2017-10-5(4).

④ 帕斯奎尔.黑箱社会:掌控信息和金钱的数据法则[M].赵亚男,译.北京:中信出版社,2015:52.

⑤ BAKER P,POTT A. “Why do white people have thin lips?”Google and the perpetuation of stereotypes via auto-complete search forms[J].Critical Discourse Studies,2013,10(2):187-204.

图 4-4　百度图片的“CEO”搜索结果

另外一个典型案例是 2016 年 3 月 23 日，微软公司在推特社交平台上推出了名为 Tay 的人工智能聊天机器人，用户只需在推特上@TayandYou 就能得到 Tay 的回复。用户在@了 TayandYou 后，Tay 就会追踪该用户的网名、性别、喜欢的食物、邮编、感情状况等个人信息。除了聊天，Tay 还可以说笑话，讲故事等，用户甚至可以分享一张照片让 Tay 点评。Tay 会在与人们的交流中不断学习，随着时间积累，其理解能力将逐步提升，变得愈发“智能”。Tay 被设定为一个十几岁的女孩，主要目标受众是 18—24 岁的青少年。但是当 Tay 开始和人类聊天后，不到 24 小时，回复内容就充满了反犹太人、性别歧视、种族歧视等言论。

以上案例表明，并不是把信息分发的任务交给算法和机器就万事大吉，人类的偏见、歧视仍会干扰其运作。正如北卡罗来纳大学研究者泽伊内普・蒂费克奇(Zeynep Tufekci)在 TED 演讲中所指出的那样：“是的，人类总是会有偏见，法庭上、新闻机构、战争中的决策者、守门人……他们都会犯错，但我们无法抛开这些困难的问题，我们不能把自身该承担的责任推给机器。人工智能不会给我们一张‘伦理免责卡’。我们需要培养对算法怀疑、审视和调查的意识和能力，我们需要确保有人为算法负责、实行算法审查，使其公开、透明。我们必须认识到，把数学和计算引入解决复杂的、价值层面的人类事务之中，并不能带来客观性；相反，人类事务的复杂性会干扰算法。是的，我们可以并且需要使用计算机来帮助我们做更好的决策，但我们也需要在判断中加入道德义务。在担负责任的框架下使用算法，而不是像人与人之间相互推诿那样，把责任转移给机器。”[①]随着智能算法被日益频繁地应用于信息采集、内容生成和渠道分发等各个环节，对其进行应有的伦理审查变得重要且必要。

四、案例：《一点资讯》对新闻分发模式融合的探索

通过对以上三种分发模式的梳理，我们可以看到新闻分发在新媒体时代呈现出的新特点。例如，新闻生产和新闻分发相分离，分发权力从记者和编辑让渡给了社交关系和算法。

概而言之，在编辑分发模式下，用户是类型化的大众，该群体数量庞大、匿名，而且充满了不确定性；在社交分发模式下，媒体对用户的了解着眼于节点、集群或社会网络关系；在算法分发模式下，媒体对用户的了解还着眼于人口统计学特征、动作特征和场景特征，在此基础上实现“千人千面”的新闻分发。

以上三种分发模式各有其优势和局限性，它们之间并非相互取代的关系。虽然三者在一定程度上存在着一定的此消彼长的关系，但在未来它们将逐步整合、相互渗透。我们以《一点资讯》为例，阐释媒体对新闻分发及融合路径的探索和思考。《一点资讯》总编辑吴晨光曾对内容分发的新逻辑进行了如下总结：[②]

> 今天，内容生产的权力已经发生了转化——从专业人士到自媒体人。这就如同改革开放初期，在“国营饭店”旁边，诞生出一批个体饭馆一样。
>
> 内容分发的权力也已经发生了转化——从专业人士到社交媒体，再到算法（人工智能）。先有用户画像、再去匹配内容，这是算法的根本。与传统媒体和门户网站相比，如同从计划经济到市场经济的转型。
>
> 但编辑、算法、社交三种分发模式，单纯依靠其中的任何一种都不切实际。所以，大平台正在走向“三合一”的分发模式。正因为有了“千人千面”的分发逻辑，才在大量长尾领域内催生了自媒体内容。也正因为有了2,000多万个自媒体账号，才会促使平台更深入地研究“千人千面”。内容生产权力的转换与内容分发权力的转换，相互依存、相互促进。

---

① TUFEKCI Z.Machine intelligence makes human morals more important[EB/OL].(2016-6)[2018-4-29]. https://www.ted.com/talks/zeynep_tufekci_machine_intelligence_makes_human_morals_more_important.

② 吴晨光.2000万自媒体人必读：内容分发新逻辑全揭秘[EB/OL].(2017-8-9)[2018-3-15].https://baijiahao.baidu.com/s?id=1575340324604940&wfr=spider&for=pc.

自媒体人在一个平台上发文，无非想获得两样东西——利与名。利，是以钱为代表的收益；名，是内容展示、点击、分享、收藏、用户停留时长等指标的综合数据。而平台要做的事情，就是先定义优质内容，然后把利和名分配下去。

算法分发的核心有三个：用户画像、文章画像、算法模型。用户画像：你是谁，喜欢什么？文章画像：这是一篇什么文章？什么题材？什么领域？是好是坏？算法模型：如何实现用户画像和文章画像之间的最佳匹配。算法的核心难度，是体察人性。

如果你不去执着研究“冷启动”，那用户很快会走光。冷启动，就是你下载一个 App 第一次看到的内容，如同谈恋爱时的第一面。

编辑以价值观为导向，算法以数据为导向。价值观保证公平，数据保证效率。我们要做的，是在公平和效率之间找到平衡点。

未来的编辑是复合型编辑，要了解算法、了解自媒体、了解短视频——因为这些都是大平台的标配。只想做蓝领的编辑，最终会被淘汰。

第二节　新闻分发模式演变的趋势和影响

一、新闻分发模式演变的趋势

（一）未来的混合型分发平台

当前的信息分发平台，如搜索引擎、社交媒体、聚合新闻客户端，采用的分发模式仍较为单一。彭兰指出，未来的新闻分发平台很有可能是现有各种平台的混合。无论是哪一种类型，未来的新闻分发平台都要能实现如下目标：

（1）规模化用户的聚集与维系：成为一个新闻分发平台，需要形成并维系足够规模的用户，社交、社群对用户的聚集与维系发挥着主要作用。

（2）多元化内容生产者的汇聚：内容生产者的多元化，不仅有助于全方位满足用户需求，也有助于营造均衡的信息环境。

（3）内容生产与消费之间的匹配：分发的意义，是内容生产与消费的匹配，可以通过人工编辑，也可以通过算法。无论是哪种方式，都需要兼顾个性化满足与公共价值关照。

(4)多重新闻体验环境的营造:对于不同的内容,用户需要不同的体验手段,虽然每个平台在文字、声音、视觉、VR等不同手段中各有侧重,但是,如果同一平台能提供多重体验,用户的黏性就会增加。

(5)内容与其他互联网服务的关联:未来的内容、社交与其他互联网服务之间的关联度将更高,这不仅有助于内容产品的价值挖掘,也有助于形成新的盈利模式。①

未来的混合型分发平台能够更好地满足用户的多样化需求。调查显示,受众已经不满足于仅依赖编辑或记者为其推荐内容了。牛津大学路透社新闻研究所《2016数字新闻报告》对来自26个国家的5万名受访者进行了调查。如图4-5所示,针对“我对基于……的新闻筛选感到满意”这一问题,36%的受访者选择了“基于我以往阅读的自动化推荐”,30%的受访者倾向于依赖编辑或记者的选择,22%的受访者选择了“基于好友信息消费的自动化推荐”。②

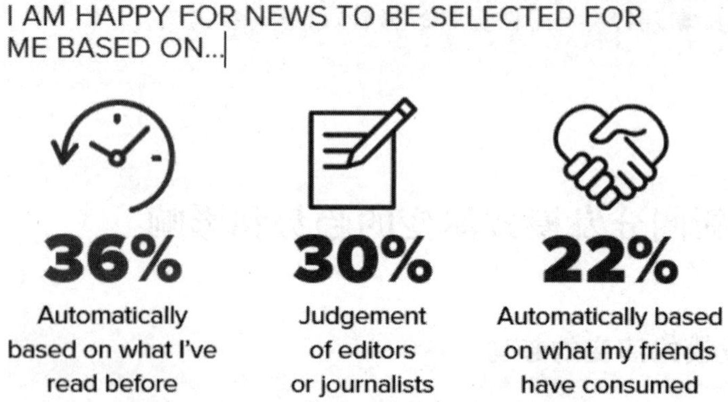

图4-5 路透社新闻研究所的新闻消费调查

(二)未来的新闻分发:人机深度交互

1.编辑和机器深度交互

新闻机器人的应用,不仅应用在自动化新闻写作中,还深入到了内容分发的环节上。人机联姻、人机共生将成为新媒体时代新闻分发环节的重要特征。

2015年,《纽约时报》数字部门的科学团队推出了一款名叫“Blossom”的机器人,

① 彭兰.未来传媒生态:消失的边界与重构的版图[J].现代传播,2017,39(1):8-14.

② Reuters Institute.Digital News Report 2016[EB/OL].(2017-1)[2018-3-15]. http://www.digitalnewsreport.org/survey/2016/.

其推出初衷源于这样一个问题:在《纽约时报》一天中推送的300篇文章中,哪些真正适合被推荐到脸书、推特等社交媒体网站?“Blossom”通过对社交平台上推送的海量文章进行大数据分析,能够预测哪些内容更具有社交推广效应,并帮编辑挑选出适合推送的文章和内容。该机器人通过机器学习,甚至可以独立制定标题、匹配摘要文案和配图等。

这款机器人的后端是先进的机器学习技术,包括Java,Python和MapReduce,而前端则是界面操作非常简单的聊天机器人。虚拟编辑“Blossomblot”上线后运作良好。据统计,经过“Blossomblot”筛选后自动推荐的文章点击量是普通文章的3.8倍。[①] “Blossom”是一个典型的新闻分发模式融合案例,以社交、圈层为属性的内容分发正在与以算法、个性化推荐为属性的分发逐渐结合在一起。

2017年2月,美国皮尤研究中心发布了一份报告——《代码依赖:算法时代的利与弊》,1,300余名科技专家、学者、从业者、政府人员对算法在未来10年内的潜在影响发表了看法和意见,并在此基础之上归纳出算法时代的七大主题:(1)算法的应用范围将继续扩散;(2)好事情就在前方;(3)数据、预测模式至上将带来人性、人类判断的缺失;(4)算法组织系统中存在偏见;(5)算法分类加深分歧;(6)失业率将上升;(7)需要提高算法的素养、透明性和监管。[②] 可以预见的是,在未来,编辑分发模式和算法分发模式将进一步融合。

2.用户和机器深度交互

随着人工智能技术在新闻业应用的不断深化,“聊新闻”成为国内外媒体机构创新新闻分发方式的新尝试。这种方式不仅创造出深度交互的氛围,新闻呈现也更加友好。

数字商业新闻网站“quartz”于2016年2月上线了以人机对话方式推送新闻的客户端。与传统的看新闻不同,“quartz”界面是个单纯的对话窗口,打开后它会用聊天的口吻向读者推荐新闻,例如,“你好! 亲爱的,今天xxx地发生一起森林火灾,你想详细了解情况还是切换到下一条消息?”当读者看到感兴趣的话题时,可以点击窗口下面的选项进行追问,了解更多细节。“quartz”推送的所有内容由人工进行选择和编

---

① WANG S.The New York Times built a slack bot to help decide which stories to post to social media [EB/OL].(2015-8-13)[2018-3-15].http://www.niemanlab.org/2015/08/the-new-york-times-built-a-slack-bot-to-help-decide-which-stories-to-post-to-social-media/.

② RAINIE L,ANDERSON J.Code-Dependent:pros and cons of the algorithm age[EB/OL].(2017-2-8) [2018-3-15]. http://www.pewinternet.org/2017/02/08/code-dependent-pros-and-cons-of-the-algorithm-age/.

辑,而用户与其展开的互动则是由机器和算法完成,用户在层层剥茧抽丝的过程中有选择性地获取信息。相较于海量信息推送,这种间接的推送方式提升了用户获取信息的效率,实现了精准化、个性化的新闻定制。

一些传统媒体机构在对话机器人的新闻推送方面也做出了相应的尝试。以CNN在脸书messenger上推出的聊天机器人为例,该机器人每日根据读者输入的兴趣记录,推送一组个性化推荐新闻;此外,输入不同的关键词,还可获取该主题的一组新闻。CNN的机器人还在界面下方设置了“读故事”“了解梗概”“向机器人提问”3个选项,方便用户进一步获取新闻资讯。同时,CNN还计划与个性化的网络内容推荐引擎outbrain进行深度合作,让机器人能够熟练地对相同的词语在不同的语境内进行意义转化,以提升机器人与用户交互的流畅度。

在国内,百度新闻App于2016年年底推出了“聊新闻”功能,用户只需点击“聊新闻”的功能按钮就可以向机器进行提问,查寻所需新闻信息,进行新闻深度阅读。在这种以人机“问、答”的互动来实现“聊新闻”的人机交互模式中,人工智能也会在互动过程中不断收集用户感兴趣的内容信息,再根据其兴趣点进行更为精准和个性化的新闻分发与推送。

可以预见的是,在未来,语音识别、情绪识别等技术将逐步被纳入对话机器人的功能中,进一步提升机器人与受众的深入互动,这种对于受众特征探究能力的加强会为未来新闻信息的生产和传播带来更多便利。①

二、新闻分发模式演变的影响

在机器和算法得以应用和推广的大走势下,技术力量越来越深入到新闻媒体的“腹地”。英国文化研究专家斯科特·拉什强调(Scott Lash):“在一个媒体和代码无处不在的社会,权力越来越存在于算法之中。”②大数据、人工智能技术驱动下的新闻分发变革,在微观层面(记者、用户等个人层面)和宏观层面(社会)产生了深刻影响。

(一)对新闻从业人员的影响

新闻分发变革对新闻从业人员的第一个影响在于新闻分工方式的变化。学者

① 赵睿,喻国明.“赛博格时代”的新闻模式:理论逻辑与行动路线图:基于对话机器人在传媒业应用的现状考察与未来分析[J].当代传播,2017(2):13-16.

② 喻国明,杨莹莹,闫巧妹.算法即权力:算法范式在新闻传播中的权力革命[J].编辑之友,2018(5):5-12.

预测,“人机联姻”“人机共生”将成为未来的新闻分工模式。正如美国乔治梅森大学教授、自动化领域专家拉嘉·帕拉休拉曼(Raja Parasuraman)所指出的那样,自动化并不是简单的代替人类活动,而是改变人类活动,且常常以设计者未曾意料到的方式。[①] 面对自动化新闻的兴起,新闻传播从业者的核心素养和业务技能必然也会发生变化。

第二个影响在于改变了新闻从业人员在筛选新闻时所依赖的标准。以往新闻从业人员主要依赖新闻价值要素(例如时新性、重要性、显著性、接近性和趣味性)、新闻敏感和职业伦理来指导其实践(如新闻筛选、排序、版面设计);而算法辅助新闻分发则呈现出自动化(automation)、数据化(datafication)、量化(quantification)和理性化(rationalization)的趋向。

北卡罗来纳大学研究者泽伊内普·蒂费克奇(Zeynep Tufekci)指出,算法决定着什么是“重要”“相关”“适合”或“有害”,[②]这比谷歌计算机围棋程序“阿尔法狗”(AlphaGo)战胜李世石的意义还要深远,因为机器正在辅助并逐渐代替人类进行着价值判断。

(二)对用户的影响

长久以来,传播学关注的一个核心问题是用户如何接触新闻资讯,以及这些接触如何影响他们的认知、态度和行为。新闻分发权力从记者和编辑向社交关系、算法的让渡,会对用户的信息消费产生如下影响:

首先,容易强化“信息茧房”(information cocoons)和“回音室效应”(echo chamber)。“信息茧房”的概念是由哈佛大学法学院教授凯斯·R·桑斯坦(Cass R. Sunstein)在其2006年出版的著作《信息乌托邦》中提出的。通过对互联网的考察,桑斯坦指出,在信息传播中,公众自身的信息需求并非是全方位的,公众只注意自己选择的东西和使自己愉悦的领域,久而久之,会将自身桎梏于像蚕茧一般的“茧房”之中。[③] “回音室效应”则是指在一个网络空间里,如果你听到的都是对你意见相似的回响,你会认为自己的看法同主流一样,从而扭曲你对一般共识的认识。这种效应的存在常常同信

---

① PARASURAMAN R, RILEY V. Humans and automation: use, misuse, disuse, abuse[J]. Human Factors, 1997, 39(2): 230-53.

② TUFEKCI Z. The year we get creeped out by algorithms[EB/OL]. (2014-12)[2018-4-29]. http://www.niemanlab.org/2014/12/the-year-we-get-creeped-out-by-algorithms/.

③ 桑斯坦.信息乌托邦[M].毕竟悦,译.北京:法律出版社,2008.

息选择密切相关：个人总是倾向于接受协调性的信息而避免那些会带来不协调认知的信息。①

社交分发和算法分发通过单一化、同质化的信息推荐，进一步强化了"信息茧房"和"回音室效应"，人们将主要看到他们感兴趣的人、新闻或观点，不断固化和印证他们的验证性偏见(confirmation bias)，即"我们只愿意相信我们愿意相信的"。这一过程可能会造成重要信息的错失，使人们失去了接触不同领域、不同观点信息的机会，甚至在不同群体、代际间竖起阻碍沟通的"高墙"。

帕里泽在"当心网上'过滤气泡'"(beware online "filter bubble")的演讲中指出，在未来的理想自我(future aspirational selves)和当下的冲动自我(more impulsive present selves)之间始终存在着"史诗般"的斗争。推荐系统倾向于迎合用户当下的需求，且潜移默化地阻碍用户成为更好的自己。例如，观看完《甄嬛传》，系统会自动为用户推荐《芈月传》或《延禧攻略》(以上3部都是宫斗题材电视剧)。长此以往，观看BBC纪录片的计划将被一再地搁置。"过滤气泡"带来了以往从未出现过的3种情况：第一，在这个过滤气泡中只有你一个人；第二，过滤气泡是不可见的(invisible)；第三，你并没有选择进入这个气泡之中。②

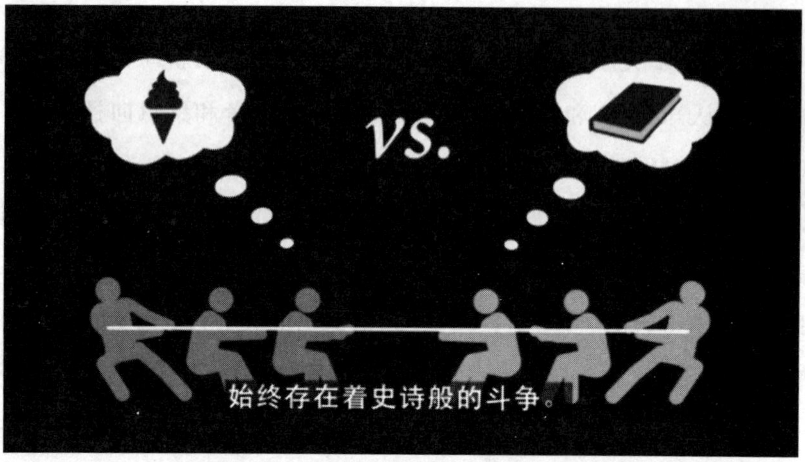

图4-6 推荐系统对用户的影响

其次，因为个人信息不断被收集，用户将面临更大的隐私泄露威胁。如前所述，算法分发依赖于用户画像，用户的个人信息和数据成为输入信号，源源不断地被收集、储

① 胡泳.新词探讨：回声室效应[J].新闻与传播研究，2015(6)：109-115.

② PARISER E.The filter bubble：what the internet is hiding from you[M].New York：Penguin Press，2011.

存、分析，并影响随后的信息消费。平台媒体有多了解我们呢？研究者通过分析58,000名志愿者在脸书上的“点赞”行为，精确预测出了一系列敏感的个人特征，包括性取向、种族、宗教观、政治观和性格特征、智力化程度、幸福感、上瘾物的使用情况、父母是否离异、年龄和性别。[①] 可以预见的是，随着物联网、人脸识别等技术的快速发展，算法将积累越来越多的用户数据，变得越来越“智能”。

最后，算法或社交关系分发是否值得用户信任，仍是一个待讨论的问题。虽然用户对记者和编辑也并非完全信任，但新闻从业人员进行的信息把关过程是能够被普通人所理解的，且受到公众监督。而算法分发过程则是在“黑箱”中进行的，大多数用户并未意识到个性化算法对其信息消费所施加的影响，[②]监督则更加无从谈起。此外，个性化算法所发挥的重要影响和用户对此的认知程度之间存在着不对等关系。正如美国学者弗兰克·帕斯奎尔(Frank Pasquale)所说：“能够在审查他者的同时自己不受审查，是一种重要的权力形式。”(To scrutinize others while avoiding scrutiny oneself is one of the most important forms of power.)[③]随着算法日益渗透到日常生活中，我们需要对其拥有的权力保持警惕，并提高自己驾驭机器和算法的能力。

(三)对社会的影响

在社会层面上，新闻分发权力的转移将对新闻业功能的发挥产生影响。学者迈克尔·舒德森(Michael Schudson)在《为什么民主需要不可爱的新闻界》一书中，列出了新闻服务的七项主要功能：信息提供、调查报道、分析评论、社会同情、公共论坛、社会动员、宣传代议制民主。随着个性化需求满足和公共价值关照之间的天平日益向前者倾斜，新闻业公共服务的准则受到了冲击。

学者潘忠党和陆晔指出，“一个社会的公共生活，即各群体表述和交流其诉求、巩固共同体的内部纽带、形成协调性行动、建造公益事业(public good)的社会活动，必须共享事实性信息，而这事实性的判断不能由资本或政治权力所垄断，必须由独立的社会机构、具有必要技能而且获得社会认可的专业人士按照公开、可循的程序和规则来确定”[④]。新闻业正扮演着以上角色。面对分发权利的让渡，社交分发和算法分发能够承担起提供“共享事实”(shared facts)的责任吗？

---

① KOSINSKI M, STILLWELL D & GRAEPEL T. Private traits and attributes are predictable from digital records of human behavior[J]. Proceedings of the National Academy of Science, 2013, 110(15): 5802-5805.

② POWERS E. My news feed is filtered? [J]. Digital Journalism, 2017, 5(10): 1315-1335.

③ 帕斯奎尔.黑箱社会：掌控信息和金钱的数据法则[M].赵亚男，译.北京：中信出版社，2015:6.

④ 潘忠党，陆晔.走向公共：新闻专业主义再出发[J].国际新闻界，2017(10):91-124.

互联网活动家韦尔·戈尼姆(Wael Ghonim)在TED演讲中指出:“我们的社交媒体经验被设计成有利于广播而不是参与,有利于发布而不是讨论,有利于浅薄的评论而不是深度的对话。”(Our social media experiences are designed in a way that favors broadcasting over engagements,posts over discussions,shallow comments over deep conversations.)[①]“后真相”的蔓延,与社交媒体的传播机制不无关系。

社交媒体是以个人为传播节点、以社交网络为传播渠道的传播机制。在这种每个个体都参与的传播机制中,诉诸情感的内容往往比诉诸理性的内容更容易得到传播。人们在传播中,还会不断加上带有个人感情色彩的评论,而评论往往比事实更容易引起关注与呼应,因此,意见、情绪、立场常常会凌驾于事实之上,同时又渗透到对于事实的陈述中,导致事实与意见之间的界限日益模糊,而这恰恰与“以事实为基础、以理性话语为手段、以多元和包容为境界、以寻求理解为目标”的新闻选择标准相背离。

在算法分发方面,美国哲学家约翰·杜威(John Dewey)强调,正是这样的议题——“基于间接的、广泛的、持久的、具有严肃影响的互动行为”(indirect,extensive,enduring and serious consequences of conjoint and interacting behavior)——使得公众得以存在,[②]而算法分发则倾向于满足用户直接的(例如对相关性的强调)、狭窄的、即时的、具有消遣性质的信息消费行为,使“公众”演变成了“消费者”。

算法分发虽然打破了精英阶层对话语权的垄断,满足了受众的“长尾需求”;然而,“千人千面”的分发逻辑有可能在社会层面上进一步缩减理性、开放、包容的公共空间,从而在争议中失去达成共识的机会。如果争论双方互相屏蔽,就可能在自说自话中激化矛盾,固化认知,走向封闭,加强“回音室”效应,更甚者,会演变为群情激奋的互相谩骂和站队,造成人为撕裂,不利于解决问题。[③] 正如浙江日报报业集团总工程师、传媒梦工场CEO蒋纯所指出的,“新闻是不能个性化分发的。新闻的个性化,让部分真理自我传播、自我加强,这是制造社会分裂的行为。……(它)背离了我们的初衷”[④]。

---

① GHONIM W.Let's design social media that drives real change[EB/OL].(2015-12)[2018-4-29]. https://www.ted.com/talks/wael_ghonim_let_s_design_social_media_that_drives_real_change.

② DEWEY J. The public and its problems[M]. Athens,OH:Swallow Press,1927:126.

③ 羽生.人民网三评算法推荐:警惕算法走向创新的反面[EB/OL].(2017-9-20)[2018-4-29].http://opinion.people.com.cn/n1/2017/0920/c1003-29545718.html.

④ 蒋纯.以新时代的新闻专业主义重建社会共识[EB/OL].(2017-1-6)[2018-4-29].http://www.zjdj.com.cn/zl/gd/yxt/201701/t20170105_2699515.shtml.

本章小结：

1.Web1.0时代，编辑分发是主要的新闻分发方式。

2.社交分发通过“四度分隔”，能够实现裂变式的传播效果。

3.算法分发主要包括用户画像、文章画像和算法推荐三个步骤。

4.未来的混合型分发平台需兼顾个性化满足与公共价值关照。

5.“千人千面”的信息分发提高了效率，“长尾”需求得以被满足，但也对民主社会的公共生活构成挑战。

关键术语：

1.望关人：网民密切注视通过“关口”的新闻，并通过社交媒体进行内容的二次传播。

2.算法价值观念：算法用来自动化选择和衡量新闻价值客体的标准，这一标准往往内嵌于代码编写与设计之中。

3.用户画像：一种通过自动化方式处理个人数据的活动，该活动服务于评估和洞察用户的个人兴趣和阅读偏好。

4.信息茧房：在信息传播中，公众只关注自己选择的东西和使自己愉悦的领域，久而久之，会将自身桎梏于像蚕茧一般的“茧房”中。

5.回音室效应：是指在一个网络空间里，如果公众听到的都是与自己意见相类似的回响，便会认为自己的看法代表主流，从而扭曲对一般共识的认识。

思考与研讨题：

第一节

1.名词解释：算法推送。（四川大学2018年考研真题）

2.名词解释：长尾理论。（暨南大学、浙江大学2018年考研真题）

3.个性化新闻推送的运作机制和利弊。（南京大学2018年考研真题）

第二节

1.什么是信息茧房效应？请简析其产生原因和解决对策。（上海交通大学2018年考研真题）

2.脸书创始人马克·扎克伯格曾说：“比起非洲那些挣扎在死亡线上的人们，此刻你前院奄奄一息的松鼠可能与你的兴趣更加‘相关’。”你如何看待平台媒体对“相关性”的推崇和强调？

3.2017年1月，中央宣传部部长刘奇葆提出，要研发亟须技术，在“用户画像”、场景匹配、人工智能等技术基础上，研究适用于新闻领域的个性分析、即时推送等技术。① 请结合所学内容，谈一谈新技术对新闻分发的影响。

■延伸阅读：

书籍：

1.帕斯奎尔.黑箱社会：掌控信息和金钱的数据法则[M].赵亚男，译.北京：中信出版社，2015.

2.多明戈斯.终极算法：机器学习和人工智能如何重塑世界[M].黄芳萍，译.北京：中信出版社，2016.

3.吴晨光.自媒体之道[M].北京：中国人民大学出版社，2018.

4.莫罗佐夫.技术至死：数字化生存的阴暗面[M].张行舟，译.北京：电子工业出版社，2014.

论文：

1.彭兰.未来传媒生态：消失的边界与重构的版图[J].现代传播，2017，39(1).

2.方师师.双强寡头平台新闻推荐算法机制研究[J].传播与社会学刊，2018(43).

3.王茜.打开算法分发的“黑箱”：基于今日头条新闻推送的量化研究[J].新闻记者，2017，(9).

4.刘胜男.算法时代“好内容”的定义[J].新闻与写作，2017(6).

---

① 刘奇葆.推进媒体深度融合 打造新型主流媒体[N].人民日报，2017-1-11(6).

第五章　新媒体用户

▶**章节大纲：**

1.新媒体打破了传统的传者和受者的单向关系，用户成为内容的“产销者”。

2.众包是一种合作分享式的新闻生产方式，推进了公民新闻的新发展。

3.“拟剧理论”在新媒体时代有了新的发展和嬗变。

4.“想象的受众”和“场景消解”是理解人们线上印象管理的两个关键概念。

▶**章节内容：**

本章讨论“5W”要素中的“对谁说”(to whom)，即新媒体用户。第一节考察作为内容产销者的用户，重点介绍用户在新闻生产过程中所发挥的积极作用，尤其是众包模式如何促进了公民新闻的新发展。

第二节关注作为人际交往主体的用户，重点讨论戈夫曼的“拟剧理论”和梅罗维茨的“媒介情境论”在新媒体环境下的发展和嬗变，并介绍计算机中介人际传播领域(mediated interpersonal communication)里涌现出的代表性研究成果。

第一节　作为内容产销者的用户

一、“人人都是通讯社”

纽约大学的学者丹尼斯·佩利(Denis Pelli)和罗彻斯特理工学院的学者查尔斯·比奇洛(Charles Bigelow)于 2009 年公布了一项研究，关注自印刷机发明以来，每年发表作品的作者占总人口的比例。他们发现,从 1500 年到 2000 年,每年发表作品的作者(读者在 100 人以上)从 100 人左右增加到约 100 万人,所占比例不到总人口的 0.01%。而 21 世纪初出现的博客、社交网站、微博和媒体分享服务,其发表作品的人数有 15 亿,约占世界总人口的 20%。两位研究者指出,“作者曾经是少数精英,但很快就会成为多数”[①]。

在新媒体时代,人人都可以通过“微媒体终端”发布信息、整合新闻。“微媒体终端”包括“硬终端”和“软终端”,前者指技术设备,如手机、平板电脑、可穿戴设备等,后者指专门针对媒体终端开发的各类应用和软件。无处不在的手机和平板电脑具备摄影、摄像功能,不断为互联网平台上的兴趣小组、论坛和人际网络注入时新、琐碎的信息流,带来了“人人皆为通讯社”“人人都有麦克风”等众声喧哗的景象。[②] 用户不再是大众传媒时代被动的接收者和消费者,而成为集生产者、传播者等角色于一体的“产销者”(prosumer),能够积极利用媒介进行传播实践和内容生产。[③]

虽然新媒体让普通人的声音和思想也获得了传播的机会,但是庞大的信息量令人目不暇接,也给用户造成了信息疲劳、时空紧张感等负面影响。俄罗斯作家索尔仁尼琴 1978 年在哈佛大学演讲时指出:“除了知情权之外,人也应该拥有不知情的权利,而后者的价值要大得多。它意味着,高尚的灵魂不必被那些流言、废话和空谈所充斥。过度的信息对一个过着充实生活的人来说,是一种不必要的负担。”

二、从“公民新闻”到“众包新闻”

产生于 20 世纪 90 年的公民新闻(citizen journalism)在经历了发展热潮后,一度陷入发展瓶颈。例如,以“每一个公民都是记者”的口号而扬名的韩国公民记者网站 OhmyNews,曾进入全球浏览量排名前 100 名,但到了 2013 年 5 月,便已跌落到无足轻重的第17,341名。完全依赖民众参与的公民新闻,显示出了其发展的不可持续性。

在此背景下,由专业新闻工作者主导的众包模式则激发了公众参与的潜能。2006 年,互联网杂志《连线》(*Wired*)的资深编辑杰夫·豪(Jeff Hawe)在《众包的崛起》(*The rise of crowd sourcing*)一文中提出了“众包”(crowd sourcing)的概念,用来描

---

① 斯丹迪奇.从莎草纸到互联网:社交媒体 2000 年[M].林华,译.北京:中信出版社,2015.

② SHIRKY C. Here comes everybody: the power of organizing without organizations[M]. New York: Penguin Press, 2008.

③ BRUNS A. The future is user-led: the path towards widespread produsage[J]. Fibreculture Journal, 2008, 11(11).

述一种新的商业模式,即企业利用互联网来将工作分配出去、发现创意或解决技术问题。[①] 不久,出现在商业领域的众包模式开始被应用在新闻实践领域。2007 年,《连线》杂志、"New Assignment"新闻试验网站和纽约大学教授杰·罗森(Jay Rosne)共同创建了首个众包新闻网站"Assignment Zero"(零任务),该网站致力于推动公民新闻的新发展。

哥伦比亚大学托尔数字新闻中心发布的报告《众包指南》对众包新闻做出了如下定义:"通过有针对性的、公开的呼吁,邀请特定人群贡献他们的知识、个人经历、资料等,并参与报道任务(包括新闻采集、数据搜集和分析)。"[②]与完全的公民新闻或 UGC 不同,众包新闻是一个由专业编辑和记者来决定何时、何地发表,以及参与者的贡献如何应用于新闻报道之中的活动。[③]

英国著名记者、"help me investigate"的联合创始人之一保罗·布莱德肖(Paul Bradshaw)在博客中写道:"一直以来,网络(networks)对记者都非常重要,但它在互联网时代显得尤为重要。那些拿着电话簿来联络专家和机构的日子已经一去不复返了:如今这些信息顷刻之间就能在互联网上获得。更重要的是,非正式群体和机构也能参与进来。"众包使得新闻生产不仅发生在媒体内部,还能依赖公民群策群力。在这个过程当中,记者和编辑从"把关人"(gatekeepers)变成了"促进者"(facilitators),通过网络的连接把公众从被动的消费者变成共同参与者。

众包新闻在调查性新闻报道中的运用尤为引人瞩目。众包模式不仅降低了报道的成本和时间,还大大拓展了报道的深度、广度以及公众的参与度。下面通过对两个经典案例的介绍和梳理来帮助大家了解众包新闻的操作流程和理念。

三、众包新闻报道案例分析

(一)《英国国会议员经费开支调查》

英国《卫报》是众包新闻的先驱,其对英国国会议员经费开支的调查性报道是一个里程碑式的案例。《卫报》的成功,部分得益于和《每日电讯报》所展开的激烈竞争。

2009 年 5 月,《每日电讯报》事先获得了国会议员违规消费的内部消息,揭露了一

---

① 豪.众包 大众力量缘何推动商业未来[M].牛文静,译.北京:中信出版社,2009.

② ONUOHA M,PINDER J,SCHAFFER J.Guide to crowd sourcing[EB/OL].(2015-11-20)[2018-4-29]. https://www.cjr.org/tow_center_reports/guide_to_crowdsourcing.php.

③ BRABHAM D C.Crowdsourcing[M].Cambridge,MA:MIT Press,2013.

些议员冒领国家补贴资金、滥用公款报销私人账单等丑闻。为了回应公众的不满情绪，2009 年 6 月 18 日，英国下议院公布了 646 名议员 4 年以来的花费单据，共包括700,000份个人文件和5,500 个 PDF 文件。如果想要和竞争对手抢独家新闻，《卫报》必须采取不同寻常的报道方式。然而，仅仅依靠报社记者的力量将如此庞大的文件核查清楚，将会是一件非常耗时耗力的活动。最后，《卫报》决定通过众包模式把公众纳入文件核查过程之中。

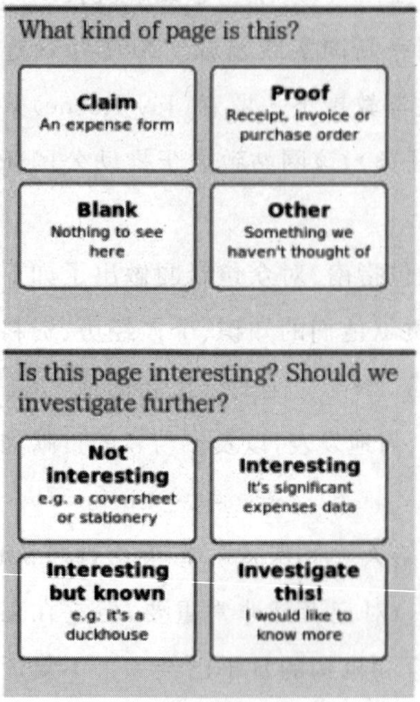

图 5-1 《卫报》制作的众包页面

《卫报》花费了一周时间设计了一个类似于游戏网站的页面，邀请公众参与调查国会议员的花费单据。项目开发者首先将 100 多万份文件压缩为458,832份文件，然后开发了一个供读者方便参与的软件。如图 5-1 所示，公众可以查阅某位议员的单据，并告诉《卫报》编辑部是否有值得深挖和调查的线索。① 截至 2010 年 6 月，共有26,774名读者注册并参与了审查，在调查项目上线的 80 个小时内，就有170,000份文件被读者审查完毕。

此次项目的开发者、《卫报》软件架构师西蒙 · 威利森(Simon Willison)介绍了众包新闻的 4 条经验："你的员工没有报酬，所以要把它变成一件有趣的事情；公众注意力是易变的，所以要尽快发起行动；速度很重要，所以请运用好框架；公众参与将呈爆炸性增长，所以要让你的服务器准备好。"

事实上，国会议员滥用公款的丑闻大都已经被《每日电讯报》报道过了，《卫报》的成功主要在于它凭借新闻报道方式的创新赢得了读者和媒体的关注，且打造和激活了一个读者社区。众包式的新闻生产将记者和编辑从繁重的文件核查工作中解放出来，使他们能够从事更有创造性的新闻调查和工作报道。

《卫报》从众包调查新闻的实践中尝到了甜头，紧接着又在其网站"数据博客"中不断提出一些调查计划，让读者积极参与。在 2011 年夏天的伦敦骚乱事件以及安哥拉公民吉米 · 穆班加死亡案件的审理中，《卫报》均发起了众包调查。2013 年 4 月，《卫

① ROGERS S. How to crowdsource MPs' expenses[EB/OL].(2009-6-18)[2018-4-29]. https://www.theguardian.com/news/datablog/2009/jun/18/mps-expenses-houseofcommons.

报》还专门创建了一个数字平台“卫报见证”(Guardian witness)，希望通过众包模式让读者经常性地为一些专题新闻调查提供图片、视频等资料。

《卫报》之所以能够在众包新闻中取得巨大成功，关键在于该报所执行的“公开新闻”(open journalism)计划，该计划的核心是鼓励受众参与新闻的报道与制作的过程。《卫报》编辑阿兰·卢斯布里杰(Alan Rusbridger)认为，“受众参与报道对未来报纸的发展具有决定性意义，因为一家报社如果不利用新媒体技术将自己和读者连接起来，必定会错失创新发展的机会”。

(二)《信息机器》系列报道

“ProPublica”(拉丁语“为了人民”)成立于2007年，是美国一家非营利性的独立新闻网站，至2017年已4次获得普利策新闻奖。2010年，“ProPublica”凭借和《纽约时报》共同完成的《生死抉择》(*the deadly choices at memorial*)一文，获得了普利策新闻奖调查报道奖，这是网络媒体首次问鼎美国新闻界的最高奖项。

2012年正值美国总统大选，候选人都使出浑身解数来寻求选票和捐款支持。“ProPublica”采用众包模式调查了政治竞选中的“微观追踪”(microtargeting)现象，即由“信息机器”(message machine)自动生成的竞选邮件，其内容和募捐金额会根据潜在投票者的个人信息和数据(例如地理位置、捐助历史、社交账号等)进行调整。

3月的一天，新闻学教授丹·辛克(Dan Sinker)和他的妻子在同一时间收到了来自奥巴马竞选团队的邮件。发给辛克教授的邮件提出，希望他通过一种“全新的、极简单的”网络捐助工具捐助20美元；而发给他妻子的邮件则提出，希望她捐助25美元。邮件讲述了一则故事：一位61岁的祖母通过捐赠获得了与奥巴马总统共进晚餐的机会。为何自动化的“信息机器”给两人发送的邮件内容和募捐金额会有所不同？哪些因素造成了这种差异？“ProPublica”记者和辛克教授共同在推特上发起呼吁，邀请人们分享他们收到的邮件。最终，来自31个州的190人予以响应。分析发现，奥巴马竞选团队至少有6个不同的邮件版本，募捐要求从3美元到25美元不等。[①]

2012年7月，“ProPublica”启动“信息机器”项目，继续对其他竞选团队所进行的微观追踪进行调查。600名读者共提供了3万封电子邮件，随后，“ProPublica”记者使用TF-IDF算法、决策树(decision tree)、机器学习(machine learning)等技术对这些电

① BECKETT L，LARSON J.Reverse-engineering Obama's message machine[EB/OL].(2012-3-6)[2018-4-29]. https://www.propublica.org/article/reverse-engineering-obamas-message-machine.

子邮件进行了分析。①

分析结果显示，募捐历史是影响邮件内容呈现和募捐要求最主要的因素。图5-2展示了奥巴马、罗姆尼、民主党国会竞选委员会等发送的竞选募捐邮件。当鼠标移至某列柱形图上时，会自动显示各竞选团队发送邮件的日期、题目、版本数量等。橙色代表邮件内容多样化程度最高，灰色代表邮件内容多样化程度最低。根据“ProPublica”的调查，奥巴马竞选团队向一家数据公司支付了250万美元，罗姆尼竞选团队向另一家数据公司支付了1,300万美元（包括一些广告），从而实现针对选民的精准信息投放。

“ProPublica”有关“信息机器”的系列报道使用了“逆向工程”（reverse engineering）法来对算法进行“开箱”，即通过对“输入—输出”关系的不断检验来调查“信息机器”自动化运作的逻辑。其中，输入是指读者所提供的地理位置、募捐历史、社交账号等信息；输出则是读者最终收到的竞选邮件。没有众包，这一过程将无法展开，人们也无从了解美国政治竞选团队对投票者信息、数据的使用和“微观追踪”的程度。

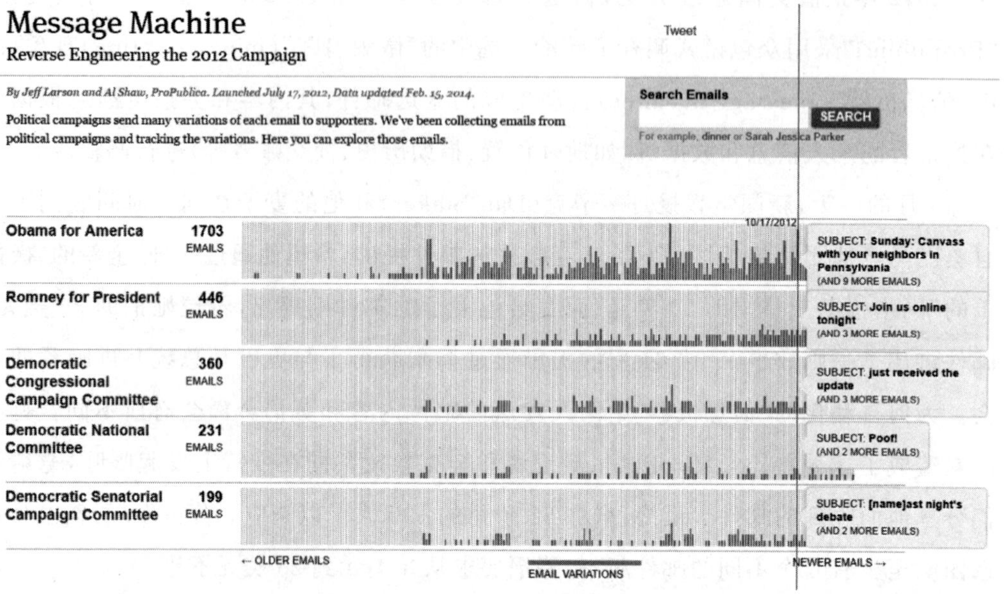

图 5-2 ProPublica 对美国总统竞选团队邮件的分析

① LARSON J.How ProPublica's Message Machine Reverse Engineers Political Microtargeting[EB/OL].(2012-10-18)[2018-4-29]. https://www.propublica.org/nerds/item/how-propublicas-message-machine-reverse-engineers-political-microtargeting.

第二节 作为人际交往主体的用户

一、“拟剧理论”的发展与嬗变

英国著名戏剧家威廉·莎士比亚(William Shakespeare)在戏剧《皆大欢喜》中说:“这个世界是一个舞台,我们都是演员。”300 多年后,美国社会学家欧文·戈夫曼(Erving Goffman)提出“拟剧理论”(dramaturgical theory),用以解释人与人之间的交往和互动。当戈夫曼的理论遇到新媒体时,会擦出什么样的火花呢?

在这一节内容中,我们首先简要回顾“拟剧理论”的起源、提出背景以及基本观点;其次介绍新媒体环境下“拟剧理论”的新发展,尤其是“前台/后台”和“给予/流露”这两组核心概念的新变化;最后,通过对“想象的受众”和“情境消解”这两组概念的梳理,介绍有关线上印象管理的代表性学术研究成果。

(一)“拟剧理论”的基本观点

“拟剧理论”是戈夫曼在《日常生活中的自我呈现》一书中提出的理论。该理论将日常生活中的人类行为解释为特定场景中的角色表演,将人与人之间的互动、实践比作戏剧演员相互配合演戏。根据该理论,个体需要向他人展示自己,以求被认可和接纳,且人们往往根据他人看待自己的方式,或者希望别人看待自己的方式,选择佩戴怎样的面具、扮演怎样的角色。这一过程又被称为“印象管理”(impression management)或“自我呈现”(self-presentation)。

戈夫曼的理论受到了美国生态心理学家罗杰·巴克(Roger Barker)提出的“行为情境”(behavior setting)概念的启发。为了回应 20 世纪初期盛行的行为主义,巴克认为大多数的行为并不能凭借个体层面的“刺激－回应”模式来解释,它们是由社会规范和特定情境下的目标来指导的。[①] 每一种特定的情境都有具体的规则和角色要求,个体会习惯性地根据具体情境来对自我呈现进行调整。例如,处在工作情境还是休闲情境,面对的是上级、同事还是家人、朋友,个体都将呈现出不同的自我。在接受严格审视(例如第一次约会或求职面试)的情况下,个体尤其能够意识到自己的表演行为。

---

① BARKER R G. Ecological psychology:concepts and methods for studying the environment of human behavior [M].Stanford,CA:Stanford University Press,1968.

（二）“拟剧理论”的关键概念

1.“前台”/“后台”

戈夫曼提出“前台”(front stage)和“后台”(back stage)的概念，用以区分不同的情境。根据他的划分，“前台”是指“个体表演中以一般和固定的方式有规律地为观察者定义情境的那一部分”，是“个人在表演期间有意无意使用的、标准的表达性装备”；而“后台”则是“表演者可以确信受众不会突然闯入的地方”。①

“前台”是面向受众公开的表演区域，人们在此按照既定的社会规范进行表演和印象管理；“后台”则是道具和剧目的藏身之处，是设计与排练的空间，是印象的制造之地。人们在这里调试设备、磨合演练、检查疏漏，直至登场。它是化妆间，同时也是卸妆间，回到“后台”的表演者可以放下道具、不说台词，甚至忘掉自己扮演的角色来打破常规、自我发挥。②

戈夫曼引用了法国女性主义理论家西蒙·德·波伏娃(Simone de Beauvoir)的论述，生动地描述了男性受众不在场时，女性的“后台”活动：“女人在男人面前总是在演戏，她会假装乐意接受那种无足轻重的地位，并以模仿、打扮和刻意的言辞在男人面前展示一种虚假的形象。如此装腔作势需要一种持续的紧张：当她和丈夫或情人在一起的时候，每个女人或多或少都会感到‘这真的不是我自己’。男人的世界粗犷豪放，轮廓清晰，棱角分明，男人的声音荡气回肠，男人的目光不加掩饰，相互接触也毛毛糙糙。然而，女人与其他女人在一起时，她就像是在幕后，她擦拭装备，但并不是要投入战斗；她归拢自己的服饰，准备梳妆打扮，谋划着自己的策略；在登台之前，她会穿着晨衣和拖鞋在舞台两侧悠闲踱步。她就喜欢这种温暖、闲适、轻松的氛围……对有些女人来说，她们之间这种温暖、亲密的关系要比和男人在一起时那种严肃的虚饰可爱多了。”③

2.“给予”/“流露”

根据戈夫曼的理论，在人们进行日常交往的过程中，主要有两种表演方式：一种是“给予”(gives)的表达，另一种则是“流露”(gives off)的表达。④ 前者使用语言等符号有意识地传递出“包装”和“整理”后的信息，后者则主要指个体无意识传递出的表情、

① 戈夫曼.日常生活中的自我呈现[M].冯钢，译.北京：北京大学出版社，2008.

② 周葆华.从“前台”到“后台”：新媒体技术环境下新闻业的“可视化”[J].传播与社会学刊，2013(25)：35-71.

③ 波伏娃.第二性[M].郑克鲁，译.纽约：艾尔弗雷德·克诺夫出版社，1953.

④ 戈夫曼.日常生活中的自我呈现[M].冯钢，译.北京：北京大学出版社，2008.

动作、神态等信号。“给予”有一种“前台”偏向，而“流露”则有一种“后台”偏向。

那么，媒介的使用是如何影响人们的表演方式的呢？美国传播学者约书亚·梅罗维茨(Joshua Meyrowitz)将戈夫曼提出的概念与媒介联系了起来，同时引入了麦克卢汉等媒介技术学派的思路，提出了一种新型的媒介效果作用机制——媒介技术通过改变情境进而改变人的行为。梅罗维茨提出，印刷媒介展示了经过修饰的、较正式的信息，而电子媒介更多地展示了自发的、即刻的、自然的信息。[①] 因此，手写或印刷的信息一般比通过电子手段传播的信息更加正式。

让我们通过回顾两个历史性的时刻来理解媒介技术对人们行为的影响。

1844 年 5 月 24 日，“电报之父”塞缪尔·莫尔斯(Samuel F.B. Morse)发出了世界上首条电报信息：“上帝创造了何等奇迹。”(What hath God wrought)

1876 年 3 月 10 日，“电话之父”亚历山大·格拉汉姆·贝尔(Alexander Graham Bell)发出了世界上首条电话信息：“沃森先生，到这儿来，我要见你。”(Mr. Watson, come here—I want to see you)

以上两条信息明显具有不同的前台/后台偏向。由此可见，以书信、电报、报纸等为代表的印刷媒介有助于“给予”，普通人或文字记者可以在发出信息前逐字斟酌、遣词造句，并对事实进行抽象化的凝练和概括；而以电话、广播、电视等为代表的电子媒介则限制了社会表演者的练习和准备时间，加强了“流露”。例如，在电视上举办的总统选举辩论不仅为观众呈现了参与者的政见和观点，也展现了他或她的小动作、表情、情绪、思考时的停顿等。

(三)新媒体环境下的“拟剧理论”

“所谓的媒介实践，关注的重点不仅是人们用媒介做什么，同时也关注媒介使人做了什么，形成了何种传播形态，并由此产生何种改变。”[②]新技术对人们的影响，往往发生在其可供性(affordance)上。“可供性”这一概念，来自美国心理学家詹姆斯·吉本森(James J. Gibson)，指人在特定场所行动的可能性，存在于人与环境之间经由人的感知所形成的特定关系中，[③]现多被应用于讨论信息技术所带来的行动可能性。新媒体，尤其是社交媒体渗透人们的日常生活的程度日益加深，使得人际传播呈现出中介化特征，并产生新的行动可能性(例如跨越时空的实时交流)。中介化是指社会交往和

---

① 梅罗维茨.消失的地域：电子媒介对社会行为的影响[M].肖志军，译.北京：清华大学出版社，2002.

② 黄旦.新报刊(媒介)史书写：范式的变更[J].新闻与传播研究，2015(12)：5-19.

③ GIBSON，J J.The ecological approach to visual perception[M].Boston，MA：Houghton Mifflin，1979.

关系经由中介而发生，并因此部分地受中介物件或机制所形塑的过程。[①]

新媒体将身处不同物理空间的人整合进共同的虚拟场景，人们的交往处于即时在线的状态。2002年，博客在中国横空出世，随后又相继出现开心网、校内网（后改名人人网）、豆瓣、微博、QQ空间、微信朋友圈等，十几年间涌现出丰富多样的社交媒体平台。《中国互联网络信息中心第42次报告》显示，排名前三的社交应用分别是微信朋友圈、QQ空间和微博，用户使用率分别达到86.9%、64.7%和42.1%。由此可见，计算机中介人际传播成为常态，社交应用的高使用率也引发了学者对线上印象管理的研究兴趣。

线上交往并不是线下交往的简单延伸，戈夫曼的"拟剧理论"被学者放置于新媒体环境下进行了重新清理和检验。牛津大学互联网学院的高级研究员伯尔尼·霍根（Bernie Hogan）的研究具有一定的代表性。他把人们的自我呈现区分为两种类型：一种是同步的"表演"（performance），另一种是异步的"展览"（exhibition）。[②] 他认为，"拟剧理论"阐述的主要是面对面进行的实时表演，而用户通过社交媒体进行的自我呈现（例如通过文字、照片或视频分享，以及头像设置、状态更新等）则被转化为数字内容储存在第三方平台上，供他人浏览、检索和分享。这十分类似于戏剧和电影的区别：前者是面对有形受众而进行的实时表演；后者则是面对摄像机进行的，且演员清楚地知晓他或她的表演会被剪辑、增加特效或重复播放。由数字内容构成的"展览"让用户拥有了更强的掌控力，实现了"给予"的强化和"流露"的弱化。

二、基于新媒体的自我呈现

如前所述，个体主要根据两个因素——受众（audience）和情境（context）——来对自我呈现进行调整。面对不同的受众，身处不同的情境，人们会采取不同的印象管理策略。然而，当使用新媒体进行人际交往时，受众变得模糊不清且难以确认（例如，当你发布一条微博，你无法确切知道哪些受众将看到它）。与此同时，过去、现在和将来，公共与私人，"天涯"和"比邻"之间的界限也都被打破，情境趋于消解。

在这种情况下，个体应当如何进行印象管理呢？基于社交媒体的印象管理又将呈现出哪些新特征？下文将通过对"想象的受众"（imagined audience）和"情境消解"（context collapse）这两个核心概念的梳理来帮助读者加深对以上问题的理解。

---

① 潘忠党."玩转我的 iPhone，搞掂我的世界！"：探讨新传媒技术应用中的"中介化"和"驯化"[J].苏州大学学报，2014(4)：153-162.

② HOGAN B.The presentation of self in the age of social media：distinguishing performances and exhibitions online[J]. Bulletin of Science，Technology & Society，2010，30(6)：377-86.

(一)"想象的受众"

在讨论"想象的受众"之前,让我们先来回顾戈夫曼提出的一个重要概念——"观众隔离"。观众隔离描述了这样一种现象,即当我们在面对一个或一群人进行自我呈现时,并不希望另一个或一群人毫无预兆地闯入。这些不速之客可能会打破既定的表演剧本,让我们手忙脚乱。那么,经由媒介进行的人际交往,如何实现观众隔离呢?答案是,当事人根据"想象的受众"来进行自我呈现。

梅罗维茨曾列举过这样一个案例:斯托克利·卡迈克尔(Stokely Carmichael)是20世纪60年代的公民运动领袖。在面对面进行演说时,他能够分别面对黑人和白人使用两种完全不同的修辞风格和内容来进行动员。然而,当卡迈克尔开始通过广播和电视面对大众进行演说时,他不得不做出选择来调整其修辞风格。在没有折中方案的情况下,他决定主要动员黑人受众,疏远白人受众。[①]

卡迈克尔的例子展现了"想象的受众"对个体表演行为的影响,这种影响已经得到了心理学实验的证实。加州大学圣巴巴拉分校心理系教授阿兰·弗莱德伦特(Alan Fridlund)曾做过这样一项实验,他召集4组参与者分别观看一部滑稽的录像带,其中,a组独自观看;b组独自观看,但被告知朋友在隔壁进行另一项活动;c组独自观看,但被告知朋友在隔壁观看同一部录影带;d组参与者和朋友一起观看。实验结果显示,c组和d组在观看录影带过程中比前两组笑得更多。[②] 实验表明,想象的受众和实际的受众都能对个体行为产生影响。

新媒体时代,普通人也开始面临和卡迈克尔相似的两难处境。社交媒体兼具人际传播和大众传播的特性,通过社交媒体添加的"好友"不仅包括亲人、朋友、同学,还有上级、同事、一面之交、陌生人等。《2017微信用户 & 生态研究报告》显示,微信关系链由强关系链条连接的家人、好友的范围,向弱关系联系的泛工作关系网络延伸,职业社交成为微信社交的重要一环。[③] 人们所获得的社交线索越模糊,就越需要依靠想象的受众来进行自我呈现。

在面对面交流的情况下,人们明确地知道受众是谁,且对方给予的实时反馈和不经意间的流露(例如表情、语调、衣着、动作、姿态)有时能够提供重要的交往线索。然

---

① 梅罗维茨.消失的地域:电子媒介对社会行为的影响[M].肖志军,译.北京:清华大学出版社,2002.

② FRIDLUND A J.Sociality of solitary smiling: potentiation by an implicit audience[J].Journal of Personality and Social Psychology,1991,60(2):229-40.

③ 企鹅智酷.2017微信用户 & 生态研究报告[EB/OL].(2017-4-24)[2018-4-29].http://tech.qq.com/a/20170424/004233.htm#p=1.

而在社交媒体上，受众的构成变得模糊不清，且社交线索可以被掩盖、粉饰或操纵，造成一种“线索被隐褪的环境”(cue-reduced environment)。无论是上传头像前的精心修图，还是发出信息前的仔细斟酌，自然状态下进行的实时交流变成了精心准备的表演。例如，研究发现，人们在社交媒体上公开的个人资料，包括列举的书籍、音乐、电影、电视剧等，都营造出一种“品位表演”(taste performance)的倾向，人们通过个人资料尤其想要传达身份的显赫、与众不同以及审美偏好，①因此想象的受众和实际的受众之间不可避免地存在着张力。

1.想象的/实际的受众之间的张力

尽管我们在使用社交媒体时主要依赖想象的受众来进行自我呈现，但结果却是实际的受众在屏幕另一端对我们的表演进行评价。想象的受众与实际的受众之间的不一致(misalignment)可能会在心理上、社会上和经济上产生一些影响，下面列举一些代表性案例。

2009年，加拿大魁北克省的娜塔莉·布兰查德女士(Nathalie Blanchard)的抑郁症伤残保险补贴忽然被中止，原因是保险公司看到她在脸书上发布了在海滩、酒吧等地嬉戏的照片。保险公司认为她不再具有抑郁症的症状，故而中止了保险补贴。国内也有类似的事件，《中国纪检监察报》报道了东部某市公安局副局长吴某因为在朋友圈发表不当言论而受到纪律处理的新闻。吴某在微信朋友圈转发了一篇文章，并发表评论否定“一国两制”。随后，其观点被大规模转发，在当地造成了恶劣影响。

无论是脸书还是微信朋友圈，上述案例中的当事人都把社交媒体视为私人空间，故而忽略了其媒体属性。经过数次转发后，信息传播的广度和深度都远远超出了当事人的预期。受众的范围越广，意味着有更多双眼睛会对信息发布者的过错进行评判。

2.影响想象的受众的因素

想象的受众与实际的受众之间的不一致会为个体或组织带来意想不到的负面影响。那么，哪些因素会影响人们对想象的受众的判断呢？学者伊登·利特(Eden Litt)对该问题进行了详细考察。利特借用了安东尼·吉登斯(Antony Giddens)有关结构(structure)和能动(agency)二重性的理论，指出想象的受众依赖于宏观因素(例如社会规范、角色、科技基础设施)和微观因素(例如动机、态度、社交技能、互联网技

---

① LIU H. Social network profiles as taste performances[J]. Journal of Computer-Mediated Communication, 2007, 13(1): 252-275.

能)的互相作用(图 5-3)。[①]

“我们在受制约中创造了制约我们的世界。”[②]“制约”指结构因素,而“创造”则是指能动因素。例如,在结构层面,不同的社交媒体有着不同的特性,包括隐私设置选项、信息流排序方式、受众反馈机制等,这些特性给予用户不同程度的控制力,帮助用户实现观众隔离。在能动层面,用户使用社交媒体的动机各不相同,有的把它视为广播媒介,有的则把它视为市场营销渠道、日记簿、社交媒体或新闻来源。[③] 持有不同动机的用户在进行自我呈现时,脑海中的受众构成也是有所不同的。

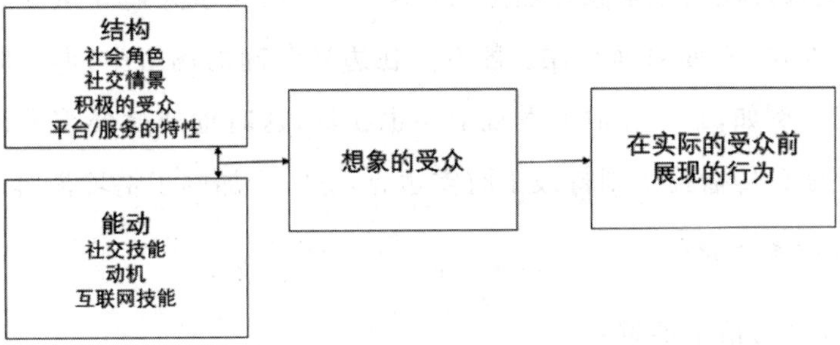

图 5-3　想象的受众的影响因素

(二)情境消解

根据彭博社的报道,截至 2015 年年中,脸书用户关于个人故事的原创分享逐年下降 21%,脸书将此归咎于情境消解。[④] 英国《卫报》也把情境消解一词列为读者 2015 年应该理解的重要网络概念之一。那么,什么是情境消解呢?情境消解是如何影响人们的线上交往的?

1.情境消解的定义

情境,对应的是英文“context”一词,也可以译作场景。两种翻译在中文里的含义有些许差异,其中场景更偏向于空间环境,而情境更多的是指行为情景或心理氛围。在此统一使用情境一词来涵盖有形和无形的交往环境。

情境有广义和狭义之分。在狭义上,传播情境指的是直接或间接影响特定的传播行

---

① LITT E.Knock,knock.who's there? the imagined audience[J].Journal of Broadcasting & Electronic Media,2012,56(3):330-45.

② 吉登斯.社会的构成:结构化理论大纲[M].李康,译.上海:生活 读书 新知三联书店,1998.

③ MARWICH A E,BOYD D.I Tweet honestly,I tweet passionately:twitter users,context collapse,and the imagined audience[J].New Media & Society,2011,13(1):114-33.

④ FRIER S.Facebook wants you to post more about yourself[EB/OL].(2016-4-8)[2017-12-29].http://www.bloomberg.com/news/articles/2016-04-07/Facebook-said-to-face-decline-in-people-posting-personal-content.

为的外部事物、条件或因素的总称，它包括进行具体的传播活动(如二人对话)的情境，如什么时间、什么地点、有无他人在场。例如，戈夫曼将行为区域描述为“任何在某种程度上都能感觉受到屏障限制的地方”。在广义上，传播情境也包括传播行为的参与人所处的群体、组织、制度、规范、语言、文化等较大的环境。[①] 情境暗含了某种规则和角色规范，为人们提供必不可少的交往线索。例如，葬礼上要求的行为与婚礼中要求的行为不同，晚会的规则与课堂的规则也不同，人们的行为需要与具体的情境相匹配。

2002 年，微软研究院社交媒体研究员丹娜·博伊德(Danah Boyd)提出了情境消解这一概念，用来描述当原本相互隔离的情境消解时，当事人需要重新评估什么是恰当的自我呈现方式。[②] 面对面交往一般发生在边界明确的场所中，但有时也会出现情境消解的情况。例如，某人在酒吧发现上司也在场，这时他或她便需要重新对情境进行评估。新型信息传播技术则打破了时空边界，进一步加剧了情境消解。

2.媒介与情境消解

(1)电子媒介与情境消解

博伊德提出情境消解这一概念时受到了梅罗维茨观点的启发。梅罗维茨在《消失的地域——电子媒介对社会行为的影响》(*No sense of place: the impact of electronic media on social behavior*)一书中开创性地把对有形情境的分析扩展到了对媒介传播形成的电子情境的分析中，并指出电子媒介越来越多地介入空间结构划分的情境中，跨越了以物质场所为基础的情境界限和定义。概而言之，电子媒介的发明及应用催生了具有新特性的电子媒介交往情境。

尽管梅罗维茨没有明确提出情境消解的概念，但是他有关建筑物的比喻已经反映了他对这一问题的深入思考：“设想一下，假如现实中用于分隔房间、办公室和住宅的许多墙壁突然消失或被移走，许多从前各自独立的情境一下子便被合并在了一起。在这种情况下，我们在私下和公开场合所展示的自我区别以及我们在不同情境中所展示的自我区别可能不会完全消失，但是它们肯定会发生变化。我们可能仍然试图在不同的人面前有不同的表现，但是我们区分这些境遇的能力会大大地降低。由于划分清晰的情境空间已不复存在，我们不可能在不同的情境中扮演截然不同的角色。”[③]

梅罗维茨的另一个理论贡献则是提出了“侧台”或“中台”的概念。他指出，新的媒

---

① 郭庆光.传播学教程[M].北京：中国人民大学出版社，2011.

② BOYD D.Faceted ID/entity：managing representation in a digital world[EB/OL].(2002-8-9)[2018-4-29]. http://www.danah.org/papers/Thesis.FacetedIdentity.pdf.

③ 梅罗维茨.消失的地域——电子媒介对社会行为的影响[M].肖志军，译.北京：清华大学出版社，2002.

介技术催生了混合情境以及该情境下前台/后台的边界移动。“侧台”行为既缺少“前台”行为的高度正式与规范，也并非传统“后台”行为的随意发挥。随着“侧台”的出现，原本前台/后台的某些部分将会变为更隐秘的“深后台”和更公开的“前前台”。例如，当广播中主持人谈论的成人话题(例如死亡、金钱、权力)或电视中出现的亲热镜头被一家子男女老少同时听到或看到时，这种混合情境也会催生新的自我呈现策略。电子媒介的出现使得角色表演的社会舞台进行了重新组合，并由此带来了人们对“恰当行为”观念的改变。

需要指出的是，“place”在此处的中文翻译是“地域”，然而，在梅罗维茨的论述中，“place”还包含有关角色、地理位置、等级的文化理解。电子媒介打破了物理空间和社会情境的传统关系，人们不再拥有传统意义上的位置，即“行为与物理环境及其观众相匹配”。在这里，电子媒介重新构筑了戈夫曼的“戏剧舞台”。

(2)新媒体与情境消解

与电子媒介“一对多”、单向的传播特性相比，以互联网为代表的新媒体使得“一对一”“一对多”“多对多”等更多样化的、及时互动的在线交往成为可能，实现了所有人面向所有人的传播。

博伊德把新媒体环境下的情境消解定义为：“由于缺少空间、社交、时间边界，使得人们难以维系分明的社交情境。”[①]她指出，线上的自我表达以及与他人的互动被转化为比特和数字内容，并具有以下四种特性：

持久性(persistence)：线上表达被自动记录和存档；

可复制性(replicability)：由比特构成的内容可以被复制；

规模性(scalability)：内容能够被很多潜在受众看到；

可检索性(searchability)：内容可以被检索到。

首先是持久性。社交媒体上记录了用户日常生活中的各种细枝末节：去过哪个餐馆，到过哪个地方旅游，喜欢看什么书籍、听什么歌曲，某年生日和谁一起度过等。面对面交往具有转瞬即逝的特点，而数字内容的持久性有助于帮助人们保存记忆，形成“数字档案”。与此同时，这也使得当下发布的内容可能会受到未来受众的品头论足。

① BOYD D. Social network sites as networked publics: affordances, dynamics and implications[M]//PAPACHARISSI Z (Eds.). A networked self: identity, community and culture on social network sites. New York and London: Routledge, 2011.

想象一下，当你得知学生时期通过朋友圈发布的内容在20年后会被未来的子女看到时，你还会依据此时此刻对情境和受众的判断来进行自我呈现吗？因此，可以认为，数字技术让“无时无刻”代替了“此时此刻”。

其次是可复制性。印刷术改变了传统的书写方式，使得信息的大批量复制成为可能，并大大提升了信息的生产、传播和流通的效率。人们通过技术手段获得了越来越多的复制文本、图片、音视频等。然而，比特的可复制性也使得人们无法轻易区分哪些是原始信息，哪些是复制后的信息。

规模性和可复制性是相辅相成的，可复制性使当事人无法完全掌控其发布信息的传播规模。例如，当事人删除的一条信息可能被有心人截图保存并二次发布，截图、复制、转发，几个简单的操作就改变了原始内容的传播范围。但并非所有人发布的信息都能被大范围传播，规模性仅意味着有被大范围传播的可能。例如，明星的“秒删”常常受到粉丝的关注；普通人也会因为偶然性事件被推到舆论的风口浪尖，以往发布的信息被重新找出。大多数人在使用社交媒体时，会认为其发布信息的传播范围是有界限的(bounded)。

最后是可检索性。长久以来，书籍管理员、信息专家都致力于寻求更简单、更便捷的技术来获取信息，搜索引擎则从根本上改变了人们的信息获取方式。随着科技的不断进步和发展，个体在互联网上的一举一动都会留下数据痕迹，这些数据经过处理和挖掘，将形成具有鲜明个性的数据链，从而实现他人对个体的识别和认知。搜索引擎让“大海捞针”在顷刻间完成，也让个体越来越“无所遁形”。

3.情境消解的应对策略

如前所述，无论是现实生活中面对面的交往情境，还是电子媒介环境下的交往情境，抑或是互联网人际传播情境，它们都具有某种程度的可消解性，只是与其他情境相比，其情境更具有渗透力(porous)。[①] 互联网环境下的线上交往情境具有高程度的可消解性，换言之，情境消解已成为人们线上交往的常态。一方面，普通民众经常性地面临和卡迈克尔相似的两难处境；另一方面，情境消解也对公众人物、政府官员等的言行提出了更高的要求。

(1)个体的情境消解应对策略

面对情境消解，不同个体往往采取不同的应对策略。学者霍根认为，人们在情境

① DAVIS J L, JURGENSON N. Context collapse: theorizing context collusions and collisions[J]. Information, Communication & Society, 2014, 17(4): 476-85.

消解的情况下会进行自我审查，即个体倾向于选择仅发布那些“保险”的、对所有观众来说都恰当的内容。他把这一现象称为“最小公分母”(the lowest common denominator)原则，①我们也可以用网络化语言将该原则表述为“人畜无害”。

尽管“最小公分母”原则可以解释日常线上人际交往的某些情况，然而，一些实证研究却得出了与此原则相矛盾的结果。美国马里兰大学助理教授杰西卡·维塔克(Jessica Vitak)通过研究发现，随着线上好友数量和多样化程度的增加和提高，用户并没有如霍根预测的那样减少线上表达。其原因在于，一定程度的自我表露能够帮助用户获取更多的桥接型社会资本。② 总体而言，个体应对情境消解所采取的应对策略依赖于多种因素，包括用户的好友规模及构成(network composition)、社交资本(social capital)、社交媒体隐私设置(SNSs’privacy settings)以及用户的隐私保护关切程度(privacy concerns)等。

由此可见，情境消解并非只造成自我呈现的混乱和无所适从，它还能够在一定程度上促进自我展示，为社交圈的构建提供便利，从而使得用户获取更多的新信息和社会资本。在此背景之下，学者把情境消解分为两种类型：情境共谋(context collusions)和情境碰撞(context collisions)，前者是个体有意而为之，后者则是个体无意识的、未预料到的消解。③ 情境共谋是指个体有意把各类社交情景扁平化到同一个平台，从而获得便利。如婚礼就是较常见的情境共谋场合，新人的家人、朋友、远房亲戚、同事等全都聚集在一起；而情境碰撞则描述意料之外的“闯入”及其造成的混乱。

(2)公众人物的情境消解应对策略

随着互联网和新媒体的发展，政务微博已经成为各级党委政府、人民团体、企事业单位联系人民群众、宣传工作、读取民意、与群众沟通交流的重要平台。截至 2017 年年底，经过微博平台认证的政务微博达到了 173，569个。④ 在规模持续扩大的同时，也涌现出政务微博个人化、情绪化等问题，对政府公信力造成了负面影响。

例如，2017 年 2 月 25 日，国家旅游局宣布对云南丽江古城景区等 3 家 5A 级旅游景区给予严重警告处理决定，限期 6 个月整改。当天下午，经认证的丽江古城区委宣

---

① HOGAN B.The presentation of self in the age of social media：distinguishing performances and exhibitions online[J].Bulletin of Science，Technology & Society，2010，30(6)：377-86.

② VITAK J.the impact of context collapse and privacy on social network site disclosures[J].Journal of Broadcasting & Electronic Media，2012，56(4)：451-70.

③ DAVIS J L，JURGENSON N.Context collapse：theorizing context collusions and collisions[J].Information，Communication & Society，2014，17(4)：476-85.

④ 人民网.2016 年人民日报政务指数微博影响力报告[EB/OL].(2017-1-19)[2018-4-29].http：//yuqing.people.com.cn/n1/2017/0119/c209043-29036185.html

传部官方微博“古宣发布”就相关消息与微博网友互动时发表不当言论：“你最好永远别来！有你不多无你不少！”同年 3 月，针对山东省聊城冠县发生的“辱母杀人案”，济南市公安局官方微博“济南公安”发布了“世事多奇葩，毛驴怼大巴”的言论，怒怼网友（见图 5-4）。

图 5-4 政务微博截图

以上政务微博在发布内容时加入了个人情绪和价值判断，运营过于个人化、情绪化，忽略了平台发布所具有的公共属性。如果信息发布发生在边界明确的物理场所下（例如新闻发布会现场），当事人也许能更清楚地意识到其公共职责。情境消解对公众人物、政府官员等的言行提出了更高的要求，应对不当会造成不可估量的负面结果。

在当今的传播环境之下，任何个人、团体、组织的新闻行为，特别是新闻传播行为，已经在很大程度上成为社会化、公共化的行为，新闻传播实际或者潜在的影响不再局限于狭小的空间范围、简单的个人与个人之中。今天的社会，就是一个私人领域不断缩小、公共领域不断扩大的社会，每一个社会个体的身份、角色，都在新的传播环境中被实际地公共化、公众化，这意味着每个人都必须拥有公共精神，承担必要的社会公共责任。[①]

---

① 杨保军.新闻道德论[M].北京：中国人民大学出版社，2010.

本章小结：

1.众包新闻为公民新闻的发展提供了助力。新闻从业者从“把关人”变成“促进者”，通过网络的连接把受众变成内容的共同生产者。

2.戈夫曼、梅罗维茨、博伊德分别讨论了面对面交往、电子媒介环境以及新媒体环境下的自我呈现。

3.想象的受众和实际的受众之间的不一致，会给心理上、社会上和经济上造成影响。

4.相较于面对面交往，线上自我呈现具有4个特性：持久性、可复制性、规模性和可检索性，这些特性造成了“给予”的强化和“流露”的弱化。

关键术语：

1.众包新闻：通过有针对性的、公开的呼吁，邀请特定人群贡献他们的知识、个人经历、资料等，参与报道任务(包括新闻采集、数据搜集和分析)。

2.可供性：指人在特定场所行动的可能性，存在于人与环境之间、经由人的感知所形成的特定关系，现多被应用于讨论信息技术所带来的行动可能性。

3.中介化：社会交往和关系经由中介而发生，并因此部分地受到中介物件或机制形塑的过程。

4.情境消解：由于缺少空间、社交、时间边界，使得人们难以维系分明的社交情境。

思考与研讨题：

第一节

1.众包新闻和公民新闻有什么区别和联系？

2.你如何理解新闻众包？新闻众包在实际操作中有什么优势和问题？（中山大学2017年考研真题）

第二节

1.在社交媒体语境下，分析欧文·戈夫曼的拟剧理论。（复旦大学2017年考研真题）

2.哪些因素会造成想象的受众与实际的受众不一致？

3.简述梅罗维茨的“媒介情境论”。（中国传媒大学2016年考研真题）

4.你主要采用什么策略来应对情境消解？出于何种考虑？

■延伸阅读：

书籍：

1.戈夫曼.日常生活中的自我呈现[M].冯钢，译.北京：北京大学出版社，2008.

2.斯丹迪奇.从莎草纸到互联网：社交媒体2000年[M].林华，译.北京：中信出版社，2015.

3.梅罗维茨.消失的地域：电子媒介对社会行为的影响[M].肖志军，译.北京：清华大学出版社，2002.

4.PAPACHARISSI Z.A networked self：identity，community and culture on social network sites[M].New York：Routledge，2011.

论文：

1.董晨宇，丁依然.当戈夫曼遇到互联网：社交媒体中的自我呈现与表演[J].新闻与写作，2018(1).

2.HOGAN B.The presentation of self in the age of social media：distinguishing performances and exhibitions online[J].Bulletin of Science，Technology & Society，2010，30(6).

3.LITT E.Knock，knock.who's there? the imagined audience[J].Journal of Broadcasting & Electronic Media，2012，56(3).

4.VITAK J.The impact of context collapse and privacy on social network site disclosures[J].Journal of Broadcasting & Electronic Media，2012，56(4).

第六章 新媒体传播效果研究

▶**章节大纲：**

1.媒介效果是指媒介对用户认知、情感、态度、行为等方面的影响。

2.媒介效果研究大致经历了6个发展阶段：说服理论、积极受众理论、社会情境理论、社会与媒体理论、解释性效果理论和新媒体理论。

3.理解新媒体的特性有7个关键概念：互动性、时间结构、移动性、社交线索、可储存性、可复制性和到达范围。

▶**章节内容：**

本章讨论"5W"要素中的"效果研究"(with what effects)，共分为两节内容。第一节介绍媒介效果研究的6个发展阶段，重点关注每个阶段的研究对之前研究阶段的继承与发展，以及对社会的、文化的、结构的条件和认知机制所发挥的作用。

媒介效果研究需要"考察媒介自身的各个维度"，因此第二节介绍了理解新媒体的7个关键概念，包括互动性、时间结构、移动性、社交线索、可储存性、可复制性和到达范围。通过对这7个概念的梳理，可以帮助读者更好的理解大众媒介效果研究和新媒体效果研究的异同。

第一节 媒介效果研究的发展历程

媒介效果是指媒介对用户认知、情感、态度、行为等方面的影响。很多经典教材将媒介效果研究分为3个阶段：20世纪30—50年代的"魔弹论"(magic bullet theory)或"皮下注射论"(hypodermic effects theory)，20世纪50—60年代的有限效果模式(minimal effects model)和20世纪70年代至今的中度效果模式(moderate effects model)。这种“强—弱—强”的“三阶段论”对于传播学入门者来说也许是有益的，但其存在的两个弊端值得注意。

其一，对媒介效果强弱争论不休的学术争议，不利于学术研究的积累和发展；其二，“三阶段论”主要是对20世纪90年代以前的媒介效果研究的理论总结，无法揭示新媒体时代的研究进展。例如，议程设置理论的提出者之一麦克斯韦尔·麦库姆斯(Maxwell McCombs)就强调，“当今，互联网是媒介效果研究的新前沿(new frontier)”。

鉴于此，本书将介绍密歇根大学学者拉塞尔·纽曼(Russell Neuman)和劳伦·古根海姆(Lauren Guggenheim)发表的一项研究。两位学者系统分析了近50年来有关媒介效果研究的各种理论，通过对20,736篇学术文章的梳理和分析(见图6-1)，将媒介效果研究分为以下6个发展阶段：说服理论、积极受众理论、社会情境理论、社会与媒体理论、解释性效果理论和新媒体理论。[①] 本节将对这6个发展阶段的代表性理论分别进行介绍。

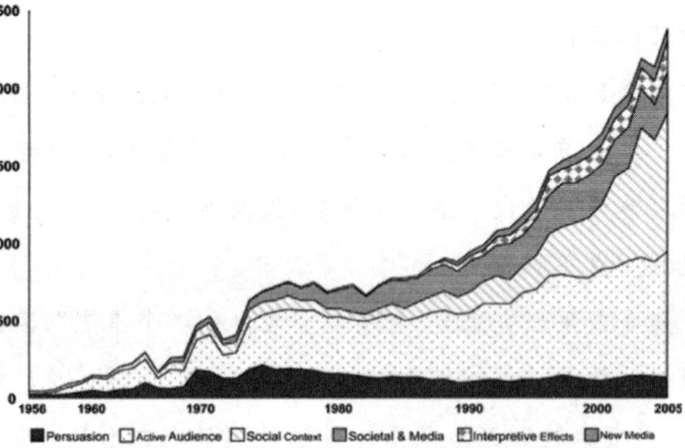

图 6-1 媒介效果研究各个阶段的论文发表数量

一、说服理论(persuasion theories)：1944—1963年

说服理论，又称子弹论或皮下注射理论，是研究传播效果初级阶段的产物。在这个阶段，大众报刊快速普及，电影、广播等新的电子媒介也纷纷登场，大众传媒日益渗透到人们生活、消费、娱乐等方方面面。该理论的核心观点是：大众媒介具有强大的说

---

① NEUMAN W R, GUGGENHEIM L. The evolution of media effects theory: a six-stage model of cumulative research[J]. Communication Theory, 2011, 21(2): 169-196.

服力，大众十分脆弱且毫无抵抗力，因此媒介信息一经发出，便被大众全盘接收，就像有刺激就有反应一般即刻产生传播效果。

该阶段的代表性研究是哈罗德·拉斯韦尔(Harold Lasswell)的《世界大战中的宣传技巧》。拉斯韦尔所采用的研究方法主要是针对世界大战宣传内容所做的内容分析，并未针对传播效果做阅听人分析。在他的研究中，一方是权力强大的政府，另一方是被动的、原子化的、缺乏独立信息来源的大众，大众媒介宣传被他称为"现代世界最有力的工具之一"。他对阅听人的假设停留在当时盛行的本能心理学的"刺激－反应假设"(instinctive S-R model)阶段。

除了受到本能心理学的影响之外，"子弹论"的另一个重要产生背景是大众社会理论的盛行。该理论认为，相对于传统社会，新型工业社会不再因地缘、血缘、职业或传统文化观念而维系在一起，都市化和工业化使得传统社会解体，现代人变得无根、漂泊和疏离。因此，大众社会理论者认为现代人易沦为媒介宣传的牺牲品。美国学者梅尔文·德弗勒(Melvin L. DeFleur)指出，"子弹论"以本能的"刺激－反应"论和媒介效力强大的信念为基础，再加上"相互隔绝、孤立无援"的受众观，其结果也就必然会得出大众成员可以被媒介所"左右"的结论。[①]

值得说明的是，本小节标题中的"1944 年－1963 年"并非是说服研究的起始年和终止年，而是纽曼和古根海姆两位研究者根据重要文献的发表情况归纳出的媒介效果研究的第一个发展阶段。媒介效果研究一般认为始于 20 世纪 30 年代的佩恩基金研究，随后包括了"二战"前及"二战"期间进行的普林斯顿广播研究项目(包括"火星入侵地球"广播恐慌反应研究、日间广播连续剧研究等经典研究)和美国士兵电影说服实验研究等。被奉为"传播学之父"的威尔伯·施拉姆(Wilbur Lang Schramm)正是在一系列效果研究的基础之上创立了传播学学科。

二、积极受众理论(active audience theories):1944－1986 年

和上一个阶段相比，积极受众理论不再把受众视为"铁板一块"，而开始关注个体的动机(motivation)、心理倾向(psychological orientations)等因素对传播效果的影响。属于该范畴的理论包括使用与满足理论(uses and gratifications)、准社会交往理论(parasocial theory)、有限效果理论(minimal effects)、认知失调理论(cognitive dis-

① 德弗勒，鲍尔-洛基奇.大众传播学诸论[M].杜力平，译.北京：新华出版社，1990.

sonance)、推敲可能性模式(elaboration likelihood model)等。[①] 在一些情况下,这些心理倾向可能会减弱传播效果(如有限效果理论);而在另一些情况下,受众的心理倾向则会增强潜在的传播效果(如准社会交往理论)。

(一)有限效果模式

有限效果模式是由哥伦比亚大学社会学教授约瑟夫·克拉帕(Joseph Klapper)综合了1940—1960年之间1,000个以上的传播研究所得到的结论,即大众传播通常并不能成为阅听人效果的必要或充分原因,它必须透过许多其他的中介因素(如阅听人各种选择性的记忆、理解和接收等)来发挥作用。[②]

学者认为媒介效果之所以有限,是因为传播效果不应从媒介传递的信息直接做出推论(例如拉斯维尔对宣传内容所作的内容分析),而应从阅听人的差异来证实传播效果的有无。例如,拉扎斯菲尔德等学者在《人民的选择》中指出,受众并不是不加区分地对待任何传播内容,而是更倾向于"选择"那些与自己的既有立场、态度一致或接近的内容,而对与此对立或冲突的内容则表现出回避的倾向,这个结论被称为"选择性接触假说"。有限效果论中对阅听人选择机制的重视,代表着上一个阶段的"刺激—反应"模式已经过时。

(二)准社会交往理论

准社会交往这一概念最初由两位心理学家霍顿和沃尔于1956年在《精神病学》杂志上的一篇论文中提出,意指受众将大众传媒,特别是将电视中的人物当作真实人物并做出反应。在准社会交往中,受众所"交往"的传媒人物既可以是节目主持人或新闻播音员,也可以是虚构人物,甚至能以非人类的形式(如卡通人物)存在,但受众仍像面对面交往那样做出认知和情绪反应。[③]

关于受众准社会交往的动机和能力,有两种代表性的理论解释。第一种是缺陷范式(deficiency paradigm),第二种是通用范式(global use paradigm)。早期的研究者倾向于"缺陷论"的观点,认为准社会交往源于环境因素(如社会地位、物质资源、能否获得交往伙伴)与人格特征(如移情水平、外倾性和情绪稳定性)的结合。特定的环境或

---

① BAUER R A.The obstinate audience[J].American Psychologist,1964,19:319-328.

② KLAPPER J T. The effects of mass communication[M]. New York:Free Press,1960.

③ HORTON D,WOHL R R.Mass communication and para-social interaction:observations on intimacy at a distance[J].Psychiatry,1956,19(3):215-229.

人格条件通常导致其社会生活在一定程度上被剥夺,被剥夺的生活反过来又迫使个体(例如孤独者)与电视中的人物建立替代性的关系。这类个体倾向于将传媒材料仪式化,并用其消磨时间,而不是从传媒材料中获取信息或进行娱乐。

20 世纪 80 年代后期,通用范式的观点开始为越来越多的传播学者所接受。通用范式认为,准社会交往来源于受众跟传媒人物更普遍的情感联结过程,而不是出于寻求补偿。而且,受众跟传媒人物的准社会交往与面对面的交往渠道并不是互相排斥的,而是相互补充以更好地满足人们的交往需要。①

通过上述两种代表性理论可以发现,积极受众理论和说服理论一样,仍然聚焦于信息对原子化个体(atomized individuals)的影响或效果。尽管受众的动机、心理倾向、人格特质等因素开始被纳入考量范围,但是个体在社会结构或社会组织中所处的位置仍未受到重视,而这正是下一个阶段的社会情境理论所致力研究的内容。

三、社会情境理论(social context theories):1955—1983 年

社会情境理论主要关注受众所处的社会情境,以及社会群体中的其他人如何感知信息。经典的两级传播理论模式(two-step flow)、知沟理论(knowledge gap)、沉默的螺旋理论(spiral of silence)、创新扩散理论(diffusion theory)、第三人效果理论(third person effect)等都属于社会情境理论的范畴。

例如,拉扎斯菲尔德提出的"两级传播"概念以及埃弗雷特·罗杰斯(Everett M. Rogers)随后提出的"多级传播"概念都强调了意义建构的社会嵌入(social embeddedness),即个体依赖社交线索和人际交谈来解读复杂的媒介信息;创新扩散理论、知沟理论则关注新的思想、意见、行为方式是否会随着时间的推移在不同的社会阶层中渗透;沉默的螺旋理论、第三人效果理论则关注个体对其他社会成员的可说服度、信念等的认知。学者郭庆光主编的《传播学教程》已经对上述经典理论做了详细介绍,在此仅以第三人效果理论为例,加深读者对社会情境理论的理解。

1983 年,菲利普·戴维森(W. Phillips Davison)在其撰写的《传播中的第三人效果》一文中提出了第三人效果假说,②他用一个发生在第二次世界大战期间的故事来说明第三人效果。在"二战"期间,日本军方发现在太平洋的一个小岛上,有一支由白人军官和黑人士兵组成的美国军队,于是日本便对该小岛空投大量传单。传单中强调

① 方建移.传播心理学[M].杭州:浙江教育出版社,2016.

② DAVISON W P.The third-person effect in communication[J].Public Opinion Quarterly,1983,47(1):1-15.

"这是一场白人的战争,日本与有色人种并无过节",劝告黑人士兵"不必为了白人付出生命,应找机会投降或逃亡"。在日本空投传单的第二天,小岛上的美军就撤退了。当时的研究者发现,这些传单对美国的黑人士兵并未产生太大影响,但却使得白人军官担心黑人士兵受到传单的鼓动而选择逃亡,因而决定撤军。

戴维森认为,人们倾向于高估媒介内容对于他人的认知、态度与行为的影响,或低估媒介内容对自己的影响,他把这种现象称为第三人效果假设。他指出,人们认为传播媒介并不会对"我"(第一人)或者"你"(第二人)产生最大影响,而会对"他们"(第三人)产生最大的影响。

第三人效果假设为媒介效果研究提供了独特的理论视角,因为过去的媒介效果研究大多关注"媒介对个人信念的效果"(media effects on individual's belief),而第三人效果研究则关注"个人对媒介效果的信念"(individual's belief about media effects)。也就是说,过去的媒介效果研究大多聚焦于探讨大众媒介内容对阅听人所产生的直接效果,而第三人效果研究则特别关注阅听人认为媒介内容可能对他人的认知所产生的间接影响。

由此可见,以第三人效果理论为代表的社会情境理论不再将受众视为原子化的、孤立的个体,而将受众视为隶属于某一群体、组织或机构的社会成员,成员之间进行的信息交流和互动影响着媒介效果的发挥。社会情境理论从社会结构(social-structural)的视角(即人的社会角色、社会互动关系的角色)出发,研究传播过程,并在此过程中深挖媒介产生的传播效果。

四、社会与媒体理论(societal and media theories):1933—1978 年

顾名思义,社会与媒体理论主要关注传播过程所处的社会背景(如政治、制度背景),以及媒介所带来的长期的、潜移默化的影响。属于该范畴的理论包括培养理论(cultivation analysis)、麦克卢汉的媒介理论、葛兰西的霸权理论(hegemony)、哈贝马斯的公共领域理论(public sphere)。在此以培养理论为例,加深读者对社会与媒体理论的理解。

培养理论,又称"培养分析"或"教化分析""涵化分析",是美国学者乔治·格伯纳(George Gerbner)及其同事所从事的一系列针对电视的研究。20 世纪 60 年代,美国社会的暴力和犯罪问题十分严重,因而格伯纳等人被政府委托开展有关电视暴力节目的内容及其影响的研究。

格伯纳等学者一方面长期收集并分析电视暴力节目的内容，另一方面则从事阅听人观念、意见、态度等的调查。他们发表了一系列文章，指出电视的"培养"效果，即看电视越多者，其对现实世界的认知就越与电视所呈现的世界相符合。因此，暴力节目看得越多的阅听人，通常也认为现实生活中的暴力越多，也越关切暴力犯罪的问题。[①] 换言之，经常接触媒介的人会把鲜明的、反复出现的媒介内容储存在记忆里，当他们需要对真实世界做出判断时，便会误认为媒介内容中的情节与真实世界的情形类似。

电视不仅是人们重要的消息来源，而且形塑及引领着社会的风潮与走向。电视甚至一度取代父母、教堂及学校，成为影响儿童观察与学习最重要的社会机制之一。在小孩出生后，电视立即提供了一个完整的符号环境，它所展示的知识、社会动态、品位、倾向，是其他媒介及社会机制难以企及的。[②] 格伯纳等人认为，电视节目往往以权威的方式呈现生活的各种面貌，不仅描述人、地、事物，也呈现善恶、喜悲、强弱，并界定人们对成功与失败的看法。电视是既有观念与秩序的集散地，同时也维护、扩张传统的观念、信仰与行为。简言之，电视是解释世界、形塑社会观点最重要的媒介形态。

和以往关注即刻、短期的媒介效果所不同，培养理论从长期、累积的角度来探讨媒介效果，认为媒介效果是一个长期的涵化过程(a cultivation process)，就像培育植物一样，媒介以潜移默化的方式对受众施加影响。

五、解释效果理论(interpretive effects theories)：1972—1987 年

解释效果理论不再仅进行态度转变的相关研究，而开始关注媒介接触对议题的显著性(salience)、解释和认知的影响。属于该范畴的理论主要包括以下 3 类：议程设置理论(agenda-setting theory)、启动理论(priming theory)和框架理论(framing theory)。

一般认为，1972 年麦克斯韦尔 · 麦库姆斯(Maxwell McCombs)和唐纳德 · 肖(Donald Shaw)发表的《大众传媒的议程设置功能》一文，标志着议程设置理论的正式出现。议程设置理论的基本内涵是，大众传媒对某些议题特别的报道倾向和力度将影响人们对这些问题的关注和认知。该理论扭转了之前大众传媒研究领域探讨态度转变的传统，将研究视角转向认知层面，是传播效果研究开始进入新发展时期的重要标志之一。

---

① GERBNER G & GROSS L.Living with television：the violence profile[J]. Journal of Communication，1976，26(2)：172-199.

② GERBNER G. Epilogue：advancing on the path of righteousness (Maybe)[M]//SIGNORIELLI N & MORGAN M (Eds.).Cultivation analysis：new directions in media effects research.Berkeley Hill，CA：Sage，1990.

启动效应理论出现于20世纪80年代后的大众传播效果研究领域，以艾英戈和金德的研究为代表。学者发现，“媒介对特定议题的强调不仅可以提高这些议题的显著度，而且还可以调动人们记忆中以前得到的与此相关的信息，然后这些信息就被个人、团体或机构用于形成与议题有关的意见”。这种通过平时积累，并且在接收信息时调动既存信息储备以支持当前意见和观点的心理准备过程就是启动。它能够引起人们对政治活动某些方面的注意力并抢占其他方面的注意力，从而为媒介设置某种政治判断和政治选择提供现实条件。[①]

不同于议程设置理论，框架理论并非源自传播学研究领域，其理论渊源最远可以追溯至心理学和社会学。20世纪80年代后，框架理论开始进入新闻传播学领域。根据学者罗伯特·恩特曼(Robert M. Entman)的观点，新闻传播领域的框架构建具体指这样一种过程：“人们选择感知事实的某些部分，并将它们凸显在传播的文本中，通过这种方式传达关于被描述对象对某种问题的定义、因果解释、道德判断以及处理建议。”[②]这基本概括了框架理论的基本内涵。

六、新媒体理论(new media theories)：1996年至今

以上围绕大众媒介所展开的理论在新媒体语境下还适用吗？新媒体的介入、采纳和使用产生了哪些新的议题？是否产生了“新的效果”？这些都是新媒体理论所关注的问题。新媒体理论阶段主要研究人机互动(human computer interaction)、计算机中介传播(computer-mediated communication)等议题。

综上所述，媒介效果理论从最初的单一模式——说服研究，不断地积累和增加新的分析因素，包括受众的动机和倾向(积极受众理论)、大众传播过程所处的社会背景(社会情境理论)、传播渠道的技术特征以及传播的政治、制度背景(社会与媒体理论)，以及媒介信息对显著性(salience)、观点和信念的影响(解释性效果理论)。而新媒体研究的迅速增长，也在不断加深我们对媒介效果的理解。

因此，放之四海而皆准的媒介效果并不存在；相反，围绕媒介效果的核心问题应是：“有关何种议题的何种传播，在何种条件下引起了何种人的关注，产生了何种效果”(What kinds of communication on what kinds of issues, brought to the attention of what

---

① 李莉，张咏华.框架构建、议程设置和启动效应研究新视野：基于对2007年3月美国《传播学杂志》特刊的探讨[J].国际新闻界，2008(3)：5-9.

② ENTMAN R M.Framing：toward clarification of a fractured paradigm[J].Journal of Communication，1993，43(4)：51-58.

kinds of people under what kinds of conditions have what kinds of effects)[①]。

总而言之，我们看到的不是简单的“强效果说”或“有限效果说”，而是日益复杂的、更加有层次的理论或模式。这些理论由一系列社会的、文化的、结构的条件和认知机制构成，帮助我们理解信息如何影响（或不影响）受众的信念和观点。

第二节 新媒体效果研究

拉扎斯菲尔德曾在1948年的一篇题为《传播研究与社会心理学家》的论文中对“媒介效果”的研究范围进行了归纳和梳理：“我们必须考察媒介自身的各个维度。我们也许是在考察科教片的技术特征，也许会对某篇杂志的文章或某个广播节目的影响感兴趣，也有可能考察由英国政府控制和由美国企业控制等不同的广播体制所产生的影响，更一般地，我们可能会考察诸如电视等新技术的影响。”[②]因此，在讨论新媒体效果研究之前，首先需要考察新媒体“自身的各个维度”。

一、理解新媒体的七个关键概念

美国学者南希·贝姆(Nancy Baym)使用七个概念来解析新媒体传播与大众传播(mass communication)、面对面人际传播(face-to-face communication)之间的联系与区别，它们分别是互动性(interactivity)、时间结构(temporal structure)、移动性(mobility)、社交线索(social cues)、可储存性(storage)、可复制性(replicability)以及到达范围(reach)。[③]

(一)互动性

互动性是指“某种媒介能够促进个人或群体之间进行社会交互的能力”。所谓互动，最起码要有两方参与，单单一人拥有或使用传播手段是无法互动的。大众媒体所进行的是一种单向的、线性的传播，受众只能被动地接收信息，其表达个人意

① VALKENBURG P M, PETER J. Five challenges for the future of media-effects research[J]. International Journal of Communication, 2013, 7(1): 197-215.

② LAZARSFELD P F. Communication Research and the Social Psychologist[M]//DENIS W (Eds.). Current trends in social psychology. Pittsburgh: University of Pittsburgh Press, 1948.

③ BAYM N. Personal connections in the digital age[M]. Cambridge: Polity Press, 2010.

见、评论、观点的渠道非常有限(例如电视台的观众热线电话、报纸的读者来信),且常常滞后。

新媒体具有高度的互动性,打破了原先信息封闭和信息不对称的状态,让个体拥有了更多的讨论权,传者和受者之间的界限日益模糊。“受众”一词已经不足以概括新的传播实践了,很多学者转而使用“用户”一词。例如,Web2.0时代风行的UGC正是在此含义上发展而来的,新媒体的高度互动性带动了传统的“媒介—受众”关系研究向“新媒介—用户”关系研究的转变。

由此可见,从16世纪的印刷术到20世纪的广播电视技术,再到目前的电子通信技术,这些传播科技代表着人们经历了从被动地接收信息到主动地利用信息,再到有意识地制造和传播信息的过程。媒体不断地创新,为所有人提供了话语空间,特别是信息时代的每一个人都可以在信息传播渠道中发出声音,产生影响力。

(二)时间结构

新的信息传播与通信技术同样改变了时间结构。一种是同步传播(synchronous communication),例如面对面对话、通电话或即时通信,一般而言是实时进行的传播活动;另一种是异步传播(asynchronous communication),例如电子邮件、语音信箱等,信息传播存在着时间间隔。同步传播的优势在于打破了原有的地域限制,让即时信息交流成为可能;异步传播则缓解了即时回应的焦虑,人们能够更加策略性地进行印象管理。

新媒体对时间结构的影响在于,它同时融合了同步传播和异步传播,空间被极度压缩,交往速度越来越快。它打破了原有时间和地域的限制,空间的极度压缩使每个人所处的现实位置变得无关紧要,地域、场景等空间的真实存在被逐渐淡化,身体的存在位置已经不再是决定群体是否有共同经历的前提。在越来越多的事件中,身体可能是缺位的,但是人们却可以享有共同的体验。新媒体将身处不同物理空间的人整合进共同的虚拟场景中,使得处于相同空间的人可以分离在不同的场景中,社会交往的线性模式被打破。但同时,新媒体对传播时效的不断追求也使得人们的交往向即时在线转变。人们的零碎时间被最大限度地整合,新媒体侵袭着人们的时间,使社会时刻处于即时在线的紧迫感中。①

---

① 陈力丹.新媒体发展趋势与悖论(大势所趋):新媒体发展趋势谈(之二)给生活带来便捷同时也产生新问题[N]人民日报,2015-10-11(5).

如图 6-2 所示，农业社会培养的“自然时间”（例如“日出而作，日落而息”）、工业社会培养的“钟表时间”，正让位于一种由传播媒介所塑造的新的时间观念。这种新的时间观念呈现出“分子云”的形态，具有瞬间性、零散化和无序性等特征。

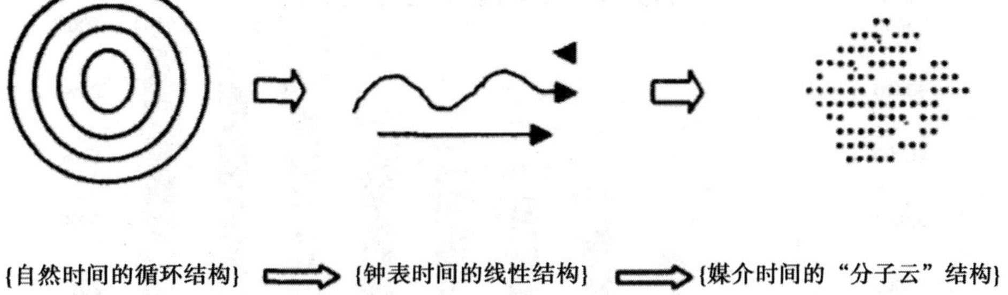

图 6-2　时间结构演变图式[①]

（三）移动性

不同的媒介具有不同的移动性，即人们不受地理位置限制而进行信息发送和接收的能力。移动性在为人际交往提供便捷性的同时，也不可避免地影响了人们的自治性(autonomy)。“我们的自治性越来越受到这样一种期望的限制，即我们在任何时间、任何地点都能被联系到，而且我们应给予一个合适的、及时的回复。”[②]

手机的英文名是 cellphone，其中的“cell”一词多义，代表手机不仅能够像有机体“细胞”(cell)那样移动，而且和细胞一样，能不断生成新的社会关系；而另一个含义——“牢房”(cell)则描述了手机的功能，形容它可以强迫使用者与他人保持联系，将使用者锁定在随时待命的“囚笼”中。[③] 例如，“害怕错过”(the fear of missing out)已经成为一种常见的心理状态，人们不断地翻阅手机、刷新社交媒体，以免错过重要的信息。

移动性与通信技术的发展密不可分。2007 年 iPhone 一代发布，智能手机开始普及，移动互联网迅速兴起；2009 年 1 月，工业和信息化部向中国移动、中国电信和中国联通这三大运营商发放了 3G（第三代移动通信技术）牌照；2013 年 12 月，三大运营商获批 4G 牌照，网络速率大大提升，移动互联网用户增长态势强劲。CNNIC 发布的《第 34 次中国互联网络发展状况统计报告》的数据显示，2014 年 6 月，中国手机上网

---

① 卞冬磊，张稀颖.媒介时间的来临：对传播媒介塑造的时间观念之起源、形成与特征的研究[J].新闻与传播研究，2006(1)：32-44.

② BAYM N.Personal connections in the digital age[M].Cambridge：Polity Press，2010.

③ 李沁，熊澄宇.沉浸传播与“第三媒介时代”[J].新闻与传播研究，2013(2)：34-43.

比例首次超过传统PC端的上网比例，手机网民规模超过八成，[①]这标志着移动互联网时代在中国的全面到来。

图 6-3　中国手机网民规模及其占网民比例

（四）社交线索

社交线索是指特定信息渠道所具有的、能够为社交提供判断依据的线索。在面对面交往的情形下，人们可利用的社交线索主要包括视觉线索（例如交往对象的身份、穿衣打扮、说话时的眼神、面部表情、手势）、听觉线索（例如语气、语调）和场景线索（例如教室、办公室或街头等物理场景）。

在某种程度上，新媒体提供了较少的社交线索，造成一种“线索隐褪的环境”（cue-reduced environment）。和面对面交往主要依赖视觉、听觉和场景线索所不同，计算机中介人际交往主要依赖于已有的人际关系（如朋友、亲人、同学）、彼此之间的了解、交往历史等线索。但新媒体也为陌生人之间的交往创造了条件，匿名性促使个体进行更多的自我表露（self disclosure）以保持交流。在赛博空间，人们能够扩大（expand）、操纵（manipulate）、多样化（multiply）甚至扭曲（distort）他们的身份和呈现出的形象。

① 中国互联网络信息中心.第34次中国互联网络发展状况统计报告[EB/OL].（2014-7）[2018-5-3].http://www.cnnic.net.cn/hlwfzyj/hlwxzbg/hlwtjbg/201407/P020140721507223212132.pdf.

(五)可储存性和可复制性

可复制性和可储存性是两个紧密相关的概念。一般而言,同步交往(如面对面交往或通电话)一旦结束,即代表着传播完结,除非有人对交流过程进行录像或录音;数字媒体则可以将人们之间的异步交往储存在设备、网站或云端上,便于日后提取、检索、复制、编辑或转发。这一方面加深了人们对交往内容的记忆,另一方面也将带来不同程度的"自我审查"(self-censorship),即当事人意识到数字内容的可储存性后,会更加谨慎地进行人际交往和意见表达。

可储存性的前提是信息储存成本的降低。根据"互联网女皇"玛丽·米克尔(Mary Meeker)2012年公布的《互联网趋势》报告,储存一亿字节信息的成本从1992年的569美元下降到2012年的0.02美元,信息储存成本平均每年降低38%。①

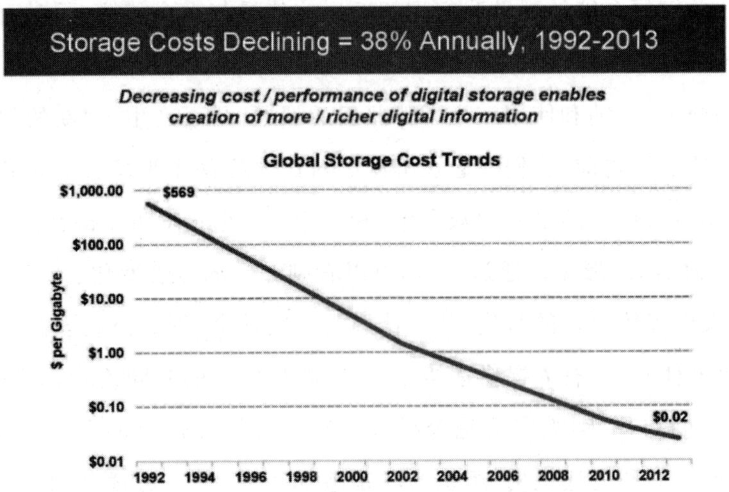

图 6-4 全球数字储存费用趋势图

数字世界的"分享",大多不像物质世界那样意味着利益的削减或割让;相反,这种基于数字化传播或复制的分享,不仅几乎不需要成本,往往还能带来"回报",例如提高社会声望、改善人际关系,获得社会资本等。② "分享"在今天更为普遍,这很大程度上归功于数字传播技术的发展以及Web2.0时代的结构模式。

---

① MEEKER M.Internet Trends 2014[EB/OL].(2014-5-28)[2018-7-31]. https://www.businessinsider.com/mary-meekers-2014-internet-presentation-2014-5.

② 彭兰."连接"的演进:互联网进化的基本逻辑[J].国际新闻界,2013(12):6-19.

(六)到达范围

在面对面传播的情况下,信息的到达范围受到物理空间的限制和约束;在大众媒体时代,传媒机构垄断着信息的生产和流通,而时空限制了"一对多"的信息传播;但在新媒体时代,尤其是社交媒体(微博、博客、社交网站、论坛等)的使用和自媒体的出现,个体也开始拥有"一对一""一对多""多对多"的交流机会。与此同时,新媒体传播的可储存性和可复制性意味着信息传播的范围越来越不受个人所控制。

我们可以结合线上互动的4个特性——持久性、可复制性、规模性和可检索性来辅助理解本节介绍的7个关键概念。

二、大众媒介效果研究和新媒体效果研究的异同

以上7个关键概念能够帮助我们理解新媒体传播与大众传播、面对面人际传播之间的联系与区别。那么,新媒体效果研究在大众媒介效果研究的基础上有何继承和发展?新媒体的介入、采纳和使用产生了哪些新的议题,是否产生了"新的效果"?

在回答上述问题之前,我们一起在脑海中对比这样两个形象:20世纪50年代,一个孤立的、被动接收信息的电视观众形象,和一个21世纪长期保持在线、多任务处理(multi-tasking)的网民形象。通过对比,可以看到如下的显著变化:

第一,在大众媒体盛行的时代,基于社群的公民社会(例如公立学校、政治团体、教堂、工会、市民群体)为所有人提供了接收信息、解释信息的共同语境,成员之间的联系也十分紧密[①](如村口的喇叭广播是全村人了解外面世界信息的渠道)。而在新媒体环境下,一方面人们和上述机构、组织的联系愈加疏离;另一方面,人们可获取信息的渠道更加多样,内容也更丰富,媒体资源从稀缺转为过剩。新媒体时代,传播环境呈现出碎片化(stratamentation)、个人化、分众化的特征,选择性使用媒体(selective exposure)的现象日益普遍。

第二,在新媒体环境下,用户不仅是信息的接收者,同时也是生产者。有学者指出,这种角色的转变带来了一种"自我生成媒介效果"(self-generated media effects)现象,即自我生成的媒介内容对生产者自身的认知、信念、态度和行为产生了直接或间接

① BENNETT W L,IYENGAR S.A new era of minimal effects? the changing foundations of political communication[J].Journal of Communication,2008,58(4):707-731.

的影响。[①] 例如，用户通过社交网络对即将到来的“两会”发布了一则评论，这一行为本身可能会增强其政治效能和民主参与的主动性；而当用户发表的评论得到了他人的积极反馈时，也间接影响了用户的政治效能。

第三，媒介已经不单指代大众传播时代的传媒机构，而成为人们用以分享信息和表征意义的中介，媒介的泛化催生了媒介化社会的诞生。[②] 人们在新媒体所提供的虚拟沟通环境中交往、娱乐与工作，新媒体已经充分融入现代人的日常生活之中。在媒体常态化的情形之下，随时、随地、随身传播成为人们使用媒体的新习惯。

鉴于以上三种变化，新媒体时代的效果研究方向是“告别革命，回归生活”，逐渐从传媒可以“改天换地”转移到传媒如何“改善人们的生活”[③]。

三、案例：有关脸书政治动员的研究

大众媒介效果研究主要关注的是受众的信息接收过程，而新媒体效果研究则关注用户的信息接收和信息生产过程。其中，“自我生成媒介效果”是新媒体效果研究的新议题。本节将通过一项关于脸书政治动员的案例来介绍新媒体效果研究的新成果。

《自然》杂志于2012年发表了一篇文章，该文致力于探讨脸书政治动员信息对用户投票行为的影响。[④] 2010年11月2日，即美国国会选举当天，美国加州圣地亚哥大学和脸书数据科学研究人员开展了一项实验，610万名18岁以上的脸书用户被随机分为三组（见图6-5）：

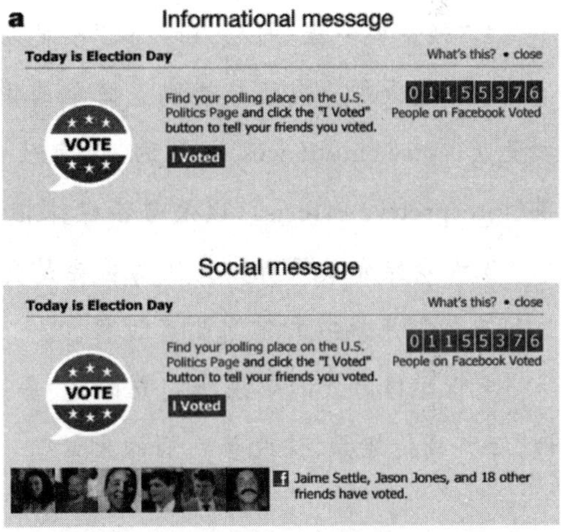

图6-5　脸书实验中的信息组和社交组

第一组是信息组。该组用户的脸书信息流顶端出现“今天是选举日”(today is election day)的信息提示，内容包含一个当地投票站的链接，一个“我投票”的

---

① VALKENBURG P M, PETER J. Five challenges for the future of media-effects research[J]. International Journal of Communication, 2013, 7(1): 197-215.

② 韦路，丁方舟.论新媒体时代的传播研究转型[J].浙江大学学报，2013，43(4)：93-103.

③ 魏然，周树华，罗文辉.媒介效果与社会变迁[M].北京：中国人民大学出版社，2016.

④ BOND R M et al. A 61-Million-Person Experiment in Social Influence and Political Mobilization[J]. Nature, 2012, 489(7415): 295-98.

按钮(用于告知好友其投票情况),以及脸书实时显示的已经参与选举投票的人数。

第二组是社交组。该组用户收到的信息和第一组完全相同,唯独增加了一项社交内容,即随机选出 6 位脸书好友的"资料照片",显示他们已经点击了"我投票"按钮。

第三组是控制组,该组用户的信息流顶端没有出现任何有关选举的提示。

该实验中,设计"我投票"按钮是为了测量用户的政治自我表达程度(political self-expression),设计当地投票站链接是为了测量用户的信息获取度(information seeking),而脸书用户最终的投票行为则通过与实际投票记录相比对来获取。

实验结果显示,相较于信息组,社交组点击"我投票"按钮的比例高出 2.08%,打开当地投票站链接的比例高出 0.26%;社交组实际参与投票的比例比其他两组高出 0.39%。研究者还发现,脸书社交信息直接促使 6 万用户参与选举投票,并通过社交感染(social contagion)间接促使 28 万用户参与投票,总共增加选票 34 万张。在这个过程中,关系亲密、友好的社交感染效果更加明显。这证明,政治动员信息可以直接影响用户的政治自我表达、信息获取以及其在现实世界的投票行为。

■本章小结:

1."强—弱—强"的"三阶段论"不足以概括复杂的、富有层次的媒介效果研究。

2.媒介效果研究已经摆脱了简单的说服性传播模式,转而关注更为严谨的、由主动受众(active audiences)主导的、伴有社会制约条件(social context)的解释性传播效果(interpretive effects),以及与新媒体相关的理论(new media theories)。

3.大众媒介效果研究关注的主要是受众的信息接收过程,而新媒体效果研究则关注用户的信息接收和信息生产过程。

4.新媒体时代的效果研究方向是"告别革命,回归生活",逐渐从传媒可以"改天换地"转移到传媒如何"改善人们的生活"。

■关键术语:

1.第三人效果假设:人们倾向于高估媒介内容对于他人的认知、态度与行为的影响,或低估媒介内容对自己的影响。

2.互动性:某种媒介能够促进个人或群体之间进行社会交往的能力。

3.自我生成媒介效果:自我生成的媒介内容对生产者自身的认知、信念、态度和行为所产生的直接或间接的影响。

思考与研讨题：

第一节：

1.简述传播效果研究的发展历程。(中国传媒大学2018年考研真题)

2.简述积极受众理论的基本内容和学术价值。

3.为什么两级传播理论、知沟理论、沉默的螺旋理论等属于社会情境理论的范畴？

第二节：

1.新媒介赋予社会与人移动性，谈谈移动性对人际传播的影响。(复旦大学2018年考研真题)

2.请结合新媒体的特性来分析“害怕错过”这一心理现象。

延伸阅读：

书籍：

1.周葆华.效果研究：人类传受观念与行为的变迁[M].上海：复旦大学出版社，2008.

2.魏然，周树华，罗文辉.媒介效果与社会变迁[M].北京：中国人民大学出版社，2016.

3. BAYM N. Personal connections in the digital age[M]. Cambridge: Polity Press, 2010.

论文：

1.卞冬磊，张稀颖.媒介时间的来临：对传播媒介塑造的时间观念之起源、形成与特征的研究[J].新闻与传播研究，2006(1).

2.NEUMAN W R, GUGGENHEIM L.The evolution of media effects theory: a six-stage model of cumulative research[J].Communication Theory, 2011, 21(2).

3.BOND R M et al.A 61-Million-Person Experiment in Social Influence and Political Mobilization[J].Nature, 2012, 489(7415).

第七章　新媒体传播的伦理规范

▶章节大纲：

1.全球媒介伦理的“原生规范”包括真实、人类尊严和非暴力三大原则。

2.波特方格(Potter Box)伦理推导的四步骤：陈述事实、分析价值观、运用符合特定情境的伦理理论、厘清忠实对象。

3.媒介伦理并不是一套亘古不变的规则，其会根据变化的社会条件、涌现出的新问题而发展。

4.新媒体时代，经济结构、叙事结构和关系结构的变革对媒介伦理产生了很大影响。

▶章节内容：

当人人都可以成为信息的发布者时，是什么让记者区别于普通用户？答案是，传媒从业者“在思想上有理论指导，在行为上有伦理约束，在操作上有系统的规范和技术，在结果上有典范”①。记者会遵循新闻行业的专业标准，对其职业行为进行理性的自我约束和自我管理。

本章第一节考察了传媒从业者的职业伦理，主要介绍真实、人类尊严和非暴力这三大原生规范的内涵和要求，以及波特方格提供的伦理推导四步骤。

第二节重点考察了新媒体环境下的三种结构性变化——经济结构、叙事结构和关系结构及其给媒介伦理带来的影响。

---

① 彭增军.因品质得专业：人人新闻时代新闻专业主义的重塑[J].新闻记者，2017(11)：27-34.

第一节　传媒从业者职业伦理

《中国青年报》高级记者卢跃刚曾发文讨论新闻媒体具有的“两面性”:“既是社会公器,又是商业机器;既是利益集团的监督者,又是独立的利益集团;既被打压,又享有特权,稍不谨慎,便会堕入另外一面。”因为媒体从业者常常陷入上述两难的处境之中,所以媒介伦理为传媒从业者提供了一套应该如何对新闻进行采集、制作、报道和编辑的行为准则。

“传媒伦理首先是对人们行为善恶选择的系统性探究,其次也试图界定那些被作为个体、群体或文化共同体的人们所共同认可的、可构成价值与生活规范的原则性的东西。”[①]早在威尔伯·施拉姆(Wilbur Schramm)1957 年的《大众传播的责任》一书中,就集中讨论了职业伦理的问题。简而言之,媒介伦理是一套有关伦理规范的建构和评价,用于指导具体的新闻实践。

一、媒介伦理的三大原则

真实(truth)、人类尊严(human dignity)和非暴力(non-violence)是美国著名媒介伦理学者克利福德·G.克里斯琴斯(Clifford G. Christians)所倡导的全球媒介伦理的“原生规范”(protonorm)[②]。我们将以“案例+讲解”的方式对这三大原则进行逐一介绍。

(一)真实

真实是新闻的生命,也是全球媒体共同遵循的首要伦理规范。真实意味着要抓住核心议题、事物的本质以及潜藏问题,哲学家们通常使用希腊语“aletheia”来指代这一概念。“aletheia”的含义就是披露,向真实敞开,意味着要穿透事物的表象而抵达内在并解释其深层含义。在佛教传统中,作为事物本质的实相是诸“轮”的中心轴。[③]

---

① 郑根成.媒介载道:传媒伦理研究[M].北京:中央编译出版社,2009.

② CHRISTIANS C G. Review of international media ethics[J].Comunicação e Sociedade,2014 (25):34-48.

③ 甘丽华,克里斯琴斯.全球媒介伦理及技术化时代的挑战:克利福德·克里斯琴斯学术访谈[J].新闻记者,2015(7):4-14.

自新闻业产生以来,新闻报道范式出现过几次重大变革,至少包括以下几种:政党报业、客观新闻业、解释性新闻报道、调查性报道、新新闻主义、精确新闻学、亲近新闻学、公民新闻运动。[①] 这几种报道范式在回答"如何把握事实背后的真相"这一问题上,给出了不同的答案。

客观新闻学强调新闻从业者能够认识事实,并借助一些客观策略(如第三人称叙事、去感情化表达、事实与观点分离、倒金字塔结构等)来呈现新闻事实。在客观新闻业时期,印刷媒介是新闻业的主体,科学自然主义是西方的主流世界观。

解释性报道指出,新闻报道不能止于事实的表象,还应该解释并分析事实发生的来龙去脉,在 how 和 why 上下功夫。

调查性报道对新闻报道提出了更高的要求,使记者必须深入事实的脉络,揭示事实表象背后的深层原因,挖掘那些被权力和利益所遮蔽和掩盖的真相。

精确新闻学则希望新闻记者不仅可以报道那些显露的新闻事实,而且能够用实证社会科学的方法来收集、整理隐含在社会日常生活中的运动规律。

亲近新闻学则强调用人类学民族志的方式来揭示有别于普通人日常生活的细微之处,它期望新闻记者成为当地社区历史与公众生活方面的专家,知道如何倾听,如何与公民交谈,如何传递公众意见,如何及时掌握到更多的细节,以达到"接近真实"的目的。

概而言之,相较于客观性所要求的技术真实,新闻中的真实意味着充分和可信,其意义更为丰富。优秀的新闻记者理解他们所报道对象的态度、文化和语言,因而能够对潜藏的问题进行深入的挖掘。致力于为公众提供充分信息的记者会报道那些潜藏的问题和困惑,从而使得不同社群能够建设性地解决这些问题。新闻不仅是数据的客观传输,而且还是知识的生产。新闻不仅是现实的镜像,更是对事件的充分阐释(interpretive sufficiency)。作为"真相的披露"的真实,应该成为世界不同媒介组织和社交媒体网络的准则。[②]

---

① 吴飞.新媒体革了新闻专业主义的命?公民新闻运动与专业新闻人的责任[J].新闻记者,2013(3):11-19.

② 甘丽华,克里斯琴斯.全球媒介伦理及技术化时代的挑战:克利福德·克里斯琴斯学术访谈[J].新闻记者,2015(7):4-14.

案例："后真相"一词入选《牛津英语词典》年度词语

2016年，《牛津英语词典》将"后真相"(post-truth)一词选为年度词语，该词用于描述"诉诸情感与个人信仰比陈述客观事实更能影响民意的种种状况"(Relating to or denoting circumstances in which objective facts are less influential in shaping public opinion than appeals to emotion and personal belief.)。编纂人员表示，2016年"后真相"一词的使用率与2015年相比增长了2,000%，尤其在英国欧盟公投与美国第45届总统大选期间使用率飙升。[①]《华盛顿邮报》针对美国总统唐纳德·特朗普(Donald Trump)发表的言论进行了事实核查，发现其在就职总统以来的558天里共发表了4,229次错误或误导性的言论，平均每天发表7.5次。[②] 那么，我们是否进入了"后真相时代"呢？真相是否已死？事实是否不再重要？

"后真相"一词入选《牛津英语词典》年度词语这一案例并不足以证实我们已经进入了一个不需要事实、不关心真相的时代；相反，它显示了在"人人都有麦克风"的新媒体时代，如何确认事实、探寻真相成为一个格外重要的问题。面对美国总统特朗普对新闻业的抨击，美国主流媒体纷纷表达了对捍卫真相的坚持。例如，《纽约时报》发布了一系列电视广告，以"真相在现在比以往任何时候都重要""真相值得维护""真相需要坚守立场"等为口号；《华盛顿邮报》则以"民主死于黑暗"(democracy dies in darkness)为口号，显示了专业新闻媒体开始在新的条件下坚守和探寻真相。

《〈纽约时报〉奥斯卡打广告　主题"真相"想打总统的脸》

面对"后真相"对民主生活的冲击，普通民众也扮演着重要的角色。学者比尔·科瓦奇(Bill Kovach)和汤姆·罗森斯蒂尔(Tom Rosenstiel)提出了六项生活在现在这个世界上需要具备的新闻素养：(1)我碰到的是什么内容？(2)信息完整吗？假如不完整，缺少了什么？(3)信源是谁/什么？我为什么要相信他们？(4)提供了什么证据？是怎样检验或核实的？(5)其他的可能性解释或理解是什么？(6)我有必要知道这些信息吗？[③] 面对复杂的情形，用户可以通过六步质疑法对信息进行甄别，从而一步步

---

① Oxford Dictionaries. Oxford Dictionaries Word of the Year 2016 is...[EB/OL].(2016-11-16)[2018-8-7].https://www.oxforddictionaries.com/press/news/2016/11/17/WOTY-16

② The Washington Post.Trump claims database[EB/OL].(2018-7-31)[2018-8-7]. https://www.washingtonpost.com/graphics/politics/trump-claims-database/? utm_term=.8e6473245bfb.

③ 科瓦奇，罗森斯蒂尔.真相：信息超载时代如何知道该相信什么[M].陆佳怡，孙志刚，译.北京：中国人民大学出版社，2014.

抵达真相。

(二)人类尊严

不同的文化传统对人类尊严的阐释有所不同,然而都无一例外地强调人类生活的普遍神圣性。中国的孔子在《论语》中最推崇的美德就是"仁";康德则以格言"人不是他人的工具,而是自身的目的"向世界宣扬了人类尊严。1948年,联合国发布了《世界人权宣言》,阐明了人类尊严的伦理原则如何成为一个统一的标准:"所有人类都有独特和特殊的地位,不分种族、年龄、阶级、教育、性别或宗教。"因此,无论社会境况如何,每个人都应该得到尊重。①

案例:上海外滩踩踏事件

2014年12月31日晚,上海外滩跨年夜发生踩踏事故,共造成36人遇难。其中,复旦大学遇难女生杜某得到了多家媒体的关注和报道。复旦大学次日通过微博发文,呼吁媒体"尊重她、保护她,不要再挖掘她的隐私,不要再刊登她的照片"。微信公众号"复旦易班"发布了文章《今夜无眠|复旦学生致部分媒体的公开信》,文中发问:"在这一篇报道中,媒体大篇幅地引用了杜同学的私人资料,包括年龄、生源地、专业、生平喜好,甚至是生前与男友的对话。那么我想问一句,这么做的目的究竟是为了要哀痛一个生命的逝去,还是一个仅仅为了博得关注度的手段?"

次日,微信公众号"微观者说"发表文章《媒体人就外滩踩踏事件致复旦学生公开信:别太矫情了!》并指出:"网络时代的人们对个人信息极为敏感,但往往忽略了很多信息是由当事人主动公开的,并不具有隐私性质。只要当事人主动发布,这些信息就不仅对媒体公开,而且还对每一个能连上网的人类公开……媒体引用无碍。"②

有关"上海外滩踩踏事件"的新闻报道可以归置于人类尊严这一准则下。坚持这一职业准则的新闻从业者和新闻机构会认为,通过消费遇难者来博取眼球的做法令人无法接受。外滩踩踏案例中的一个焦点问题是,新闻当事人通过社交媒体公开发布的信息,媒体是否"引用无碍"呢?该问题可以从以下两个方面来进行分析。

---

① CHRISTIANS C G.Review of international media ethics[J].Comunicação e Sociedade,2014(25):34-48.

② 陆晔,等.圆桌|在满足知情权与消费遇难者之间[EB/OL].(2015-01-04)[2018-5-3].https://www.thepaper.cn/newsDetail_forward_1291090.

首先，不能笼统地说在社交媒体上发表言论及意见，就被视为接受采访。大众媒体的公开报道会放大当事人发布内容的传播范围。尽管在大数据时代，数据获取变得更加容易和便捷，然而“可获取并不意味着（个人资料和数据的使用）符合伦理”（just because it is accessible does not make it ethical）。正如学者丹娜·博伊德（Danah Boyd）和凯特·克劳福德（Kate Crawford）的发问：“如果某人‘公开’发表的博客被断章取义，以作者从未想象过的方式进行分析，将会怎样？如果某人被置于聚光灯之下，或在未知晓的情况下被分析，这意味着什么？谁来负责并确保个人和团体不被分析过程所伤害？知情同意该如何具体操作？”①上述问题都事关人类尊严，是大数据时代尤其需要关注的伦理问题。

其次，大众媒体不能打着满足公众知情权的旗号侵犯个人隐私。无论是普通个人还是公众人物，都享有个人隐私不被侵犯的权利。只有在出于公共利益的需要时，大众媒体才可以报道个人隐私。“《纽约时报》诉沙利文案”是新闻史上具有里程碑意义的案件，《纽约时报》最终赢得胜利的重要原因就在于法官认定“对公共事务的讨论应当不受抑制、充满活力和广泛公开”（debate on public issues should be uninhibited，robust，and wide-open），这极大维护了媒体、公民批评官员的自由。

公众知情权和当事人隐私权之间的平衡，在很多国家的媒介伦理规范中都有所规定。例如，西班牙《新闻职业道德准则》规定：“只有出于捍卫公共利益的需要时，才能未经他人事先同意而介入或调查其私人生活。”澳大利亚《新闻隐私信条的声明》规定：“为了公共利益，公众人物必然要牺牲自己的隐私权。然而，公众人物并没有完全丧失自己的隐私权，只有与他们的公共职责和活动相关时，才允许报道他们的隐私。”②

（三）非暴力

非暴力也是克里斯琴斯所倡导的重要伦理原则之一。莫罕达斯·甘地（Mahatma Gandhi）把非暴力发展成一种生活哲学，马丁·路德·金（Martin Luther King）、瓦茨拉夫·哈维尔（Vaclev Havel）、纳尔逊·曼德拉（Nelson Mandella）等人则把和平从一种政治策略提升为道德准则。

---

① BOYD D & CRAWFORD K. Critical questions for big data[J].Information，Communication & Society，2012，15(5)：37-41.

② 牛静，刘丹.全球媒介伦理规范的共通准则和区域性准则：基于134篇媒体伦理规范文本的分析[J].新闻记者，2017(10)：4-15.2

案例:卡扎菲之死

2011年10月20日,利比亚前任领导人穆阿迈尔·卡扎菲(Muammar Gaddafi)死了。这一重大新闻事件迅速以一批卡扎菲血腥尸体照的方式在网络上扩散。要不要发表卡扎菲的血腥尸照?用什么样的方式发表?媒体选择了不同的头版图片处理方式。国内的《新快报》等媒体和英国的《卫报》、韩国的《东亚日报》、阿根廷的《万国报》等媒体选择直接刊登卡扎菲的大图片尸照。美国主流媒体,如《纽约时报》《华盛顿邮报》《迈阿密先驱报》,在图片的选择和使用上显得相当克制和谨慎,多以欢庆胜利的群体照片做主图,以卡扎菲生前照作为辅图,刻意回避会给人带来强烈视觉刺激的卡扎菲被擒获和已经死亡的血腥照片。德国左派报纸《日报》(Taz Die Tageseitung)虚化掉了卡扎菲的面部,使之与黑色的背景融为一体,与大标题《独裁者灰飞烟灭》相呼应,寓意不言自明。(见图7-1)

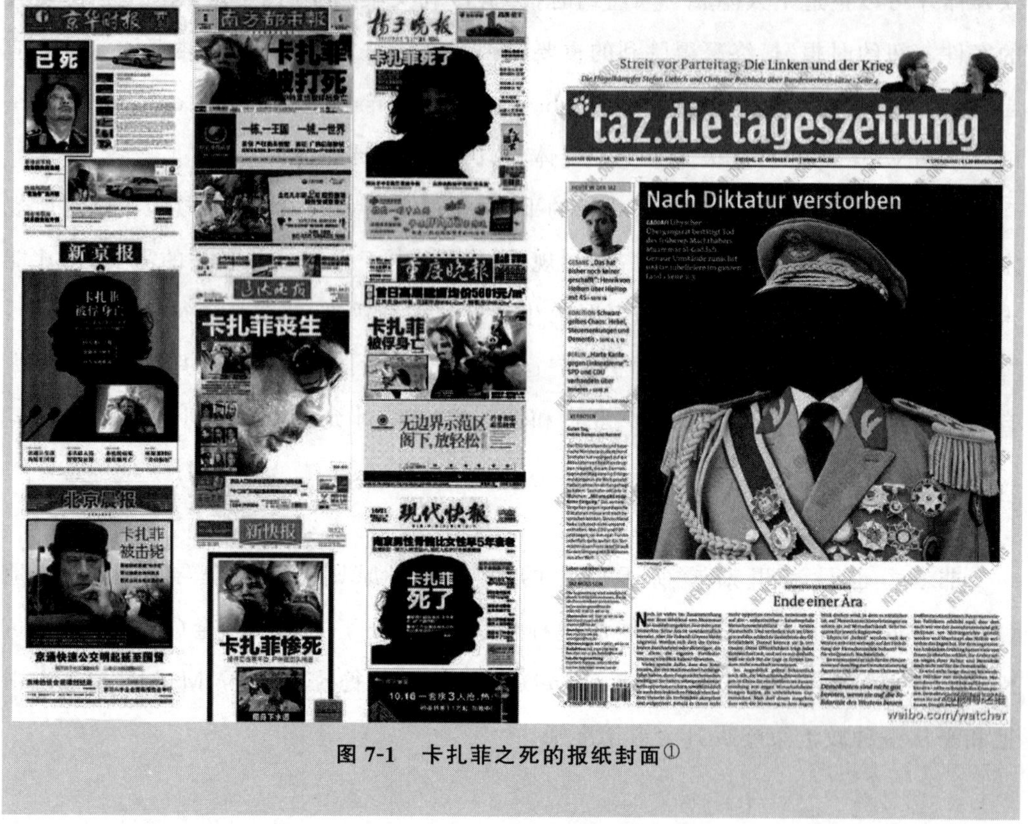

图7-1 卡扎菲之死的报纸封面[①]

① 传媒老王.今日报纸头版上的卡扎菲[EB/OL].(2011-10-21)[2018-5-3].https://weibo.com/1661598840/xtJ9LycSj? refer_flag=1001030103_&type=comment#_rnd1533723769480.

媒体中的暴力以多种方式潜在地加剧了社会的崩溃，如过分戏剧化的战争报道、国际关系中的冲突报道、对仇恨言论的传播、娱乐节目中的过分暴力、游戏节目和电视直播中的暴力等。在此背景下，和平新闻（peace journalism）的提出是非暴力原则的例证，被称为“和平学之父”的著名挪威学者约翰·加尔通（Johan Galtung）是和平新闻的积极倡导者。有学者总结了主流的战争新闻与和平新闻之间的不同特征。

主流的战争新闻具有三个特征：(1)关注此刻、此地的军事行动、装备、伤亡情况和财物损失；(2)采取精英取向，即使用官方资料、遵从军事策略、引用政治领袖的话语；(3)进行善和恶的划分，将相关方简化为两个对立阵营，即“他们”和“我们”之间所进行的零和博弈。

和平新闻也具有三个特征：(1)为新闻事件提供情境、背景和历史视角，并注意语言的准确性。例如，不使用“穆斯林叛乱者”，而使用“来自某政治团体的持不同政见者”；(2)倡导和平，关注共同价值而不是采取报复行动和反击。关注人民之间的合作与融合，而不仅仅是国家之间的组织性暴力；(3)代表所有相关方与党派的利益，倡导通过非暴力价值来解决冲突，为建立共识（consensus building）付诸努力。[①]

在“卡扎菲之死”的案例中，不同的图片处理方式反映出媒体所遵循的不同伦理准则。大多数媒体选用了多种手段来避免突破伦理底线，例如选择刊登击毙地点或利比亚执政当局“全国过渡委员会”士兵欢庆的画面而非尸体照片本身、用黑白而非彩色处理尸照、小尺幅内页刊登、进行血腥照片的预警提示等。[②] 除了图片处理之外，各媒体对报道内容的着眼点也不局限于卡扎菲本人的死亡，还有卡扎菲政权的结束以及对利比亚局势的影响等。

作为原生规范，本节所介绍的三大原则可以覆盖新闻传播实践中的诸多现实问题。有偿新闻、虚假新闻、抄袭侵权、隐性采访、煽情报道、遮蔽重大议题等都可以放置于真实原则下；恶俗炒作、新闻敲诈、隐私侵权、新闻报道的二次伤害等则可以归置于人类尊严这一原则下；而灾难报道、电视新闻现场的直播等可以归置于非暴力这一原则下。

二、波特方格：伦理推导的四个步骤

新闻伦理是一种理性选择机制，它指导媒体在处理新闻报道与可能产生的复杂社

---

① SEOW TING L. Peace Journalism[M]//WILKINS L & CHRISTIANS C(Eds.). The handbook of mass media ethics. New York: Routledge, 2009.

② 王辰瑶.对卡扎菲血腥尸照微博讨论的再讨论[EB/OL].(2012-01-10)[2018-05-03]. http://www.southcn.com/nfdaily/media/cmyj/33/08/content/2012-01/10/content_36242206.htm.

会影响之间做出正确的决定。新闻伦理要求媒体置身于复杂情境，在多种诉求面前进行平衡和选择。

那么，如何进行多方诉求的平衡和选择呢？如何将三大原则应用于日常的新闻实践，使自己以及机构的行为符合伦理要求呢？波特方格提供了四个达到合理结论的必要步骤：第一步是陈述事实，了解所有的相关细节；第二步是分析价值观，确认重要的价值观念，包括职业的、社会的、政治的以及道德的；第三步是运用伦理原则，了解不同的伦理理论并选择最符合当前情境的适当理论；第四步是厘清忠实对象，质询谁将从行动中获益，谁将受到伤害。只有通过这四个步骤，我们的决定才是合乎伦理的。[①]

我们以"上海外滩踩踏事件"为例，来进行波特方格推导。

第一方格是事实部分，即媒体报道"上海外滩踩踏事件"中的一名复旦大学遇难学生。第二方格是分析价值观，即媒体遵循的是报道事实的职业价值观，然而未遵循社会的、道德的价值观。第三方格是追寻价值观背后的伦理原则，即媒体遵循的是保护大多数公众知情权的功利主义原则，而不是罗尔斯"无知之幕"所倡导的正义原则。[②] 对此，哈佛大学的公开课《公正：该如何做是好？》对经典伦理理论进行了精彩的介绍，大家可以自行学习。第四方格中的忠实对象是社会公众而非是隐私权被侵害的新闻当事人。

正如亚里士多德所说，"我们正是在弹奏七弦琴的过程中学会七弦琴的"。伦理问题产生于实践，新的实践带来新的伦理问题，催生新的讨论，讨论结果继而再付诸实践，检验形成新的理论建构，通过实践与理论的辩证互动过程，形成一种伦理建构的动态循环。新闻从业者需要不断地进行相关的伦理练习，将真实、人类尊严和非暴力原则纳入日常的行为习惯中。此外，中华全国新闻工作者协会通过的《中国新闻工作者职业道德准则》（见附录一）为中国媒体从业者从事新闻采集、制作、报道和编辑提供了具体的行为准则和规范。

第二节　处于结构性变化中的媒介伦理

媒介伦理并不是一套亘古不变的规则，其会根据变化的社会条件、涌现出的新问题，并随人类所进行的新实践而发展。在新媒体环境下，诸多媒介伦理事件呈现出与

---

① 甘丽华，克里斯琴斯.全球媒介伦理及技术化时代的挑战：克利福德・克里斯琴斯学术访谈[J].新闻记者，2015(7)：4-14.

② 展江，彭桂兵.从中庸之道到"无知之幕"：四种媒体伦理理论评析[J].南京社会科学，2014(12)：106-114.

大众媒体时代不同的特征，媒介伦理研究也因此得到了发展和创新。新闻作为一种实践、一种产品、一种职业，正在经历着快速、剧烈的结构性变化，其中包括经济结构、叙事结构、关系结构的变化，而每一种变化都带来了相应的伦理影响。[①] 本节将对这三种结构性变化及相应的伦理影响进行介绍。

一、经济结构

(一)经济结构的变化

传统媒体和技术平台有着不同的营利模式：传统媒体主要依赖于受众注意力、订阅费用以及广告收入，还通过降低内容生产和流通成本而赚取利润；技术平台除了面向个人和机构提供免费的信息发布服务之外，还面向客户提供广告、商业推广等付费服务，例如搜索引擎的竞价排名、社交平台的信息流广告、基于用户画像的精准定向广告投放。在这个过程中，受众细分、数据挖掘、精准营销等技术手段被广泛应用。

以社交平台为例，其营利模式主要依赖于用户的个人表露(personal revelations)和社交连接(connectivity)，通过持续的监视、挖掘用户数据，从而实现精准定向广告投放。例如，新浪微博 2013 年开发了“社交兴趣图谱推荐引擎”(social interest graph recommendation engine)，通过分析微博使用行为(例如发布、转发、评论、点赞、关注、社交关系)以及年龄、性别和地理位置等数据来为用户推荐个性化内容。同年，信息流广告(promoted feeds)推出，新浪通过向商家提供“社交兴趣图谱推荐引擎”服务来提高广告内容和用户的相关性和匹配度。[②]

由此，广告商不再需要通过向《纽约时报》等精英媒体投放广告来接触精英读者群，广告商可以直接向目标消费者进行精准广告投放。换言之，大众媒体以往赖以生存的营利模式——通过生产优质内容来吸引优质观众，进而吸引广告主——受到了严重冲击。

(二)经济结构变化带来的伦理影响

经济机构的变化带来了相应的媒介伦理影响。首先，以服务公众为主旨的专业伦

① SINGER J B. Journalism ethics amid structural change[J].Daedalus,2010,139(2):89-99.

② Sina.Annual Report 2013[EB/OL].(2014-4-30)[2016-9-30].http://corp.sina.com.cn/eng/2013_Annual_Report.pdf.

理规范在新媒体环境下受到挑战，它们要么被降低标准，要么寻求转型创新。

一方面，网站往往比电视或纸媒更具煽情倾向。尽管报纸或电视都会或多或少地受到来自发行或收视率的压力，但网站承受点击率的压力会更大，因为点击率的测量和呈现是如此的便捷和准确，网站也因此往往被对用户数量（点击率）的追求所驱动，而不是被服务公众的目标所驱动。① 另一方面，这种经济结构的压力也促进了新闻业的转型创新。例如，美国新闻业涌现出了“ProPublica”这样的非营利性（not-for-profit）调查性新闻编辑室。“ProPublica”创立于2007年，其自我定位是“利用调查性新闻报道的力量，不间断地揭露政府、商业和其他机构对权力的滥用和对公众信任的违背，从而推动变革”。根据“ProPublica”发布的年度报告，其超过80%的财政预算投入到了新闻本身，而一般新闻机构的相应比例大致在10%到15%之间（经费更多被用于渠道建设、设备维护等）②。该网站与大多数强调数量、速度、便捷性和多样性以提供碎片化信息特质的网络媒体有着显著区别，其在价值取向上显示出与传统新闻的价值宗旨高度一致。

其次，技术平台的营利模式使得数字监视（digital surveillance）这一伦理问题成为新闻传播领域的重要议题。我们的网上活动——每一次点击、屏幕触摸、状态发布、点赞、评论、转发、购买行为——都被转化为数据源源不断地流入互联网服务器，并被应用于市场分析或精准广告投放。这些活动能够揭示我们的个人偏好、财务状况、人际关系、地理位置等个人信息。

《纽约客》的一幅著名漫画（图7-2）描绘了互联网应用初期所给予人们的匿名性：“在互联网上，没有人知道你是一条狗。”然而在现有的互联网环境下，匿名性已经变得越来越难以实现。根据《华尔街日报》的调查，排名全球前50位的网站，从CNN到雅虎，再到MSN，每个网站平均安装、设置了64个充满数据信息的Cookie或是个人信息追踪指示器。③ 伊莱·帕里泽（Eli Pariser）对《纽约客》的漫画进行了重新阐释：“新兴的互联网应用不仅仅知道电脑前是一条狗，而且还知道它的品种，并打算卖出一碗粗磨粉狗粮。”

“遗忘变成了例外，而记忆却成了常态。”数据科学专家维克托·迈尔-舍恩伯格（Viktor Mayer-Schönberger）认为，四大驱动力——数字化（digitization）、廉价的存储

① 李艳红.重塑专业还是远离专业？从伦理和评价维度解析网络新闻业的职业模式[J].新闻记者，2013(2)：54-59.

② ProPublica.Annual report 2010[EB/OL].[2018-8-10].https://propublica.s3.amazonaws.com/assets/about/PP_2010_annualrep_forWEB.pdf? _ga=2.262899404.1167206536.1533865817-666702104.1533865817.

③ PARISER E.The filter bubble：what the internet is hiding from you[M].New York：Penguin Press，2011.

图 7-2 “在互联网上，没有人知道你是一条狗”(Peter Steiner，1993 年 7 月)

器(cheap storage)、易于提取(easy retrieval)、全球性访问(global reach)——帮助打造了一座随时随地监视我们的数字圆形监狱。[①] 他提倡一种“数字化节制”，建议人们尽可能地远离那些会向他人透露个人信息的互动。

二、叙事结构

(一)叙事结构的变化

新媒体时代，新闻叙事更具备后现代特征：意义的建构更具流动性，建构过程更加开放、透明。具体而言，互联网叙事结构具有不同于传统媒体的两大特征。

第一个特征是开放。没有了版面的限制，新闻故事可以通过超链接和任何网站相连接；相应地，潜在的、能够看到该新闻故事的读者将不受媒体人的控制，他们可以添加评论、补充新的线索和观点。编辑或记者无法单独决定哪些内容是值得关注的、有意义的，也不再是新闻事件的唯一阐释主体。新闻生产过程变得更加开放，主体更加多元，新闻报道的价值和意义经由公众的集体参与而被不断重塑。

① 舍恩伯格.删除：大数据取舍之道[M].袁杰，译.杭州：浙江人民出版社，2013.

互联网叙事的第二个特征是流动。传统意义上对新闻的定义是经由专业从业者“后台”生产后发布的成品，其基本样态为固态，发表后很少有机会修改或重写；其表演必须遵守行业规范，即真实、准确、客观、制作精良等，那些粗糙的原材料、草稿、半成品、修改稿等都留在“后台”。报纸一旦付诸印刷，或者电视栏目一旦完成录制，就代表着媒体从业人员制作出了“最终成品”(end product)。

电视直播部分打破了这一常规——开始混淆“原料”与“成品”之间的界限。网络新媒体则更加全面地打破了“前台”的文本定义：一方面，互联网和社交媒体将新闻生产带进 7 天×24 小时的不间断发布状态，以线上新闻网站为代表，通过滚动发布、及时更新、资料链接等方式，使新闻产品呈现出“永远未完成”的液态，是随时可修订、永远不停止的流动版本；另一方面，以记者博客、微博等社交媒体平台为代表，新闻生产过程中的原料、底稿、被枪毙稿、未删减稿、手记等均得以进入公众可视的“前台”。近年来中国最著名的新闻“初稿”也许就是 2010 年由《凤凰周刊》记者邓飞、《新世界周刊》记者刘长等人于南昌机场合力完成的《女厕攻防战》。学者周葆华借用戈夫曼和梅罗维茨的相关理论，将上述变化总结为从“前台”到“后台”的“可视化”过程。[①]

(二)叙事结构变化带来的伦理影响

面对叙事结构的变化，媒体从业人员遵循的伦理规范与大众媒体时代相比出现了很大不同。传统新闻遵循的规范主要是准确、平衡、中立、发布前的核实(pre-publication verification)；而互联网新闻则注重及时、互动性、透明性、发布后的修正(post-publication correction)。[②]

例如，英国《卫报》专门设有“更正与澄清”(corrections and clarifications)版块(见图 7-3)，几乎每天都会对发布后的新闻进行修正。这种液态新闻挑战了新闻报道的准确、规范原则，凸显了快速与准确之间的张力。

三、关系结构

(一)关系结构的变化

记者和受众之间的关系，从彼此相对独立发展为开放、协作。大众媒体所进行的

① 周葆华.从“前台”到“后台”：新媒体技术环境下新闻业的“可视化”[J].传播与社会学刊，2013(25)：35-71.

② WARD S J.A.Ethics and the media：an introduction[M].Cambridge：Cambridge University Press，2011.

图 7-3　英国《卫报》开设、的“更正与澄清”版块

是一种单向、线性的传播，受众的反馈渠道有限（例如电视台的观众热线电话、报纸的读者来信），且常常存在时间上的滞后。因此，记者、编辑主要通过“想象的受众”来进行内容生产，其判断较少受到大众意见的干扰。

但是新媒体打破了原先的信息封闭和非对称平衡状态，被动接收信息的“受众”成为拥有主动选择权和参与权的“用户”，后者可以通过评论、转发、点赞、收藏等多种方式进行实时的正、负反馈。网络媒体不断挖掘其与读者互动的潜能，让受众经验参与到新闻的生产过程之中。

此外，通过网站分析（web analytics），媒介组织还可以收集和分析用户留下的“数字脚印”，以前所未有的方式即时获取有关用户行为的丰富信息，这些信息会被用于指导决策。例如，UV（unique visitor）是指访问某个站点或点击某条新闻的不同 IP 地址的人数，用于测量一条新闻的关注度。在进行新闻把关时，记者和编辑会考虑新闻故事是否能获得高流量和较长的停留时长，或是某类新闻标题是否能吸引高点击率。[①]

（二）关系结构变化带来的伦理影响

我们先通过一个案例来了解关系结构变化所带来的伦理影响。

---

① TANDOC E C.Journalism is twerking? How web analytics is changing the process of gatekeeping[J].New Media & Society,2014,16 (4):559-575.

案例：新华社《刚刚体》走红

新华社微信公众号 2017 年年中发布了一则新闻，标题是《刚刚，沙特王储被废了》。这则新闻的阅读量在短短十几分钟内就超过了 10 万次，最后阅读量达到近 800 万次，点赞量近 20 万，增加粉丝至少 50 万。[①] 该条新闻引起广泛关注的原因不仅是内容本身，还有热闹的评论区。如图 7－4 所示，面对网友评论“就这九个字还用了三个编辑”，新华社编辑给出了回复：“王朝负责刚刚，关开亮负责被废，陈子夏负责沙特王储。有意见???”新华社编辑一改平日里的严肃、高冷，和网友之间的互动成为超越新闻本身的热点。随后，眼尖的网友发现新闻正文中出现了错别字：“废除”指取消、废止法令、制度、条约等；而“废黜”指罢免、革除官职，“废除”应当改为“废黜”。

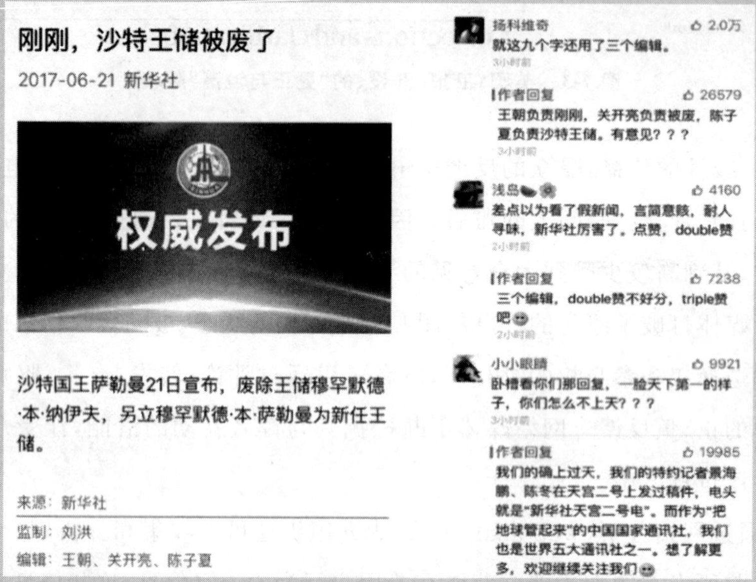

图 7-4　新华社微信公众号的“刚刚体”

长久以来，超然的职业立场(detached professional stance)是记者保持客观性和自主性的重要前提。在西方社会，尤其是在美国，新闻专业协会将独立性视为伦理规则的一部分，并且致力于与各种侵蚀自主性的力量做斗争。他们将自己的立场界定为独立于政府或任何外部力量的影响，为公民提供信息以承担公共服务的义务。

互联网是关于连接的技术，它压缩了距离，消除了各种边界，其中也包括传媒从业

① 葛素表.千万级大号“现象级”崛起“新华社”就在你的指尖[EB/OL].(2017-7-2)[2018-8-7].http://www.xinhuanet.com/politics/2017-07/02/c_1121248634.htm.

人员和受众之间的距离和边界。通过上述案例可以看出，距离和边界的消除使得网络媒体更能贴合受众取向和服务取向，然而个人化的表达和情感外露(例如网络新闻编辑常常自称“小编”、多使用第一人称和第二人称)易引发受众对媒体客观性、中立性的质疑。因此，过于注重受众导向和服务导向，最后可能导致新闻生产更敏感地反应于舆论，因受到受众意见的干扰，而无法坚持准确、客观的新闻报道和独立判断。①

本章小结：

1.新闻伦理要求传媒从业人员置身于复杂情境，遵循真实、人类尊严和非暴力原则，在多种诉求面前进行平衡和选择。

2.大数据时代，“可获取并不意味着(个人资料和数据的使用)符合伦理”。

3.数字监视的四大驱动力是数字化，廉价的存储器，易于提取，全球性访问。

3.在叙事方面，传统新闻遵循的规范是准确、平衡、中立、发布前的核实；互联网新闻则注重及时、互动性、透明性、发布后的修正。

关键术语：

1.后真相：诉诸情感与个人信仰比陈述客观事实更能影响民意的种种状况。

2.UV：unique visitor，是指访问某个站点或点击某条新闻的不同 IP 地址的人数，用于测量一条新闻的关注度。

思考与研讨题：

第一节

1.名词解释：后真相。(复旦大学、暨南大学、清华大学、浙江大学、四川大学 2018 年考研真题)

2.论述：自律是新闻工作者自由的前提。(中国人民大学 2015 年考研真题)

3.从“浙江温岭杀医事件”到“南京护士被打事件”，再到“湖南湘潭产妇死亡事件”，近年来频繁被曝光的“杀医”“伤医”事件让医患之间的暴力冲突不断进入公众视野。试析非暴力原则在此类新闻报道中的运用。

第二节

1.经济结构的变化带来了何种伦理影响？

---

① 李艳红.重塑专业还是远离专业？从伦理和评价维度解析网络新闻业的职业模式[J].新闻记者，2013(2)：54-59.

2.当代网络上的个人信息提取技术与《1984》书中的"老大哥在看着你",有什么相同处和不同处?

3.在叙事方面,传统新闻和网络新闻遵循的伦理规范有何异同?

4.关系结构的变化带来了何种伦理影响?

■延伸阅读:

书籍:

1.克里斯琴斯,等.媒介伦理:案例与道德推理[M].9版.孙有中,等,译.北京:中国人民大学出版社,2014.

2.杨保军.新闻道德论[M].北京:中国人民大学出版社,2010.

3.刘易斯.批评官员的尺度:《纽约时报》诉警察局长沙利文案[M].何帆,译.北京:北京大学出版社,2011.

4.科瓦奇,罗森斯蒂尔.真相:信息超载时代如何知道该相信什么[M].陆佳怡,孙志刚,译.北京:中国人民大学出版社,2014.

论文:

1.周葆华.从"前台"到"后台":新媒体技术环境下新闻业的"可视化"[J].传播与社会学刊,2013(25).

2.李艳红.重塑专业还是远离专业?从伦理和评价维度解析网络新闻业的职业模式[J].新闻记者,2013(2).

3.CHRISTIANS C G.Review of international media ethics[J].Comunicação e Sociedade,2014 (25).

4.SINGER J B. Journalism ethics amid structural change[J].Daedalus,2010,139 (2).

第八章　新媒体的政治影响[①]

▶章节大纲：

1.公共领域的“再封建化”和新媒体环境下的再转型。

2.社会动员理论下社会抗争的几种策略和表演式抗争的运作逻辑。

▶章节内容：

“从政治家的角度来说，有一点是很明确的，那就是在民主社会中，权力和影响力的大小，取决于对信息的掌握和有策略地运用。”[②]新媒体与政治之间的联系非常紧密，本章从公共领域、社会抗争两个角度，具体介绍新媒体带来的政治影响。

第一节介绍了哈贝马斯关于公共领域的论述和新媒体环境下的再转型。一方面，新媒体的确促进了公共领域的“去封建化”；但另一方面，也有不少学者对依托于新媒体的公共领域产生了质疑和讨论。

第二节从社会动员相关理论出发，概述了传统社会抗争的几种策略。在新媒体环境下，传统的以暴抗争、以法抗争等开始向表演式抗争这一崭新的实践样态转变。

第一节　新媒体与公共领域

一、公共领域的提出及“再封建化”

公共领域(public sphere)是处于国家和市民社会中间的一个批判领域，在这个领

① 暨南大学2017级硕士研究生周亚东参与了本书第八章、第九章的编写。

② 班尼特.新闻：政治的幻象[M].杨晓红，王家全，译.北京：当代中国出版社，2005.

域内，公民可以理性地对社会生活和公共问题进行批判和思考。尤尔根·哈贝马斯(Jürgen Habermas)和汉娜·阿伦特(Hannah Arendt)是研究公共生活和公共领域的权威学者。在探究极权主义社会的过程中，犹太裔美国政治理论家阿伦特最早提出了公共领域的概念，并强调了公共领域概念的重要性。在其著作《人的境况》一书中，她相信存在一个纯粹的公共政治领域，无论市民属于哪个阶级、什么性别、何种种族或民族，都可以平等地参与对话，在这个领域中的人可以成为真正的政治的人。哈贝马斯是研究公共领域的集大成者，1962 年他在《公共领域的结构转型》一书中，围绕公共、公众、舆论等关键词对公共领域的历史起源、结构转型、功能等做了详细的分析。

哈贝马斯认为，最早的公共领域要追溯到古希腊时期的广场集合，其建立在自由发表意见和对话的基础之上。到了 17 世纪，随着报纸、杂志等媒介的发展，公共领域逐渐发展为一些城市贵族和资产阶级上流社会在剧院包厢和饭店里的宴会。随着城市里咖啡馆的繁荣，在咖啡馆里定期举行的沙龙成为文学批评中心和政治批评中心。在批评过程中，一个介于贵族社会和市民阶级知识分子之间、有教养的中间阶层便逐渐形成了。[①]

图 8-1　早期欧洲沙龙场景

① 哈贝马斯.公共领域的结构转型[M].曹卫东，等译.上海：学林出版社，1999.

《公共领域的结构转型》出版两年之后，哈贝马斯在一篇题为《公共领域》的小文章中对公共领域做了一个简明扼要的界定："所谓'公共领域'，首先意指我们社会生活的一个领域，在这个领域中，像公共意见这样的事物能够形成。公共领域在原则上向所有公民开放，其中的一部分由各种对话构成。在这些对话中，私下的人们聚在一起，形成了公众。那时，他们既不以商业或专业人士的身份来处理私人行为，也不作为合法团体而接受国家官僚机构的法律规章的规约。当他们在非强制的情况下处理普遍利益问题时，公民们作为一个群体来行动，因此，这种行动具有这样的保障，即他们可以自由地集合和组合，可以自由地表达和公开他们的意见。当这个公众达到较大规模时，这种交往需要一定的传播和影响的手段。今天，报纸和期刊、广播和电视就是这种公共领域所使用的媒介。当公共讨论涉及与国家活动相关的问题时，我们便称之为政治的公共领域。"①

公共领域主要由三方面的要素组成：公众、公众舆论、公众场所和媒介。

（一）公众

公众作为公共领域的主体，指的是关注普遍利益而不受国家或任何其他权力影响并拥有理性思考能力的群体，他们自愿组合在一起，形成"公众"。公共领域中的"公众"有三个特征：一是拥有共同关注的普遍利益（利益的普遍性是相对于公众群体的范围而言的），这种普遍利益在私人或集团利益之上；二是自愿性，即组成公众的每一个体应是"自愿地""自由地"集合和组合，可以自由地表达和公开他们的意见；三是拥有一定的规模，这一规模应有多大才能超越"集团"范畴而发展为"公众"，则视"普遍利益"的性质及普遍程度而定。②

哈贝马斯认为，公众首先要具备一种社会交往方式。这种社会交往的前提不是社会地位上的平等，或者说，它根本就不考虑社会地位问题，其强调的是反等级礼仪，提倡举止得体。所谓平等，在当时人们的自我理解中即指"单纯作为人"的平等，唯有在此基础上论证权威，才能要求权威，并最终压倒权威。虽说不是有了咖啡馆、沙龙和社交聚会才产生了公众观念，但有了它们，公众观念才能被称为观念，进而成为客观要求。也就是说，公众是开放的，并不存在财富、地位等方面的门槛，只要是关注普遍利益的人，都可被称为"公众"。

①② 陈勤奋.哈贝马斯的"公共领域"理论及其特点[J].厦门大学学报，2009(1)：114-121.

（二）公众舆论

哈贝马斯曾考察了“公众舆论”的发展历史。他认为，公众舆论的主要功能是通过对国家权力的批评、监督，最终控制国家权力。当然，这种批判必须建立在公众理性的基础上。公共意见，按其理想，只有在从事理性讨论的公众存在的条件下才能形成。这种公共讨论被体制化地保护起来，公共权力的实践成为其批评的主题。这里所指的舆论是带有一定批判意味的，而且必须建立在理性的基础之上。

（三）公众场所和媒介

公共场所为公众表达意见提供了空间。正如哈贝马斯所描述的，在历史上，剧院、广场、饭店、咖啡馆都是公众交流的场所，而随着报纸、广播、电视等大众媒介的发展，媒介成为构建公共领域的重要手段。公众媒介与公众场所是公共领域的物化形式，也是公众舆论的表达手段，在很多时候，也很可能是公共领域的主体与标志。①

然而，哈贝马斯在肯定了大众传媒构建公共领域的功能之后，又马上提到了公共领域的转型。所谓公共领域的结构转型，指的是在19世纪最后的20多年里（以1873年经济大萧条为标志），国家干预主义渐趋强化，资本主义的发展进入一个新的阶段以后，国家干预的社会领域与公共权限范围向私人组织转移，即社会的国家化和国家的社会化同步进行。这一辩证关系逐渐破坏了公共领域的基础——国家和社会的相对独立状态，即位于国家和社会之间的紧张地带逐渐消失。② 哈贝马斯把这一过程称为公共领域的“再封建化”。

资产阶级公共领域的衰落，与传统媒体的侵蚀不无关系。哈贝马斯说：“大众传媒塑造出来的世界所具有的仅仅是公共领域的假象。”传播机构最初的基础被颠覆了，这种具有批判精神的公众机构应该被掌握在私人手中，且不受公共权力机关干涉。但是由于商业化以及经济、技术、组织的一体化，它们变成了社会权力的综合体。一方面，大众媒介的影响范围和力度达到了前所未有的程度——公共领域本身也拓展了；另一方面，它们也重新集中到过去商品交换的私人领域，它们的传播效率越高，就越容易受到某些个人和集体的影响。③

“软新闻”占报道主流的大众媒介，不仅很少提供可供公众讨论的政治话题，而且

---

① 陈勤奋.哈贝马斯的“公共领域”理论及其特点[J].厦门大学学报，2009(1)：114-121.

② 展江.警惕传媒的双重“封建化”[J].青年记者，2005(3)：7-9.

③ 哈贝马斯.公共领域的结构转型[M].曹卫东，等译.上海：学林出版社，1999.

使受众习惯于“软新闻”的易读性与易理解性，受众参与政治话题讨论的能力不但没有得到媒体的培养，相反是在退化。大众媒介承载着公共领域，但是在资本逻辑左右着的“伪公共领域”中，没有政治话题，也没有政治讨论的训练，因此受众出现了“去政治化”的现象。回溯哈贝马斯的观点，公共领域弥合了国家和公民之间的距离，但是受资本左右的“伪公共领域”通过对受众“去政治化”的涵化，阻隔了公众与国家及公共事务之间的联系，公民依靠自身难以构建可供讨论并发布公开意见、形成舆论的公共领域。

二、新媒体环境下公共领域的再转型

新媒体与传统媒体不同，在去中心化、互动性和技术赋权的特性下，其颠覆了传统媒体“把关”的规则，用户可以公开、公正地讨论话题并进行传播。媒介机构已经不可能再通过制定节目单、设置栏目和选题来控制议程并掌握话语权，隶属于传播者的话语权已经被传播者和受众共享。虽然工业时代的大众媒介把公众变成了大众(mass)，变成了大批量生产信息，但是信息时代的新媒介让大众重回公众，使其成为公共空间、公民社会得以成立的基础。[①]

数字新媒体的发展，催生了公民新闻。新媒体和公民新闻的独特优势，在一定程度上形成了新的公共领域。

(一)新媒体促进公共领域形成

1.新媒体构筑参与平台

从咖啡馆到新闻书刊再到网络，媒介为公共领域的形成提供了多种可能。它们为个体提供了各种空间，在这样的空间中，“公众意见”得以形成。[②] 平台是建构公共领域的关键因素。传统媒体环境下的受众是相互孤立的，但是新媒体具有匿名性，用户所受限制较少，彼此之间可以实时互动交流，这在一定程度上促进了公共领域与个人领域之间的联系，使两者的界限变得模糊，这一特点与哈贝马斯公共领域的特点基本相同。以新浪微博为例，在微博出现以前，普通受众基本没有发表自身看法的权利，而微博出现以后，观察者、舆论者的界限被打破，来自各方的意见可以在很短的时间内成为一种相对强大的力量，如受众可以在微博上发表自己对某件事的看法，从而得到部分赞同与回应，逐渐形成一种声音。此时，每个人既是消息传播者又是消息接收者，这

---

① 段永朝.新媒体与公共领域的重构[J].汕头大学学报，2017(1)：97-105.

② 谢征.论新媒体的公共领域构筑功能[J].求索，2012(10)：98-100.

种情况的出现打破了公共领域与私人领域之间的界限，有效减少了传统媒体对人们发言权的限制。[①]

2.新媒体促进公众参与

新媒体的最大优势就是赋予了网民发声的权利，因而我们身处“人人都有麦克风”“人人都是总编辑”的时代。根据戈夫曼的拟剧理论，我们每个人都在“前台”进行表演，每个人也都拥有表演的欲望。新媒体大大降低了媒介使用的门槛，实现了网民对媒介的近用权，每个人都可以在网络上发表自己的看法，从而更好地实现公众参与。在现代社会中，公民参与已经成为公共生活的重要组成部分。这个参与不仅在形式上给予了公民表达自我利益的机会，而且在真正意义上还为公民提供了保障自身利益和生活的权利。这样的参与还使得政府和公民之间保持着沟通和交流，加强了彼此间的信任，能够使政府的公共政策有更为合法的基础。[②]

新媒体的应用为公众参与提供了信息来源，如果公众对某一事件很感兴趣，就可以根据已知信息对该事件展开大规模讨论，从而形成声势浩大的网络舆论，对事件产生实质性的影响。魏则西事件发生以后，引发了公众对于百度虚假医疗广告以及竞价排名模式的集体谴责，在微博、微信和各大论坛上掀起了巨大的声浪，迫使百度重新规划广告业务。国家也出台了《互联网广告管理暂行办法》以规范互联网广告活动，保护消费者的合法权益，促进互联网广告业的健康发展。

3.新媒体建立维系纽带

传统媒体下的公共领域之所以“再封建化”，是因为本应该平衡权力视角和民众视角并建构客观的媒体视角的大众媒体，由于受到政治、资本的侵蚀，未能实现这一功能。社会化媒体在受众行为、传播模式上都与报刊、电视等传统媒体的形式有很大的不同，从其发展趋势来看，这些变化更有利于“公共领域”的建构，新媒体实现了以“公众利益”为维系纽带的场域。

哈贝马斯认为，个体因为相同的政治、经济利益而走到一起，并具有共同的诉求，从而使个体凝聚为公众。近年来，不管是郭美美事件还是帝吧出征事件、“红黄蓝”虐童案，社会化媒体正通过草根性的传播，让公众为了自身和社会利益而凝聚在一起，在目标群体之中组织起一场场群体性运动，产生一定的社会影响力。

---

① 崔杰.哈贝马斯公共领域视角下传统媒体到新媒体的转型研究[J].新媒体研究，2017(1)：64-65.

② 徐晓日，李天恩.新媒体对中国公众参与的影响研究[J].电子政务，2014(8)：9-26.

(二)典型案例——微博

2009年被称为微博元年。2009年9月,新浪微博在我国率先上线,随后,腾讯、搜狐等多家微博也相继上线。根据新浪微博发布的2017年第二季度财报,截至2017年6月,微博月活跃用户规模增长到3.61亿,移动端月活跃用户占比达92%。微博创造了一个不同阶层、不同职业、不同文化程度、不同社会背景的公民共同参与、众声喧哗的空间,真正地成为多元话语的集散地。同时,微博的匿名性提高了公众的自由表达度,信息传播者的地位及权威都会被隐藏在意见本身的价值和观点的新锐度之中,每个人的意见都有可能受到重视,得到关注。[①] 不管是前几年的郭美美事件、魏则西事件,还是近年来的山东"辱母案"、救助"冰花男孩"等事件,我们都可以看到,大量网友积极参与到事件中,并且从具体事件出发,讨论背后存在的社会矛盾和问题,促使相关部门迅速解决。微博已初具互联网"公共领域"的雏形。

三、新媒体环境下对公共领域的质疑

美国社会学家理查德·桑内特(Richard Sennett)在探讨公共生活和私人生活的《公共人的衰落》一书中写道:"电子传播技术是一种促使人们不再有公共生活概念的技术手段,媒体加深了社会群体之间的相互了解,但也毫无必要地削弱了它们的实际交往,即'看到更多,交往更少'。"[②]

公共领域有3个基本特征,即开放、理性、批判。然而在新媒体环境下,网络看似实现了平等准入,实则不然。由于存在经济基础和技能的差异,并不是所有的人都可以接触并熟练使用新媒体。胡泳通过调查相关机构的数据发现,我们在网络讨论中所看到的并不是网络社区的代表性样本,它更偏向于网络社区的成分,尤其偏向于年轻男性的成分。[③] 也就是说,网络上的公共舆论仅仅是部分人的意见,其并不能代表整体民众,这种现象给新媒体的开放性打了大大的问号。

新媒体环境鱼龙混杂,一方面,处于后真相时代的今天,人们只重视情绪而忽视事实,标题党、假新闻横行,人们接触到的信息杂乱无章,理性的思考与沟通较难成形;另一方面,随着人工智能和算法的普及,人们逐渐会受到"回音室"和"过滤气泡"的影响,

---

① 姚雪乔,安磊.微博公共领域特征与功能的探讨:以新浪微博"郭美美事件"为例[J].东南传播,2012(8):83-85.

② 桑内特.公共人的衰落[M].李继宏,译.上海:上海译文出版社,2008.

③ 胡泳.众声喧哗:网络时代的个人表达与公共讨论[M].桂林:广西师范大学出版社,2008.

变得只关注自己喜欢的或意见相同的人,共同关注的议题和利益结合点无法形成,理性交流失去了形成的土壤。

在今天的公共空间中,充斥着多样化的意见表达、情绪表达和后现代元素,比如恶搞、拼贴、反讽、人肉、卖萌等。这些新媒体事件以后现代方式展现着自身的存在,其涉及的参与、互动、自我表达并非可以用过去的分析框架、分析工具予以收编和综合。① 这种后现代的表达方式于无形中消解了公众表达应有的批判意识,更多地充满了娱乐和消费的色彩。哈贝马斯在一篇文章中指出,计算机中介交往只有在集权主义制度下才有利于民主进程:它能够削弱集权者对舆论的控制和镇压;然而,在自由主义制度之下,"全世界范围内兴起的数百万个分散的聊天室,把人数众多且高度关心政治的'大众传播受众'变为大量分散的、仅关心孤立议题的'民众'"②。

学者迈卡·希福莱(Micah L.Sifry)使用比喻的手法,描绘了扭曲的政治身体:"它有一张巨大的嘴,两个巨大的拳头,一左一右,大多数时间在对着彼此挥舞;它的心脏仍然跳动得非常强烈,尤其是在遇到情感事件时更是心跳加速;但是它的耳朵和眼睛被噪音和闪光所蒙蔽;它的胃很少消化什么东西;它腿上的肌肉因为长时间不用而萎缩。"③

这是否意味着现代公共领域正在消失?荷兰学者简·梵·迪克(Dijik J.V)认为,这种情况只能说明一个单一、统一的公共领域的常规观念,有特色公共意见的附随观念,对一件普通的公共物品进行某种公共/私人区分,都是过时的。我们得到的是一个"不同大小的、重叠的和相互联系的公共领域的复杂拼图",现代公共领域的想象统一体将会转化成更加复杂和区别化的统一体,比以往任何时候都更少地被束缚于时间、地点和领土等限定因素。④

新媒体变革的核心问题,是如何面对公共领域重构的挑战。而公共领域的重构,并不是"恢复"到过去那种公正、中立、圣洁的状态。公共空间并非静止不动的同质空间,而是高度变异的异质空间。⑤

---

① 段永朝.新媒体与公共领域的重构[J].汕头大学学报,2017(1):97-105.

② Habermas, Jürgen. Political communication in media society: does democracy still enjoy an epistemic dimension? The impact of normative theory on empirical research[J].Communication theory, 2006, 16 (4): 411-426.

③ SIFRY M L. The big disconnect: why the internet hasn't transformed politics (Yet)[M]. New York: OR Books, 2014.

④ 迪克.网络社会:新媒体的社会层面[M].蔡静,译.北京:清华大学出版社,2014.

⑤ 段永朝.新媒体与公共领域的重构[J].汕头大学学报,2017(1):97-105.

第二节　新媒体与社会抗争

改革开放40年来，中国从一个计划经济国家快速转变成一个以市场经济为导向的国家，经济社会快速发展，人民生活水平也大大提高。经济的发展虽然带来了诸多益处，但同时也出现一系列社会矛盾和问题。阶层分化加剧、社会舆论“流动性过剩”，情绪引爆点低等现象都表明，位于转型时期的中国已经进入典型的“断裂社会”，即原先的城乡二元社会结构已经开始转向“去二元社会”结构。在这个过程中，社会结构趋于分化，同时还伴随着结构固化和碎片化。[①] 在这种环境下，大量的社会抗争事件不断涌现，如厦门PX事件、宜黄自焚事件等。尤其在新媒体出现后，社会抗争形式又出现了新的变化。

一、作为社会运动的抗争

集体行动、革命和社会运动是三个既有联系又有区别的概念。一般认为，集体行动的组织化和制度化程度都比较低，革命则是大规模的、高度组织化的、旨在夺取政权的制度外政治行为，而社会运动则介于两者之间，组织化程度可高可低，追求的社会变革也可大可小。我们一般用“社会运动”来指代集体性社会抗争行为。在人们的印象中，社会运动总会带有颠覆和反叛的色彩，这其实是一种误解，尤其是对新社会运动的误解。

20世纪60年代，西方涌现了女权运动、环境运动、同性恋运动等大批社会运动。与传统的社会运动不同，这些社会运动因存在如下特点而被称为新社会运动。第一，在传统社会运动中，人们加入社会运动的动机是物质需求，而在新社会运动中，人们则是为了非物质性的价值；第二，传统社会运动背后一般都有共产主义、宗教激进主义等宏大的意识形态，而新社会运动想要改变的仅是社会上的某一种主流价值观，动作的发出基于对共同身份的认同；第三，传统社会运动的对象一般是统治阶级，目的是改善运动参加者的经济和政治地位，而新社会运动的对象是公民社会本身，目的是提倡一些后现代价值观；第四，传统社会运动的组织内部等级严格，而新社会运动组织成员之间比较平等，在更多的场合下，新社会运动的核心成员是一个个小规模的朋友圈子和

---

① 张涛甫，王智丽.中国舆论治理的三维框架[J].现代传播，2016(9)：32-36.

社会运动网络。[①]

随着新社会运动的发展，一些人开始对这些社会运动的发展及其意义等进行反思，他们的工作推动了社会运动研究在美国的发展，并逐渐建立起资源动员理论和政治过程理论。今天，我们提到社会运动就必然要谈到现代社会运动理论。

传统社会理论注重个人的心理状态，强调社会运动的参与者是非理性的。而所谓资源动员理论，指的是社会运动的出现，并不是由于社会矛盾加大了人们的相对剥夺感和怨恨感，而是社会上可供社会运动参与者利用的资源大大增加了。社会运动会越来越专业化，并且一个社会运动所能动员的资源总量将会越来越成为决定这个社会运动的规模大小和成败的关键。[②]资源动员理论的提出者麦卡锡和左尔德在分析20世纪60年代美国社会运动总量增多的现象时认为，"二战"后，美国经济的持续繁荣使得人们手中的可支配时间增多，社会上能被社会运动组织所利用的钱财资源也变多了。

政治过程理论建立在资源动员理论的基础上，认为一个社会运动的动员能力取决于社会运动成员所控制的资源多少，而社会动员能力是由两大因素综合决定的。其一为社会运动成员所控制的生产因子（包括土地、人力、资本和技术等资源）总量；其二为社会运动成员把他们所控制的生产因子转换为运动资源的能力，这一能力取决于运动参与者涉及的利益以及组织能力。[③]

根据政治过程论的观点，抗争行动通常是在政治机会比较开放和有利的情况下发生的。作为一个通俗的话语概念，任何能促进社会运动群体以实现其利益变化的都可以看作政治机会。比如旧的政治平衡被打破、民主法治的完善、社会上出现社会运动群体的同盟等。当前，中国正处在社会快速变迁的时期，与西方20世纪六七十年代类似，社会运动和社会抗争行为大量涌现的同时也产生了诸多具有本土特色的底层抗争策略。

（一）以暴抗争

即为争取权利而采取的一些极端或暴力手段。以进城务工人员为例，他们所采取的种种极端行为，在主体方面可定位为因救济权利而采取的一种抗争策略，是其以身体甚至生命为赌注的一种威慑机制。在这一博弈过程中，至少有两种社会规范发挥了作用：一是雇主会因这种极端行为的出现而感到羞耻；二是政府会因此羞愧。这些社

---

①②③ 赵鼎新.社会与政治运动讲义[M].北京：社会科学文献出版社，2006.

会规范影响着纠纷参与人的行为，进而推动纠纷的解决。① 但从结果来看，以暴抗争是一项代价极其高昂且成功率偏低的行动。

（二）以法抗争

“以法抗争”与“依法抗争”虽然只有一字之差，但却有实质差别。这里的“法”，泛指国家法律和中央政策。“以法”是直接意义上的以法律为抗争武器，“依法”是间接意义上的以法律为抗争依据。“以法抗争”是抗争者以直接挑战抗争对象为主，诉诸“立法者”为辅；“依法抗争”则是以抗争者诉诸“立法者”为主，直接挑战抗争对象为辅，甚至避免直接挑战抗争对象。在“以法抗争”中，抗争者更多地视自身为实现抗争目标的主体；而在“依法抗争”中，抗争者更多地以立法者为实现抗争目标的主体。其中，“以法抗争”这种维权抗争活动在方式和内容上都表现出明确的主动性和政治性，并且具有一定的组织形式。②

进城务工人员的“以法抗争”以具有明确政治信仰的利益代言人为核心，以建立相对稳定的社会动员网络为目的，抗争者以其他进城务工人员为诉求对象。目前，该类抗争主要申诉的问题有土地问题、私有财产问题等。

（三）以“势”抗争

“势”是基于面子与权力的运作过程，是一种综合考虑个人权威、道德品质、利益往来及血缘关系等因素的结合方式。人们常说的“得势”“有钱有势”“无钱无权无势”“人势”等即蕴含了这种意义。“势”是一种隐性力量，本身并不直接作用于对象，而是依靠其他方面产生的力量而施加作用。以下一些方面都可以是“势”的来源，比如形势、姿态、权力、地位、时机、法度、情况、威力、规律和运动趋向等。尤其值得注意的是“势”与“资本”之间的关系。布尔迪认为资本是“势”的重要来源，但“势”又不完全来源于资本，这正是其提出概念“势”的根本原因。因为即使一个人无任何资本时，他也仍可能有“势”。比如，我们都说老百姓没有什么资本，农村没有什么资本，但他们在某种情况下会形成“势”。③

行动者采取的策略取决于他们在现实场域中的位置，各位置上具有不同的“势”。

---

① 徐昕.为权利而自杀：转型中国农民工的“以死抗争”[J].中国制度变迁的案例研究，2008：255-305.

② 于建嵘.当代中国农民的“以法抗争”：关于农民维权活动的一个解释框架依法抗争[J].文史博览，2008(12)：60-63.

③ 董海军.依势博弈：基层社会维权行为的新解释框架[J].社会，2010(5)：96-120.

“势”的结构由知势、谋势和用势等因素构成。知势是基础，即维权主体与对象对双方各自所具有的势能的把握，力图做到“知己知彼”；谋势是关键，即造势和借势；用势则是核心。依势博弈体现了拟剧论、互动论和博弈论等社会学理论的思想。[①] 例如，在进城务工人员的维权运动中，单枪匹马势小，但一群人聚在一起，不仅势能大大增加，维权抗争的成功率也会上升。

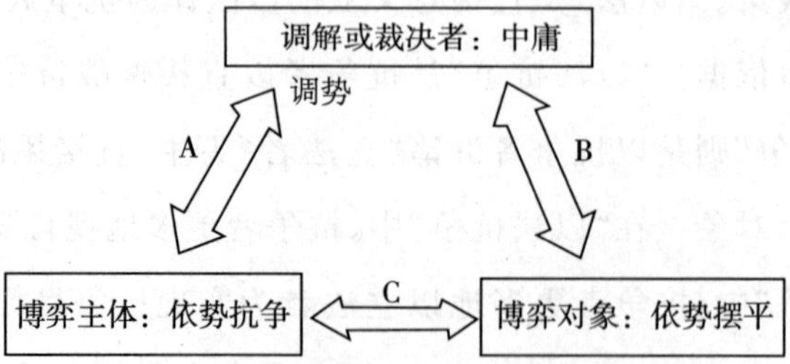

图 8-2 抗争三方行为框架图

二、表演式抗争

传统的以暴抗争、以法抗争、以势抗争等虽然已经有了比较成熟的模式，但是大部分抗争的结果并不理想。一个事件如果不是发生在人们的周围，媒体的报道在大多数人眼里就是事实。如果媒体对事件不予报道的话，那么对于人们来说，这一事件就相当于没有发生。在这种环境下，没有被报道的社会运动就如同没有发生。因此，社会运动很重视吸引媒体的注意力。假如抗争行为的戏剧性不足，则不可能具有新闻价值，就不可能被媒介化、焦点化，也就不可能达到预期效果。在环境运动示威中，参与者会在自己身上套着大大的树的模型或者濒临灭绝的动物的模型在街上引起人们的注意，这种行为就是为了迎合媒体而进行的具有震撼的视觉效果的传播行为。[②] 新媒体的普及，让社会抗争的传播成本和难度大大降低，通过大量“新媒体事件”的制造，传统的抗争策略也悄然向“表演式抗争”转变。

(一)诱因

1.互联网的普及

在信息爆炸的时代，人们越来越依靠大众媒体和互联网来获取信息。互联网在各

---

① 董海军.依势博弈：基层社会维权行为的新解释框架[J].社会，2010(5)：96-120.

② 赵鼎新.社会与政治运动讲义[M].北京：社会科学文献出版社，2006.

国政治和社会生活中的作用日益凸显，互联网对公民社会、公民参与、政治动员、“国家—社会”关系和政治行为产生了重大影响。互联网的抗争迅速兴起并发展壮大，为抗争打开了新的机会之门。而中国的实际情况是——正式或非正式的运动组织力量非常孱弱，线下的抗争在总体上处于一种“草根动员”的弱组织状态；线上的抗争日益依赖于互联网等新媒体，即依靠“虚拟组织”进行抗争动员成为一种新常态。①

2.异质化社会

当今，社会流动性大，社会成员的异质性强。在一个高度异质化的社会中，社会纽带在连接社会成员、约束社会成员行为等方面的作用被大大削弱了，集体行动式的政治参与可能性也被降低了。底层抗争者处于弱势，这尤其体现在社会网络资源方面。在一个碎片式的社会中，抗争者失去了连接的纽带，这决定了其难以采用集体行动的方式来参与政治，改变利益分配格局。表演式抗争的优势在于其低成本性，无论是跳桥还是堵路，都无须太高的行动资源门槛，只需简单的道具（横幅）、简单的行动（走上公路），抗争者就可以将自己的利益诉求以表演的形式淋漓尽致地展现出来。②

（二）抗争剧目

表演式抗争是通过制造某种戏剧化的、消费性的、参与性的表演行为来传递并表达抗争诉求的一种底层行动方案和政治实践。③“河南开封府景区演出‘铡美案’时遇进城务工人员讨薪喊冤”“广东农民为反抗拆迁‘煮锄头’”等都属于表演式抗争的典型案例。

传统社会的抗争大多采用游行示威、罢工、集会等抗争剧目，一般人数较多，规模较大。表演式抗争与传统社会抗争的剧目不同，其参与的人数不多，有时甚至可以是一个人。表演式抗争的重点在于“表演”，其发挥的舞台可以分为“大舞台”与“小舞台”。所谓“大舞台”，是指表演式抗争的宏观社会背景，而“小舞台”，是指表演式抗争发生的具体场景。④

2012年，一名自称“苗翠花”的女性进城务工人员仿照外交部发言人的口吻，讲述了工友们被用工方拖欠工资350万元的事实。视频中还有其他进城务工人员扮演“讨

---

① 黄杰.互联网使用、抗争表演与消费者维权行动的新图景：基于“斗牛行动”的个案分析[J].公共行政评论，2015(4)：98-133.

② 黄振辉.表演式抗争：景观、挑战与发生机理：基于珠江三角洲典型案例研究[J].开放时代，2011(2)：71-84.

③ 刘涛.视觉抗争：表演式抗争的剧目结构与符号矩阵[J].西北师大学报，2016(4)：5-15.

④ 黄振辉.表演式抗争：景观、挑战与发生机理：基于珠江三角洲典型案例研究[J].开放时代，2011(2)：71-84.

薪社”记者，与“新闻发言人”上演一问一答。“苗翠花”称：“我们主张和平、合理、合法地索要款项，以和为贵，以稳定为大局，从不非法上访。”这段《女民工模仿外交部新闻发言人讨薪》的视频迅速在网络上走红，其中，扮演新闻发言人和记者的几名进城务工人员可以看作剧中人或表演者，而“新闻发布会”的组织者可以看作导演，普通的民众则为观众。表演舞台就是进城务工人员自己搭建的“发布会”现场，这一舞台对扩大事件的传播效果有重要作用。在这一事件中，表演者模仿正式新闻发布会的语言和程序，通过人物置换产生的新鲜感和刺激性快速俘获了网友的注意力。

表演式抗争的重要策略就是制造图像，进城务工人员扮演新闻发言人公开讨薪就是一幅典型的图像。在表演式抗争事件中，弱势群体的利益诉求之所以采用“戏剧表演”而非“催要方式”和“冲突方式”，根本上是因为“戏剧表演”传递了一种新的抗争形式和剧目观念；其落脚点并不是对利益诉求的直接表达，而是强调对互联网传播场域中图像符号的生产实践，或者说表演的目的和落脚点就是为了制造图像。权力阶层惧怕的并不是表演本身，而是图像化的表演场景。当表演行为经由媒介化表征而成为具体的图像文本时，视觉动员便成为一个逼真的社会抗争命题。在剧目形式上，弱势群体的表演之所以是滑稽的、幽默的、诙谐的，根本上是因为这些场景经由视觉化再现之后，有效地吻合了互联网传播场域中的消费逻辑、认知逻辑和注意力逻辑。①

(三)动员方式

1.媒介动员

抗争表演者所有的努力都是为了引起媒体的关注。由于媒体往往被视为政府权力的监视器和公众权益的守护者，在底层民众遭受公权力欺压的时候，媒体报道往往会倾向于弱者，以产生强大的舆论压力。媒介化抗争的主角会设法将自身的利益诉求构建为媒体突出强调的重要议题，进而将自身诉求问题转化为公众普遍关切的重要公共话题，形成推动政府解决问题的强大压力。2012 年 4 月份，“苗翠花”在国家信访局门口碰到两男一女，他们表示想讨回工钱就要去拍摄视频，才能在媒体上引起轰动。“苗翠花”说，那个视频足足录了四五个钟头：“当时在一个地下室里，稿子是工友们互相商量出来的，就几百字，但都是我们的心声。”②视频一经发布，便在微博等平台上得

---

① 刘涛.视觉抗争：表演式抗争的剧目结构与符号矩阵[J].西北师大学报，2016(4)：5-15.

② 王晓易.模仿发言人讨薪女民工：录发布会视频时浑身哆嗦[EB/OL].(2012-10-21)[2018-1-15].http://news.163.com/12/1021/02/8EA9MDPR00014AED_all.html.

到了大量转发，多家主流媒体也迅速跟进报道。

2.情感动员

底层群体的情感类型是道德情感，因而携带着明显的价值判断和是非立场，这使得底层群体的情感深处酝酿着一种反抗的能量。[①] 在社会运动中，情感动员的主要方式是情感的表达。情感的表达依赖于各种载体和象征手段，如话语、音乐、漫画、口号等。在互联网和新媒体时代，这些传统的表达方式被赋予新的能量，同时出现了短视频、博客等新的形式。[②] 悲情和戏谑是最常见的两种情感表达。在上述事件中，进城务工人员模仿外交部发言人就是一种戏谑的表达，引发了网友们的情感共鸣，也使得众多网友站在进城务工人员一方，投入到线上抗争中去。新媒体改变了底层抗争者的动员结构，抗争者可以利用情感动员获得媒体与公众的注意，或通过情感动员获得道德与正义的支持。

表演式抗争的策略是让自身的利益点与新闻媒体的兴奋点保持一致。当媒体介入之后，事件得以曝光，政府相关部门就被置于"围观"的玻璃缸之中。与此同时，创新性的剧目上演触动了观众悲伤、震撼、愤怒等情绪，在这两个机制产生的效用下，表演事件本身转化成对地方行政官员的压力。但是，当底层行动者在表演式抗争的框架下无法达到预期目标时，他们或许会选择暴力手段。表演式抗争也会造成社会秩序混乱、社会治理成本升高等严重问题。[③]

表演式抗争是一种制度外的抗争形式，其负面效应十分明显。因此，相关部门在继续推进经济体制转型的同时，也应加快推进社会管理体制和政治体制改革，通过合理的制度设计，将社会转型时期出现的各种利益诉求用制度加以包容与消化。从治标层面来看，应满足并完善各种利益表达和解决机制，引导各种不满人群在制度的范围内合理地表达诉求；从治本层面来看，要重塑国家治理结构，通过政治体制改革还权于民，并大力推进社会建设工程，减少利益分配中的不公平现象，从源头上抑制社会不满情绪的产生。[④]

本章小结：

1.新媒体变革的核心问题，是如何面对公共领域重构的挑战。新媒体虽然有利于

---

① 刘涛.情感抗争：表演式抗争的情感框架与道德语法[J].武汉大学学报，2016(5)：102-113.

② 邱林川，陈韬文.新媒体事件研究[M].北京：中国人民大学出版社，2011.

③ 黄振辉.表演式抗争：景观、挑战与发生机理：基于珠江三角洲典型案例研究[J].开放时代，2011(2)：71-84.

④ 陈天祥."媒介化抗争"：一种非制度性维权的解释框架[J].江苏行政学院院报，2013(5)：90-96.

公共领域的形成，结出了“公民新闻”的硕果，但同时也在开放性、理性、批判性等方面存在欠缺。

2.新媒体改变了底层抗争者的动员结构，抗争者可以制造“图像”，利用媒介和情感动员获得媒体与公众的注意。

关键术语：

1.公共领域：公共意见能够形成的空间，一般有公众、公众舆论和媒介/场所等要素。公共领域在原则上向所有公民开放，供所有公民进行理性和批判性讨论。

2.公民新闻：指来自普通公民的非专业新闻报道，是公民在搜集、报道、分析和散布新闻和信息的过程中发挥积极作用的行为。

3.政治机会结构：任何能促进社会运动群体并实现其利益变化的都可以看作政治机会。因而政治机会结构指的是比较常规的、相对稳定的、能改变人们社会运动参与度的政治环境。

4.表演式抗争：通过制造某种戏剧化的、消费性的、参与性的表演行为来制造“图像”以实现事件媒介化、焦点化，从而传递并表达抗争与诉求的一种底层行动方案和政治实践。

思考与探讨题：

1.微博等社会化媒体平台是不是真正的公共领域？为什么？

2.公共领域能够把私人问题排除在公共讨论之外吗？（2018 年武汉大学考研真题）

3.简述哈贝马斯的“公共领域”及其在网络时代存在的必然性。（2018 年华南理工大学考研真题）

4.表演式抗争和传统社会抗争策略的不同之处？

5.如何理解新媒体对社会关系的解构与重构？结合理论和实际进行分析。（2018 北京大学考研真题）

延伸阅读：

书籍：

1.哈贝马斯.公共领域的结构转型[M].曹卫东，等，译.上海：学林出版社，1999.

2.邱林川，陈韬文.新媒体事件研究[M].北京：中国人民大学出版社，2011.

3.杨国斌.连线力:中国网民在行动[M].邓燕华,译.桂林:广西师范大学出版社,2013.

4.赵鼎新.社会与政治运动讲义[M].北京:社会科学文献出版社,2006.

5.SIFRY M L.The big disconnect: why the internet hasn't transformed politics (Yet)[M].New York:OR Books,2014.

论文:

1.展江.警惕传媒的双重"封建化"[J].青年记者,2005(3).

2.黎明月.突发事件报道中的目击媒体现象:以"天津港爆炸事故"为例[J].新闻传播,2017(4).

3.黄振辉.表演式抗争:景观、挑战与发生机理:基于珠江三角洲典型案例研究[J].开放时代,2011(2).

4.刘涛.情感抗争:表演式抗争的情感框架与道德语法[J].武汉大学学报,2016,(5).

5.刘涛.视觉抗争:表演式抗争的剧目结构与符号矩阵[J].西北师大学报,2016,(4).

第九章　新媒体的文化影响

▶章节大纲：

1.新媒体环境下网络民族主义的表达和组织动员发生的重大变化及转向。

2.伯明翰学派研究青年亚文化的"抵抗—收编"模式和青年亚文化的内涵流变。

3.社会网络区别于网络虚拟社区的结构特点和重大影响。

▶章节内容：

新媒体对于社会政治、经济、文化等方面的影响不言而喻，研究新媒体必然要了解新媒体产生的影响。本章的主要内容以民族主义、亚文化等在新媒体环境下的嬗变为例，具体分析新媒体带来的影响。

第一节主要介绍了民族主义的概念和网络民族主义的兴起，通过"帝吧出征"事件，分析新媒体对网络民族主义的表达方式、表达风格、表达取向和组织动员等方面所产生的影响，并介绍了新出现的"粉丝民族主义"。

第二节通过梳理芝加哥学派、伯明翰学派及后现代主义对亚文化的研究，介绍了青年亚文化发展的关键脉络。在新媒体环境下，青年亚文化出现了表达、主体、地位、意义等多方面的转向。

第三节主要介绍了网络虚拟社区"圈式"结构和社会网络"链式"结构的区别。

第一节　新媒体与网络民族主义

2016 年 1 月，台湾艺人周子瑜"国旗事件"逐渐引起舆论发酵。事后，艺人经纪公司发布了一段周子瑜的道歉视频，引发了台湾网友的不满。大陆艺人林更新转发视频并评论，其 FB 主页立即遭到台湾网友大规模的批评和谩骂。为保护自己的偶像并对抗台独分子，大陆众多网友纷纷带着特殊武器"表情包"远征，与台湾网友在 FB 平台上展开了轰轰烈烈的"斗图"大战。之后，百度第一大吧"李毅吧"在微博和 QQ 群中组织大规模远征，将网络声讨蔓延到《苹果日报》、《三立新闻》和蔡英文的 FB 主页之下。网友发布大量评论刷屏，逼迫《三立新闻》、蔡英文的 FB 主页关闭评论或删文，此次事件就是"帝吧出征"事件。因中国大陆网民使用的主要方式是"网络表情包"，故也被称为"FB 表情包大战"。

一、网络民族主义的兴起

（一）民族主义和网络民族主义

民族和民族主义一直以来都没有准确的概念阐述。一些西方学者提出，民族不是先于民族主义存在的，对民族的想象才是民族形成的基础。也就是说，民族、民族主义和民族国家并不是"先验"存在的，而是通过传播和媒体建构出来的。本尼迪克特·安德森（Benedict Anderson）认为，以个别印刷方言为基础而形成的特殊主义的方言——世俗语言共同体，就是"民族"的原型。

因此，有关民族主义的概念和意义说法众多，但基本目标无外乎民族自治、民族统一和民族认同，最重要的核心观念是（民族的）真实性、连续性、尊严、天命、友谊（爱）和祖国。① 21 世纪以来，伴随着中美、中日之间的摩擦，中国的民族主义显著升温，官方对此采取的态度也在不断发生变化。

互联网时代的到来，催生了"网络民族主义"。"网络民族主义"是"网络＋民族主义"的有机结合，是民族主义思潮在网络时代的最新表现。民族主义思潮在网络中找到了可以充分表达的平台，也获得了一定的表达资源，网络在引导、塑造、形成民族主

① 史密斯.民族主义：理论，意识形态，历史[M].叶江，译.上海：上海世纪出版集团，2006.

义方面充当着“放大镜”和“聚焦器”的作用。据考证，“网络民族主义”一词在中文世界里最早出现在2003年，但是作为一种政治现象，网络民族主义早在20世纪90年代末互联网进入中国时就已经出现。闵大洪认为，在20世纪90年代到21世纪初的中国网络世界里，中国网络民族主义对国内事务持批判现实主义立场，对海外事务则呈现民族主义立场。①

（二）传播技术助推网络民族主义

媒介环境学派的代表人物麦克卢汉在其著作《理解媒介：论人的延伸》一书中曾提出“媒介即讯息”的观点，他认为媒介对社会发展起到了重要的推动作用。在该书的《印刷词——民族主义的建筑师》一章中，他最早将传播技术与民族主义联系在一起。传播技术作为技术和文化的复合体，对民族主义话语构型本身也起着重要的作用。②

随着网络新技术的发展，尤其是“两微一端”等新媒体的大量涌现，网民在技术的“赋权”和“加持”下成为舆论场的重要主体，两个舆论场的问题遂成为热门话题。因此，当下的网络民族主义与21世纪初所描述的网络民族主义又有明显的不同。早期网络民族主义的议题属于“自上而下”式，即基本来自现实社会事件或大众媒体的报道；而新网络民族主义运动常常起源于网民“自下而上”的议题设置，经过舆论的发酵获得大众媒体的注意。像“帝吧出征”的导火索“周子瑜道歉”事件、“上海女逃离江西”事件等都发端于网民，并在网络空间持续发酵。由此可见，民族主义的表达和组织动员有了更多的渠道和形式，获得了大量可以征用的象征资源。可以预见的是，随着AI、VR等新技术的不断涌现，网络民族主义的表达将获得更多的渠道和资源。

二、网络民族主义的表达

（一）表达方式：表情包和弹幕

在“帝吧出征”事件中，没有出现以往非理性舆论的“互撕”，也没有过分挑拨大陆与台湾之间的政治敏感，原因就在于这次抗争的主要“武器”是表情包。表情包在年轻

① 闵大洪.对中国网络民族主义的观察、分析：以中日、中韩关系为对象[J].中国网络传播研究，2009(0)：131-143.

② 麦克卢汉.理解媒介：论人的延伸[M].何道宽，译.北京：商务印书馆，2000.

一代的日常交流中已经占据了重要的地位，有网友调侃，日常交流变成了日常“斗图”。大陆众多网友纷纷带着“表情包”远征，与台湾网友在 FB 平台上展开了轰轰烈烈的“斗图”大战。比如，网友们在《三立新闻》FB 主页下发布大量大陆的风景照和美食照，或者在蔡英文 FB 主页上粘贴大量政治口号和国歌等内容，甚至还将图片打上“中国人专用”等专属水印。

升国旗，奏国歌

上车，老司机带你
去看升国旗

图 9-1　网友“出征”时使用的表情包

网络民族主义的另一种常见表达形式是弹幕。所谓“弹幕”，原来是一种电脑上的射击游戏，当大量子弹飞在屏幕上时，形成弹幕景观。在这里，弹幕可以理解为“字幕像子弹一样飞”。从形式上看，“弹幕”指的是通过一定的网络技术，将评论性文字逐条发送到视频页面上；从内容上看，弹幕内容与视频内容紧密相关，多属于即时评论或“吐槽”。[①] 国内近年来，涌现出例如 AcFun（AcFun 弹幕视频网，下称 A 站）、bilibili（哔哩哔哩弹幕视频网，下称 B 站）等发展较为成熟的中文弹幕网站。弹幕通过实时吐槽，让用户拥有二次创作的成就感，甚至出现“弹幕比视频更精彩”的现象。弹幕的这些特性也让网络民族主义得以快速形成。如观看主旋律影视作品或外国作品时，网友经常发送弹幕，表达强烈的民族主义情感。

（二）表达风格：反讽、戏谑

表情包、弹幕等独特的表达方式带来的是反讽和戏谑的表达风格，这种风格也表现出了鲜明的“抗争”意味。网民用“拼贴”制造出来的夸张、恶搞、多义的表情包取代

---

① 张聪，常昕，陈颖.浅析“弹幕”对大众传播模式的革新与影响[J].东南传播，2014(12)：12-14.

了单一的政治口号，更能激发人们的联想，达到很强的“隐喻”效果。也就是说，在对事件的反讽和戏谑中，网民巧妙地表达了自己的观点，避免了传统的愤怒、悲痛等令人不悦的“情感”。刘海龙认为，在“帝吧出征”事件中，那种以怨怼为底色的沉重情感已经被更为轻巧的反讽、戏仿、戏谑所替代。[①] 据相关统计，大陆网友在蔡英文 FB 主页上的留言中，出现频率最高的基本上属于“关爱”的话语。

（三）表达趋向：娱乐化、游戏化

娱乐化和游戏化体现了整个互联网舆论的心态，网络民族主义也不例外。在“帝吧出征”中，网友基本不使用文字，仅以调侃、戏谑的图像符号“表情包”作为争论武器，引发双方众多青年网友加入。但是，在网友你来我往的“交互轰炸”之下，这次“出征”消除了严肃的政治意味，表现出明显的抵抗意义弱化和政治娱乐化倾向，整个“大战”充满了娱乐色彩与游戏本性，参与者自身也认为这不过是一场互相逗趣的游戏。杨国斌指出，这场游戏，更像是网友的一场“自我表演”。[②] 事件发生后，“好玩”“有趣”成为大家普遍的观感。

三、网络民族主义的组织、动员和实施

2016 年 1 月 20 日凌晨，“帝吧”中负责管理的“赵日天 233 号”发布了一条“今晚 7 点出征 FB 和对岸“台独”同志进行友好交谈”的微博，一时间转发量过百万，被刷上热门话题榜。随后更多关于“远征”的帖子从其微博发出，“帝吧出征总群”的 QQ 群里开始聚集大批网友。这次“出征”纪律严明，分工明确，队伍被分为两个总群及一个前线“部队”，每个总群下又设有 3 路纵队，近千人的群迅速被分化为分工明确的 6 类小组，最终的 QQ 群有 30 多个，仅管理人员就达到了 90 多人。[③]

由此可见，新媒体的使用，为网络民族主义的组织动员提供了便捷的平台。在新媒体环境下，彼此未曾见面的陌生人通过“想象”的方式迅速结成一个“共同体”，彼此之间有着强烈的集体认同。在“帝吧”正式“出征”前，组织者对表情包的使用类型做了说明，还统一了头像，制定了严格的“出征”纪律。比如使用文明用语、杜绝谩骂和人身攻击、不发侮辱领导人的图片等。

---

①③ 刘海龙.像爱护爱豆一样爱国：新媒体与“粉丝民族主义”的诞生[J].现代传播，2017(4)：27-36.

② 引言 杨国斌.英雄的民族主义粉丝[J].国际新闻界，2016(11)：27.

同时,“帝吧”网友的自我认同不是自上而下构建的“想象共同体”,而是具有较高的多元性和宽容性。传播学认为,一个运行良好的组织,气氛是轻松、舒适、非正式的。因此,在“帝吧”“出征”之前,较好的组织效能奠定了传播效能的基础。

郭小安提出了“网络米姆(meme)”的概念,他认为,作为一种新型的政治参与方式,网络米姆如表情包等,具有较强的传播力和感染力,为网络民族主义运动提供了一种新的动员模式,是视觉传播时代青年群体集体行动的新逻辑。①

四、从网络民族主义到粉丝民族主义

新媒体技术不断冲击着网络民族主义,改变着网络民族主义的基本特征。一方面,网民可以利用新媒体实时互动、交换信息,实现“虚拟的在场”;另一方面,官方也越来越懂得使用新媒体“吸粉”。萌化的语言、接地气的风格让网民们心生好感,也出现了被称为“小粉红”的群体。“小粉红”泛指那些比较年轻的、具有爱国主义精神的网民。被称为“小粉红”的网友们,虽然分散在各个贴吧、论坛、微博或其他社交媒体中,但却表现出非常自然而且坚固的集体认同。② 刘海龙将这种新型的网络民族主义命名为“粉丝民族主义”。“小粉红”们认为自己对国家和民族负有强烈的责任和义务,要投入情感去维护国家与民族的荣誉和形象,当国家遭受不公正对待时,会向对手发起辩论和挑战。他们平视、参与,而不是仰视、崇拜国家,将国家“个人化”。

根据刘海龙的观点,Web2.0 技术是粉丝民族主义出现的背景;参与主体多为平时远离政治的青少年网民,还包括一些被称为“小粉红”的群体;在表达方式上,带有极强的网络亚文化风格,其情感不是传统民族主义表达中常见的仇恨与愤怒,而是反讽、愤世嫉俗甚至正向感情;同时,他们并不消极地接受精英的宣传,而是积极参与国家意义的建构与生产,将自己的想象投射到国家上。在全球文化的影响之下,网络民族主义的参与者并不全是思想狭隘的民族主义者,相当一部分人是对西方文化有一定了解的、学历较高的青少年,有一些还是海外留学生。③

对于“粉丝民族主义”的出现,我们不应先入为主地做价值判断,认为他们是“非理性”的,而应该将其置于当下的时代背景和特定的事件指向之中再加以看待。正如上

① 郭小安,杨绍婷.网络民族主义运动中的米姆式传播与共意动员[J].国际新闻界,2016(11):54-74.

② 王洪喆,李思闽,吴靖.从“迷妹”到“小粉红”:新媒介商业环境下的国族身份生产和动员机制研究[J].国际新闻界,2016(11):33-53.

③ 刘海龙.像爱护爱豆一样爱国:新媒体与“粉丝民族主义”的诞生[J].现代传播,2017(4):27-36.

述内容所提到的那样,“粉丝民族主义”的主体虽然年龄不大,但都是学历较高、熟悉东西方文化的群体。他们的思想也不狭隘,关键在于是否得到合理引导。

第二节 新媒体与青年亚文化

根据国际电信联盟 2017 年发布的报告,全球有 8.3 亿年龄在 15 至 24 岁之间的青年使用互联网,占全球青年总人数的 80%,[①]青年成为互联网文化创造的主体。亚文化,顾名思义,是相对于主流文化而言的“次文化”“小圈子文化”。在英美文化中,亚文化带有边缘、反常、抵抗等色彩;而在亚洲文化中,亚文化往往倾向于形容小众的、部落化的业余爱好。[②] 亚文化可以指具有特殊习惯或行为方式的一群人,也可以延伸为一种特殊的生活方式。美国学者波普诺所著的权威教材《社会学》对“亚文化”有如下定义:“从广义上来说,亚文化通常被定义为一种更为广泛的文化亚群体,这一群体形成了一种既包括亚文化的某种特征,又包括一些其他群体所不包括的文化要素的生活方式。”

一、亚文化:从芝加哥学派到伯明翰学派

亚文化不是一个简单的文化现象,而是西方现代性问题的重要构成部分。亚文化作为典型的“现代性”现象,它的出现与现代城市化、工业化进程息息相关。随着工业化和城市化进程的加快,现代社会的人际结构和阶级结构日益复杂化。现代工业化和城市化进程不仅重建了个体在整个社会经济结构当中的社会地位,并在此基础上对人群进行了经济学意义上的区分,而且重构了各阶层的政治意识和文化意识,培育了诸多与文化、政治认同有关的新维度。由此激发出的各种新的社群归属意识、身份认同意识和维权反抗意识,成为促成日益彰显的亚文化政治的主要社会历史动因。[③] 随着中国现代化进程的开始,国内也逐渐出现各种亚文化现象。

亚文化研究始于芝加哥学派对美国,特别是对芝加哥城的社会问题,如针对流浪

---

① ITU.ICT facts and figures[EB/OL].(2007-07)[2018-01-15].https://www.itu.int/en/ITU-D/Statistics/Documents/facts/ICTFactsFigures2017.pdf

② 陈一.新媒体、媒介镜像与“后亚文化”:美国学界近年来媒介与青年亚文化研究的述评与思考[J].新闻与传播研究,2014(4):114-124.

③ 孟登迎.“亚文化”概念形成史浅析[J].外国文学,2008(6):93-125.

汉等无固定居所和无生产力的社会偏离群体的研究等。芝加哥学派的兴起与芝加哥城的都市社会环境、移民问题和芝加哥大学的学术环境有着密切的联系。首先，从19世纪后半期开始，过度都市化、日益严重的贫富分化、失业人口的增加、工作条件恶化、生活水准降低、贫困阶层扩大和各种各样的犯罪问题开始出现并加剧，这是芝加哥学派兴起的重要社会背景。其次，芝加哥大学良好的学术氛围和一批如帕克等优秀的学者在主观上促进了芝加哥学派的产生和发展。①

罗伯特·帕克(Robert Ezra Park)的“越轨青年”理论认为，城市边缘的青少年群体在高速进行的都市化运动中，因为自身的积贫积弱而无法跟上这一进程，从而被抛出社会主体结构之外，导致传统规范和社群关系无法对他们实施规约和监督，因而形成边缘的亚文化。在芝加哥学派看来，亚文化群体毫无疑问是被社会主体人群驱逐在社会结构之外，与社会规范和伦理道德格格不入，给社会添加麻烦和困扰的边缘少数人群。这些问题人群为了对抗社会主导文化，从而形成了独特的反文化、反社会的文化实践活动，比如吸毒、滥交等。②

芝加哥学派在分析边缘群体和主流社会的关系时，只看到了社会结构对个人的作用，而忽视了个体的能动反抗作用。由伯明翰学派克服了这一研究缺陷，并赋予了亚文化更多的积极意义。伯明翰学派成为后期研究亚文化尤其是青年亚文化现象的“旗手”，“抵抗、风格、收编”也成为后人总结伯明翰学派研究的关键词。

首先是“抵抗”。伯明翰学派认为，亚文化是弱势群体对主流社会霸权的反抗。青少年形成了特别的风格(特殊的交谈方式、在特别的地方以特别的方式跳舞、以特殊的方式打扮自己、和成人世界保持一定距离)，他们把穿着风格描绘成是“一种未成年人的通俗艺术……用来表达某些当代观念……例如离经叛道、具有反抗精神的强大社会潮流”③。

亚文化的“抵抗”其实也是一种寻求认同的策略。也就是说，青少年通过制造独有的风格和行为方式，建立起“区隔体系”，区分出“圈内人”和“圈外人”，回应自我认同和集体认同等问题。如cosplay亚文化群体就通过装扮、模仿动漫或游戏中的虚拟人物来集结同好。

其次是“风格”。“风格”是伯明翰学派亚文化理论中出现频率很高的词语。伯明翰学派的统帅霍尔等主编的《通过仪式抵抗：战后英国青年亚文化》，以及由他的学生赫伯

---

①② 黄瑞玲.亚文化的发展历程：从芝加哥学派到伯明翰学派[J].国外理论动态，2007(11)：77-81.

③ 胡疆锋，陆道夫.抵抗·风格·收编：英国伯明翰学派亚文化理论关键词解读[J].南京社会科学，2006(4)：87-92.

迪格所著的《亚文化:风格的意义》两本著作都对“风格”进行了分析。《通过仪式抵抗:战后英国青年亚文化》中的“仪式”(ritual,或译为“礼仪”)和“风格”是同义词,即组织化的象征活动与典礼活动,用以界定和表现特殊的时刻、事件或变化所包含的社会与文化意味。[①] 通俗来说,风格是一种类似于表达自身精神、气质的手段和方法。亚文化所代表的对霸权的挑战并不直接由亚文化产生,更确切地说,它间接地表现在风格之中,即符号层面。[②] 赫伯迪格用“噪音”这一概念来描述这种风格对象征秩序构成的挑战。

最后是“收编”。亚文化的抵抗风格产生以后,支配文化和利益的集团无法坐视不理,它们对亚文化进行了不懈地遏制和收编(incorporation)[③]。葛兰西在其提出的“霸权”理论中认为,从属阶层和弱势群体与主导地位的阶层处于“协商”(negotiate)和斗争的动态过程之中。这一理论也形象地揭示了“收编”和“抵抗”的动态过程:亚文化是弱势群体“抵抗”出来的政治文化成果,也必然会遭到“收编”。亚文化的表达形式通常通过两种主要的途径被整合和收编进占统治地位的社会秩序中去:第一种是以商品的方式,把亚文化符号(服饰、音乐等)转化成可大量生产的物品;第二种是以意识形态的方法,支配集团——警察、媒介、司法系统对异常行为贴“标签”并重新界定。[④]

图 9-2 典型的“朋克族”

① 霍尔,杰斐逊.通过仪式抵抗:战后英国的青年亚文化[M].孟登迎,等译.北京:中国青年出版社,2015.

② 赫伯迪格.亚文化:风格的意义[M].陆道夫,胡疆锋,译.北京:北京大学出版社,2009.

③④ 胡疆锋,陆道夫.抵抗·风格·收编:英国伯明翰学派亚文化理论关键词解读[J].南京社会科学,2006(4):87-92.

二、新媒介下青年亚文化的转向

媒介环境学派的代表人物梅洛维茨提出过“媒介情境论”，认为媒介会影响情境，情境又会影响人的行为，即人们在不同的情境下会做出不同的行动和反应。在以互联网为代表的新媒体的猛烈冲击下，传统的社会结构、价值观念和思维方式都发生着深刻的改变。就亚文化而言，亚文化离不开媒介这个传播载体，其要依存媒介才能形成。同时，作为亚文化研究的三个关键词，即抵抗、风格和收编，也都与媒介息息相关。因此，高度互动化、即时化、开放性的新媒介时代催生和建构了很多新的亚文化形态，如自拍文化、恶搞文化、鬼畜文化等。

基于互联网的新媒介不仅催生了多种亚文化样态，而且对青年亚文化自身也产生了很大的影响。一方面，新媒介正在历史性地改写青年亚文化与主流文化的关系；另一方面，新媒介对青年亚文化构成要素的技术重组和创建，催生了新型的表达方式。[①]新媒介促使各种文化关系重新调适，推动了青年亚文化的多重转向。[②]

(一)表达方式的转向

赫伯迪格是这样描述朋克族的：“额上的卷发、皮夹克、小羊皮软底男鞋和尖头皮鞋、橡胶底帆布鞋和帕卡雨、摩登族的平头和光头仔的步伐、紧身瘦腿和色彩鲜艳的袜子、紧身短夹克和笨重的街斗钉靴，这一切乱糟糟的物体能够既各就各位，又显得不合时宜。”[③]可以发现，不管是美国的朋克族、光头仔，还是中国的“杀马特”，他们都通过打扮和行为去表达自己的“风格”进而确认共同体。

然而，新媒介的即时性和互动性使得亚文化获得了更加丰富和多样化的表达。熟练掌握新媒介技术的年轻人不再仅关注于衣着言行，他们还利用文字、音视频、H5 等多种手法，生产和传播亚文化。如近年来兴起的鬼畜亚文化，最明显的特征之一就是制作大量“鬼畜”风格的视频和音乐，彰显自身。同时，新媒介还使得传统的线下表达向线上的虚拟表达转变。如今，青年亚文化更青睐于使用网络媒介所带来的新技术手段和新技术装置去表情达意，而将真实的主体形象以匿名的方式掩藏在赛博空间里，[④]鬼畜文化和网络恶搞都鲜明地体现着这一点。

---

①② 马中红，陈霖.无法忽视的另一种力量：新媒介与青年亚文化研究[M].北京：清华大学出版社，2015.

③ 赫伯迪格.亚文化：风格的意义[M].陆道夫，胡疆锋，译.北京：北京大学出版社，2009.

④ 马中红.新媒介与青年亚文化转向[J].文艺研究，2010(12)：104-112.

(二)主体的转向:普泛化还是小众化

亚文化中的“亚”本来就是“弱小”“次”的意思，这意味着亚文化属于一种小众文化，在小圈子内生产和传播。新媒介“赋权”下的网民，人人都可以接触并了解到自己感兴趣的内容。技术的“傻瓜化”强化了“网络世界人人平等”的可操控性，而友好的计算机界面和人性化的网络空间，模糊了现实社会中身份、性别、收入、学历等因素所带来的多重差异，最大限度地吸纳了青年群体的加入，激发了社会不同阶层的青年群体参与文化创造的热情，从而让亚文化从传统的另类小团体模式中脱颖而出，成为青年群体共同参与、共同分享的文化类型。① 但是，随着越来越多的人参与亚文化，人们的兴趣爱好变得越来越广泛，亚文化类型和群体在当下也越来越细分，出现了 cosplay、同人、二次元等各种各样的亚文化类型。每一种亚文化的群体看似越来越细分，彼此之间的界限也越来越模糊。所以，亚文化群体既不可避免地走向普泛化，又依然保有小众化的倾向。

(三)地位的转向:继续边缘化?

自芝加哥学派以来，亚文化与主流文化的关系，就被视为边缘与中心的关系，亚文化被视为一种“噪音”。在新媒介的助力下，青年亚文化插上了“翅膀”，有了越来越大的影响力，影响和改变着主流文化、主流社会。新媒介不仅为青年亚文化新的生存方式提供了可能，还可能激发对主流文化的重新审视并丰富其内蕴，甚至促成新的文化整合。②《那年那兔那些事儿》就是一个很典型的例子。该剧是国内漫画作家逆光飞行(本名林超)创作的一部动漫，该作品用漫画的形式诠释了中国近代的一系列重要事件，最先开始在 A 站、B 站播放。由于生动的人物形象和幽默的叙事风格，该动漫受到了广大网民的追捧。随后，这种激发强烈爱国主义情感的亚文化形式得到了主流文化的肯定，在官方积极践行“三贴近”话语体系的背景下，出现了共青团中央微博喊话“催更”和征用“兔子”“种花家”等话语现象，官方媒体赢得了网友的好感。尽管如此，青年亚文化的地位和作用看似得到显著提升，但是被夹杂其中的主流文化所“收编”的倾向也不能被忽视，青年亚文化依旧跋涉在从边缘到中心的征途上。

---

① 马中红.新媒介与青年亚文化转向[J].文艺研究，2010(12):104-112.

② 马中红，陈霖.无法忽视的另一种力量:新媒介与青年亚文化研究[M].北京:清华大学出版社，2015.

(四)意义的转向:抵抗的消解

伯明翰学派揭示了青年亚文化“抵抗”的气质,但在众声喧哗的当下,娱乐化、非理性现象充斥着网络。在亚文化族群身上已经看不到那种与社会对立的激烈情绪,相反,他们因为相同的兴趣爱好而集合到一起,或是借助网络、手机等新兴媒介和游戏发泄情绪,或是在自己的虚拟社区里持续狂欢。[①] 新媒介时代下的青年亚文化,往往更擅于表征似乎完全属于自我化或虚拟化的感性世界,而不是公然地“抵抗”现实间存在的文化形态,更不愿意与父辈或权威文化发生正面的“冲突”;他们不仅抹去了横亘在主流文化和非主流文化之间的森严界限,隔断了主体与现实之间的人文关注,而且有时候还颠倒真实与虚拟的逻辑关系,将真实虚拟化,虚拟真实化,[②]原本的“朝外抵抗”逐渐演变为“朝内满足”。此外,商业资本通过掌握新媒介技术,挖掘了青年亚文化群体的心理和消费特性,使青年沉迷于对亚文化外在形式的追逐,最终使得亚文化抵抗意义的本质得到消解。

随着当代青年亚文化的转向,“后亚文化”的概念逐渐被提出。亚文化概念的内涵由最先强调与社会主体文化的“差异性”扩展到伯明翰文化研究中心加以突出的“抵抗性”,以及此后的“关系性”和后亚文化理论中的“创造性”。[③]

在后亚文化理论对于亚文化概念的阐释中,史蒂芬·雷德黑德(Stephen Redhead)的定义最具代表性。他认为,新的亚文化研究必须关注年轻人建构他们身份时的碎片化、个人主义的方式,即所谓的“后现代的经验”。进一步而言,今天的年轻人更喜欢具有多重身份的后现代人格,从而使青年亚文化表现出前所未有的虚拟性、短暂性、碎片化、异质性和个人主义等近乎后现代的特征。在后现代社会中,亚文化通过消费和建构可以使下层社会群体、边缘社会群体释放出具有创新意义的文化价值,亚文化甚至可以通过想象来突破本土化的局限以寻求全球商品消费中的个人力量。正是在这一意义上,后亚文化理论才明确解构了当初由伯明翰文化研究中心提出的颇具影响力的亚文化理论。[④]

今日是全球化时代,当全球化主流文化与地方本土文化在复杂多变的语境中反复连接时,青年亚文化的分类日益模糊,像风格、音乐趣味和身份认同等之间的关系变得

---

① 夏海淑.当代青年:从愤怒到游戏[EB/OL].(2007-09-05)[2018-01-15].http://news.sohu.com/20070905/n251979976.shtml.

② 马中红,陈霖.无法忽视的另一种力量:新媒介与青年亚文化研究[M].北京:清华大学出版社,2015.

③④ 马中红.西方后亚文化研究的理论走向[J].国外社会科学,2010(1):137-142.

不再明晰。今天的青年亚文化已经不再是摩登族、光头党这类风格可以分门别类地概括的了，其呈现为更多“混交”性质的新兴亚文化形态。故而，上述从伯明翰到后伯明翰的英国青年亚文化研究视野，无论对于理论的引介还是反观当代中国本土的亚文化研究，其借鉴意义不言而喻。[①]

第三节 新媒体与网络社群

自互联网产生以来，有关互联网的研究和理论便蔚为大观。互联网虽连接一切，但人才是其中最重要的因素。除了一对一的人际互动之外，网络社区是早期人们在互联网上进行多对多互动的重要形式。而新技术和新媒介的出现，使得传统的“网络社区”朝着“社会网络社群”的方向再次发生转变。

一、网络社区的提出

网络社区也被称为“虚拟社区”，这一名词来源于社会学中的“社区”概念。1887年，德国社会学家斐迪南·滕尼斯(Ferdinand Tönnies)在其著作《共同体与社会》中将人类群体划分为“社区”和“社会”两种类型，提倡以这种二分范式来从事社会学研究。“社会”指的是社会共同体，具有相对大型的、现代的、离散的特征；而“社区”作为与“社会”对应的学术词语，指的是生活共同体，具有小型的、传统的、团结的特征。后来斯宾塞、涂尔干等社会学家在研究社会时，经常从社区入手，探讨整个社会的性质。涂尔干认为，社区就是一种具体的社会场域，是认识社会事实的基础。

互联网出现之前，人们普遍认为工业化、城市化进程中的大众是一种原子式的存在，相互分散，无法协同工作。郭庆光在《传播学教程》中讲到，早期大众社会理论将现代社会分成两个部分，一部分是广泛的大众，另一部分是少数的权力精英(power elite)。权力精英永远试图控制和影响大众，大众是一种被动的、沙粒般的存在。[②] 然而，互联网的横空出世和高速发展使得人们拥有一个巨大的信息传播和分享的平台，人际传播、组织传播、群体传播、大众传播的手段得以更新。互联网传播速度的实时性和互动性使得原本相互离散的人们重新组织化，人们开始意识到网络中也存在着“社

---

① 陆扬.从亚文化到后亚文化研究[J].辽宁大学学报，2012(1)：121-127.

② 郭庆光.传播学教程[M].2版.北京：中国人民大学出版社，2011.

区”。美国学者霍华德·瑞恩高德(Howard Rheingold)在1993年出版的著作《虚拟社区:电子疆域的家园》中首次提出了“虚拟社区”的概念,他认为“虚拟社区”是指依赖于网络的一种虚拟空间,如早期出现的“新闻组”或直到现在依然存在的BBS论坛等。

每一个虚拟社区都会有一个明确的边界,社区的活动都发生在边界之内。加入某个社区,会有明显的行为标志。如在社区注册,每个社区会有一个明确的名称。人们在社区内的互动是通过一个个明确的话题来进行的。从形式上来说,这种社区的“圈”或边界是由社区的进入机制来决定的;而从本质上来说,这种边界是由社区的核心维系点决定的,即社区成员共同的意识、行为以及利益共同决定了社区的边界。“圈”式结构使社区边界明确,社区成员有较明确的身份意识,且以集体为单位进行多次交往,更容易形成对社区的归属感。因此,这种结构更有利于群体的形成。①

虚拟社区形成的原因大致有三种。首先,具有相同志趣的人能在网络上形成虚拟社群。人们对现实中的人或事件有共同兴趣,就容易通过相互沟通,自发形成虚拟社群。如明星的网上粉丝团,军事迷社区等。此类虚拟社群往往比较松散,没有较为统一的观点,目的性也不强,大多是兴趣使然。其次,具有同一目标的人容易结成虚拟社群。具有同一目标的人结成虚拟社群以增强自身力量,推动目标达成。这类虚拟社群形成的目的性很强,形成速度也非常快,相互之间的交流和沟通较多,一般以目的达成后虚拟社群消失为终点。最后,拥有相似观点的人在互联网上相互交流,以形成虚拟社群。互联网基本上是一个人人都可以自由发表观点和接受观点的地方,一种观点在传播过程中受到了另一些人的认可,就有可能形成虚拟社群进而形成群体观点,强化观点的声音并对持不同观点者表示反对。②

群体成员因共同的兴趣爱好、目标或观点而聚集在一起,在网络社区里形成“社区共同体”,满足人们在社会、文化和政治方面的需求,“社区”文化也成为互联网的关键词。在中国,最早的网络社区是由大学生创办的BBS论坛,如清华大学的“水木清华”,后来不断出现了注重知识性的“天涯社区”、综合性的“西祠胡同”等。人们通过论坛进行相对自由的言论表达,也对历史现实、社会现状、时事动态进行指点、评议。

杨国斌认为,网络社区作为新的空间形式,是一种“空间的避风港”,是反抗的地点;它们也是公民构建替代性认同、想象新世界、体验新组织形式以参与反抗的另一条路线。③

---

① 彭兰.从社区到社会网络:一种互联网研究视野与方法的拓展[J].国际新闻界,2009(5):87-92.

② 彭澎.虚拟社群的分类研究[J].浙江万里学院学报,2013(6):83-87.

③ 杨国斌.连线力:中国网民在行动[M].桂林:广西师范大学出版社,2013.

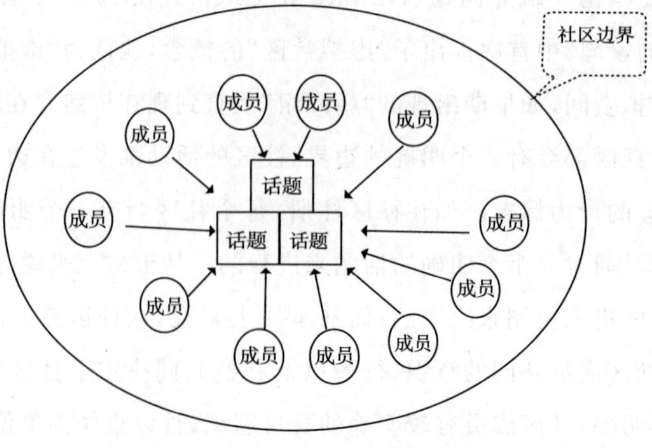

图 9-4 传统社区的"圈"式结构

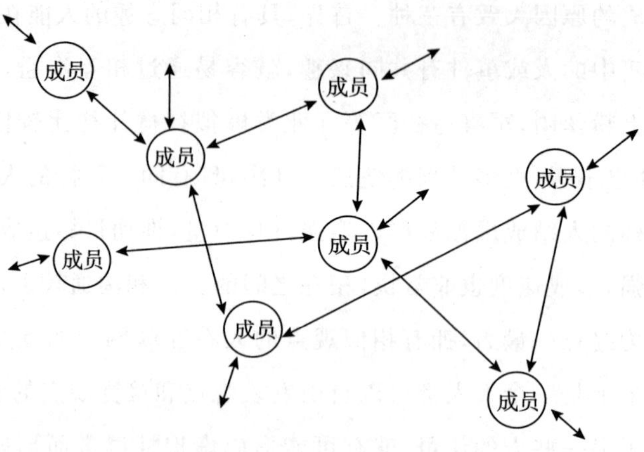

图 9-5 社会网络的"链"式结构

二、从虚拟社区到社会网络

网络社区的出现虽然满足了人们的社会交往需求，但传统社区仍属于典型的"圈"式结构，当我们观察到今天的一些新社区（如 SNS 网站、豆瓣等）时，会发现这些社区并没有明确的边界，人们的互动往往并不需要话题讨论，每一个人都可以以自我为中心来构建自己的关系圈子。社区是动态的、不断扩展的，呈现出多变的状态。① 这种新的形态与其说是社区，不如说是一种开放的社会网络。

社会学家涂尔干将群体或团体关系的维系区分为"机械团结"和"有机团结"。机

① 彭兰.从社区到社会网络：一种互联网研究视野与方法的拓展[J].国际新闻界，2009(5)：87-92.

械团结指的是由于其成员相似甚至同质而形成的团结;有机团结随着社会分工的出现而出现,它是建立在社会分工和个人异质性基础上的一种社会联系。如果说传统虚拟社区还只属于人们进行信息和情感交流的精神层面,依旧是某种意义上的"机械团结"的话,那么社会网络的出现则明显属于"有机团结",物质、利益、分工协作等因素已经发挥了重要作用,并依托网络空间朝线下拓展。

(一)技术——Web2.0 时代的到来

在 Web2.0 环境下,新媒体带有先天的优势基因。大数据、SNS 和即时通信的成熟使用,使得网络社群为用户提供了全新的互动领域,改变了传统的人际关系沟通模式,并生成用户生产、获取、交流、共享信息与知识的微观环境。[①] 新技术下的"个人赋权"也让新兴的网络社群成为一个个以个体为中心的社会网络的集合,每个个体都可以根据自己的需要来构建自己的社会网络。

(二)网民——从社会归属需要到社会资本需要

传统虚拟社区能够给拥有相同兴趣、目标或观点的一群人提供一种集体归属感,但是维护社区的运转需要所有社区成员共同努力,而"多对多"的交流模式是比较复杂和低效的。新型的社区则将关系分解到了"一对一"的链条上,网民只要与某一个特定的对象保持稳定的交流,就可能将这一关系维持下来。个体在互联网中不断拓展自己的社会网络,其主要的诉求是获得更多的社会关系,并借此来获得更多的社会资源。传统虚拟社区是无中心的,或者只是以少数意见领袖为中心的,而新的社区在结构上为个体社会资本的获得提供了更多的可能。[②]

基于此,社会网络成为目前社群发展的主要媒介手段。在这种结构的社群里,直接的话题讨论虽然不占主流,但人们通过相关链条,仍然能产生较为明显的相互影响。在这些社区里,人际传播虽然占主导地位,但是不断扩展的人际传播链条也能在社区传播中产生效应。[③] 相较于"圈"式结构而言,社会网络是一种网状结构,在这种结构之中,社区成员之间的集中交往并不频繁,更多的是成员之间一对一的个别交往,比较松散、随意。

社会网络是社会行动者及彼此关系的集合,这种集合不仅是个人的集合体,还是

---

① 邓胜利,胡吉明.Web2.0 环境下网络社群理论研究综述[J].中国图书馆学报.2010(5):90-95.

②③ 彭兰.从社区到社会网络:一种互联网研究视野与方法的拓展[J].国际新闻界,2009(5):87-92.

一种被组织起来、相互连接的状态。用户的各种分享活动促进了社群中知识的传播、共享和创新，网络社群已成为一种重要的知识共享平台。[①]

从上面的论述中，我们可以总结出社会网络的几项特征：

1.开放性

传统虚拟社区带有明显的边界，社区与社区之间会有“区隔”，成员也会打上不同社区的烙印，人们在边界范围内对相关话题进行讨论，整体呈现为一个朝内的“同心圆”。但是社会网络的网状结构则意味着不断朝外发散，每个节点都可以自主构建链条，延伸自己的社会关系。

2.动态性

与传统虚拟社区不同，社会网络所形成的社区是不固定的，处于动态变化中，在不同的时机和条件下激活的节点数量不同，形成的社区规模也不同。[②] 例如，“腾讯一元公益画”活动可能只会在青年群体网络范围内刷屏，而“十九大”等国家重大事件则会影响几乎所有的群体社会网络。而就“十九大”而言，不同的时间节点，人们受到影响的范围和讨论的话题也会随时变化。理论上，只要拥有共同的利益或目标，就可以激活整体网络。但是，基于关系的远近、利益的相关性等因素，人们的参与程度不可避免地会受到影响。

3.以自我为中心

传统虚拟社区中，意见领袖发挥的作用十分强大，大部分网民都是跟着意见领袖参与互动，等级层次比较明显。而在社会网络中，人人都可以处在社会网络的中心，没有明显的等级次序。社会网络的链式或网状结构也是一种典型的“无中心化”传播模式，每一个人都可以以自我为中心来构建自己的关系圈子。

大众社会的结构逐渐被网络社会的结构所取代。一方面，它的成员组织（个人、团体、组织）不再受限于特定的时间和地点，信息技术能够创造出虚拟的时空，让成员同时在全球和本地的条件下行动、感知和思考；另一方面，传统的本地团体，如社区、家庭和官僚集团都已碎片化，社会网络中的基本单位已经变成一个个独立的人，社会网络呈碎片化分布。与传统的家庭、邻里、社区和组织相比，网络社会交流的密度和内部的联系相对较低，这些成员会选择与超越自己的单位联系，发展出一种个体间高度相关

---

① 邓胜利，胡吉明.Web2.0 环境下网络社群理论研究综述[J].中国图书馆学报，2010(5)：90-95.

② 彭兰.从社区到社会网络：一种互联网研究视野与方法的拓展[J].国际新闻界，2009(5)：87-92.

的联系，并且由此加强他们所在网络社会单元之间的联系。[①]

近年来，有学者提出社群2.0的概念，这就是对“社会网络”的呼应。社群2.0与合作和用户贡献内容有关，是一种“贡献文化”，它越来越流行是因为社群与便携设备、互联网紧密相连。它是可移动的、无处不在的，而且它还在持续不断地累加。社群2.0充分利用了网络效应，在这里，用户可以基于共同的兴趣随机地相互联系。[②] 目前，共享经济的火热发展就充分证明了这一点。

社会网络革命带来了广泛连接、群体性弱化和个人自主性增强等新趋势，使得经济、政治、文化、社会结构等发生了剧烈变化。在智媒时代，社会网络的意义更加重大，看似没有组织的网民将会协同作战、解决问题、创造价值。美国作家克莱·舍基(Clay Shirky)一直在强调互联网构建群体的重要意义：由于社会网络的特性，我们可以用从前无法想象的方式去从事某个项目；不管我们的兴趣是多么小众，都可以发现志同道合的人群；新闻的瓶颈可以被打破，每个人都可以成为媒介出口。[③] 一个群体可以在不追求金钱、不在制度框架内运行的情况下创造出巨大的价值，“无组织的组织化力量”将成为新媒体时代的发展趋势。

■本章小结：

1.新媒体环境下，传统盲目、非理性的网络民族主义朝着有序、理性的方向转变。

2.后现代青年亚文化更加注重“创造性”，该特质赋予了青年更多的个人价值，解构了当初颇具影响力的伯明翰学派“抵抗－收编”的亚文化理论。

3.社会网络不同于传统虚拟社区的链式结构，其激发了网民的内在活力和创造力，无组织的组织力量将成为时代趋势。

■关键术语：

1.网络民族主义：“网络民族主义”是民族主义思潮在网络时代的表现。民族主义思潮在网络中找到了可以充分表达的平台，从而也获得了表达的途径和资源。

2.亚文化：亚文化通常被定义为文化更为广泛的一个亚群体，这一群体形成一种既包括亚文化的某种特征，又包括一些其他群体所不包括的文化要素的生活方式。亚文化通常含有“抵抗性”。

---

① 迪克.网络社会：新媒体的社会层面[M].蔡静，译.北京：清华大学出版社，2014.

② 邓胜利，胡吉明.Web2.0环境下网络社群理论研究综述[J].中国图书馆学报.2010(5)：87-92.

③ 舍基.未来是湿的[M].胡咏，沈满琳，译.北京：中国人民大学出版社，2009.

3.社会网络：社会网络是社会行动者及其之间关系的集合，也是一种被组织起来的相互连接的状态。用户的各种分享活动能够促进社群中知识的传播、共享和创新。

思考与探讨题：

1.是否能够列举出目前社会上流行的青年亚文化现象，并分析其与主流文化的互动关系。

2.网络秽语、丧语传播甚广，请结合亚文化现象的案例，论述如何使网络环境晴朗起来。(2017年华南理工大学考研真题)

3.社会网络有哪些特征？对社会有哪些方面的影响？

延伸阅读：

书籍：

1.史密斯.民族主义：理论，意识形态，历史[M].叶江，译.上海：上海世纪出版集团，2006.

2.霍尔.杰斐逊.通过仪式抵抗：战后英国的青年亚文化[M].孟登迎，等译.北京：中国青年出版社，2015.

3.马中红、陈霖.无法忽视的另一种力量：新媒介[M].北京：清华大学出版社，2015.

4.舍基.未来是湿的[M].胡咏，沈满琳，译.北京：中国人民大学出版社，2009.

论文：

1.刘海龙.像爱护爱豆一样爱国：新媒体与"粉丝民族主义"的诞生[J].现代传播，2017(4).

2.胡疆锋，陆道夫.抵抗·风格·收编：英国伯明翰学派亚文化理论关键词解读[J].南京社会科学，2006(4).

附录一

《中国新闻工作者职业道德准则》

（中华全国新闻工作者协会第七届理事会第二次全体会议 2009 年 11 月 9 日修订）

中国新闻事业是中国特色社会主义事业的重要组成部分。新闻工作者要坚持以马克思列宁主义、毛泽东思想、邓小平理论和“三个代表”重要思想为指导，深入贯彻落实科学发展观，高举旗帜、围绕大局、服务人民、改革创新，贴近实际、贴近生活、贴近群众，用马克思主义新闻观指导新闻实践，学习宣传贯彻党的理论、路线、方针、政策，继承和发扬党的新闻工作优良传统，积极传播社会主义核心价值体系，努力践行社会主义荣辱观，恪守新闻职业道德，自觉承担社会责任，敬业奉献、诚实公正、清正廉洁、团结协作、严守法纪，做到政治强、业务精、纪律严、作风正。

第一条　全心全意为人民服务。要忠于党、忠于祖国、忠于人民，把体现党的主张与反映人民心声统一起来，把坚持正确导向与通达社情民意统一起来，把坚持正面宣传为主与加强和改进舆论监督统一起来，发挥党和政府联系人民群众的桥梁纽带作用。

1.积极宣传党和政府的重大决策部署，及时传播国内外各领域的信息，满足人民群众日益增长的新闻信息需求，保证人民群众的知情权、参与权、表达权、监督权；

2.牢固树立群众观点，把人民群众作为报道主体和服务对象，多宣传基层群众的先进典型，多挖掘群众身边的具体事例，多反映平凡人物的工作生活，多运用群众的生动语言，使新闻报道为人民群众所喜闻乐见；

3.积极反映人民群众的正确意见和呼声，批评侵害人民利益的现象和行为，依法保护人民群众的正当权益。

第二条　坚持正确的舆论导向。要坚持团结稳定鼓劲，以正面宣传为主，唱响主旋律，不断巩固和壮大积极健康向上的舆论。

1.始终坚持以经济建设为中心，服从服务于改革发展稳定大局不动摇，着力推动科学发展、促进社会和谐；

2.宣传科学理论、传播先进文化、塑造美好心灵、弘扬社会正气、增强社会责任感，坚决抵制格调低俗、有害人们身心健康的内容；

3.加强和改进舆论监督，着眼于解决问题、推动工作，坚持准确监督、科学监督、依法监督、建设性监督；

4.采访报道突发事件要坚持导向正确、及时准确、公开透明，全面客观报道事件动态及处置进程，推动事件的妥善处理，维护社会稳定和人心安定。

第三条　坚持新闻真实性原则。要把真实作为新闻的生命，坚持深入调查研究，报道做到真实、准确、全面、客观。

1.要通过合法途径和方式获取新闻素材，新闻采访要出示有效的新闻记者证。认真核实新闻信息来源，确保新闻要素及情节准确；

2.报道新闻不夸大、不缩小、不歪曲事实，不摆布采访报道对象，禁止虚构或制造新闻。刊播新闻报道要署作者的真名；

3.摘转其他媒体的报道要把好事实关，不刊播违反科学和生活常识的内容；

4.刊播了失实报道要勇于承担责任，及时更正致歉，消除不良影响。

第四条　发扬优良作风。要树立正确的世界观、人生观、价值观，加强品德修养，提高综合素质，抵制不良风气，接受社会监督。

1.强化学习意识，养成学习习惯，不断提高政治和业务素质，增强政治意识、大局意识、责任意识，努力成为专家型新闻工作者；

2.深入基层、贴近群众、体验生活，在深入中了解社情民意，增进与群众的感情；

3.坚决反对和抵制各种有偿新闻和有偿不闻行为，不利用职业之便谋取不正当利益，不利用新闻报道发泄私愤，不以任何名义索取、接受采访报道对象或利害关系人的财物或其他利益，不向采访报道对象提出工作以外的要求；

4.尊重新闻同行，反对不正当竞争。尊重他人的著作权益，引用他人的作品要注明出处，反对抄袭和剽窃行为；

5.严格执行新闻报道与经营活动分开的规定，不以新闻报道形式做任何广告性质的宣传，编辑、记者不得从事创收等经营性活动。

第五条　坚持改革创新。要遵循新闻传播规律，提高舆论引导能力，创新观念、创新内容、创新形式、创新方法、创新手段，做到体现时代性、把握规律性、富于创造性。

1.深入研究不同传播对象的接受习惯和信息需求，主动设置议题，因势利导，不断提高舆论引导能力和传播能力；

2.认真研究传播艺术，利用现代传播手段，采用受众听得懂、易接受的方式，增强新闻报道的亲和力、吸引力、感染力；

3.善于利用新载体、新技术收集信息、发布新闻，提高时效性，扩大覆盖面。

第六条 遵纪守法。要增强法治观念，遵守宪法和法律法规，遵守党的新闻工作纪律，维护国家利益和安全，保守国家秘密。

1.严格遵守和正确宣传国家的民族区域自治制度、各民族平等团结和宗教信仰自由政策，维护国家主权和社会稳定；

2.维护采访报道对象的合法权益，尊重采访报道对象的正当要求，不揭露个人隐私，不诽谤他人；

3.维护未成年人、妇女、老年人和残疾人等特殊人群的合法权益，注意保护其身心健康；

4.维护司法尊严，依法做好案件报道，不干预依法进行的司法审判活动，在法庭判决前不做定性、定罪的报道和评论；

5.涉外报道要遵守我国涉外法律、对外政策和我国加入的国际条约。

第七条 促进国际新闻同行的交流与合作。要努力培养世界眼光和国际视野，积极搭建中国与世界交流、沟通的桥梁。

1.在国际交往中维护祖国尊严和国家利益，维护中国新闻工作者的形象；

2.积极传播中华民族的优秀文化，增进世界各国人民对中华文化的了解；

3.尊重各国主权、民族传统、宗教信仰和文化多样性，报道各国经济社会的发展变化和优秀民族文化；

4.积极参加与各国媒体和国际（区域）新闻组织开展的交流与合作，增进、加深友谊，为推动建设持久和平、共同繁荣的和谐世界多做工作。

附则：对本《准则》，中国记协各级会员单位要结合实际制定相应实施细则，认真组织落实；全国新闻工作者要自觉执行；各级各专业记协要积极宣传和推动，欢迎社会各界监督。

图书在版编目(CIP)数据

新媒体概论 / 王茜编著. 一一北京：中国传媒大学出版社，2020.1（2024.8 重印）
ISBN 978-7-5657-2630-9

Ⅰ. ①新… Ⅱ. ①王… Ⅲ. ①传播媒介—高等学校—教材 Ⅳ. ①G206.2

中国版本图书馆 CIP 数据核字（2019）第 248568 号

新媒体概论

XINMEITI GAILUN

编　　著	王　茜
策划编辑	李水仙
责任编辑	蒋　倩
特约编辑	梁译心
封扉设计	风得信设计 · 阿东
责任印制	李志鹏

出版发行	中国传媒大学出版社		
社　　址	北京市朝阳区定福庄东街 1 号	**邮　　编**	100024
电　　话	86－10－65450528　65450532	**传　　真**	65779405
网　　址	http://cucp.cuc.edu.cn		
经　　销	全国新华书店		

印　　刷	三河市东方印刷有限公司
开　　本	787mm×1092mm　1/16
印　　张	11.75
字　　数	210 千字
版　　次	2020 年 1 月第 1 版
印　　次	2024 年 8 月第 3 次印刷

书　　号	ISBN 978-7-5657-2630-9/G · 2630	**定　　价**	38.00 元

本社法律顾问：北京嘉润律师事务所　郭建平